Maslow war einer der kühnsten, aber gleichzeitig auch sachlichsten Vertreter der immer mehr an Boden gewinnenden »Dritten Psychologie« (»Third Psychology«), meist »Humanistische Psychologie« (»Humanistic Psychology«) genannt. Sie bildet eine dritte Alternative zur objektivistischen, behavioristischen Psychologie und zum orthodoxen Freudianismus.

In der vorliegenden Arbeit Maslows wird deutlich, daß diese »Revolution« in der Psychologie – als eine solche versteht Maslow diese neue Richtung – nicht auf die Psychologie beschränkt bleibt, sondern alle Bereiche des Wissens und der Wissenschaft betrifft. Es geht hier letztlich um eine neue Weltanschauung und Lebensphilosophie, um eine neue Konzeption des Menschen und der Wissenschaft, um neue Wege der Wahrnehmung und des Denkens.

Maslow weist nach, inwieweit die Methoden und Begriffe der klassischen, vorwiegend mechanistischen Wissenschaft zu begrenzt und unzureichend sind – besonders, wenn es gilt, die menschliche Persönlichkeit zu erfassen.

Höchst aufschlußreich ist Maslows Versuch, die verschiedenen Motivationen der kognitiven Bedürfnisse des Menschen aufzudecken und zu zeigen, wie weit beispielsweise Angst oder Mut, Überwindung von Mangel oder Selbstverwirklichung die Art und die Methode wissenschaftlichen Erkennens mitbestimmen. Gewisse psychische Mechanismen können zu einer »Pathologie der Erkenntnis« führen – es bedarf also eines psychisch gesunden Menschen als Wissenschaftler.

Maslow stellt dem Beobachtungswissen der orthodoxen Wissenschaft ein Erfahrungswissen gegenüber, das durch die Liebe des Forschers zum Gegenstand, durch die Verschmelzung von Erkennendem und Erkanntem gerade die von der klassischen Wissenschaft geforderte Distanz zwischen Subjekt und Objekt aufhebt. Diese neue umfassende, von der unmittelbaren Erfahrung ausgehende Wissenschaft soll – im Gegensatz zu der abstrahierenden, kategorisierenden dichotomisierenden und desanktifizierenden orthodoxen Wissenschaft – auch Emotionen, Widersprüche, Werte, Geheimnisse sowie das Heitere und Schöne, das Ehrfurchteinflößende und Heilige miteinzubeziehen.

ABRAHAM H. MASLOW

Die Psychologie der Wissenschaft

Neue Wege der Wahrnehmung und des Denkens

WILHELM GOLDMANN VERLAG MÜNCHEN

Titel der amerikanischen Originalausgabe:
»The Psychology of Science«.
Übersetzt von Lieselotte und Ernst Mickel

7073 · Made in Germany 1977 · I · 1110
© der bei Harper & Row erschienenen amerikanischen Originalausgabe 1966 by Abraham H. Maslow.
© der deutschen Ausgabe 1977 by Wilhelm Goldmann Verlag München.
Umschlagentwurf: Gerd Zimmermann, München. Satz: IBV Lichtsatz KG, Berlin. Druck: Presse-Druck Augsburg. Verlagsnummer 11131 · Ag/pap
ISBN 3-442-11131-5

Inhalt

Vorwort von Arthur G. Wirth 9

Einleitung 13

Danksagung 18

1. Mechanistische und humanistische Wissenschaft 20

2. Das Erkennen der einzelnen Person als Aufgabe des Wissenschaftlers 26

Nomothetisches und idiographisches Wissen 28 – Die holistische (ganzheitliche) Methode 31 – Subjektiver Bericht 32 – Rezeptivität, Nichteinmischung: Taoistische Wissenschaft 33 – Problemorientierte und methodenorientierte Psychologie: Das Beharren auf höheren Problemen 33 – Die Angst vor der Erkenntnis; die Angst vor der persönlichen und gesellschaftlichen Wahrheit 37 – Der Wunsch, erkannt zu werden, und die Angst, erkannt zu werden 38 – Motivation, Zwecke, Ziele 39 – Bewußt, unbewußt und vorbewußt 40

3. Die kognitiven Bedürfnisse unter Bedingungen von Angst und Mut 42

Die Pathologie der Erkenntnis: Angstmildernde Mechanismen in der Erkenntnis 45 – Andere kognitive Pathologien 49 – Die Integration des vorsichtigen Wissens und des mutigen Wissens 53

4. Sicherheits-Wissenschaft und Wachstums-Wissenschaft: Wissenschaft als Abwehr 57

Der reife und der unreife Wissenschaftler 59

5. Voraussage und Kontrolle von Personen? 64

Voraussagbarkeit als Ziel 66

6. Erfahrungswissen und Beobachtungswissen 69

Der gute »Wisser« (»knower«) 72 – Beobachtungswissen über Dinge 73 – Einige Eigenschaften und Merkmale des Erfahrungswissens 77 – Die Person als subjektiv aktiv oder passiv 79 – Eine Lektion von »Synanon« 83 – Wissen, das blind macht 87 – Erfahrungs-»Beweise« 90

7. Abstrahieren und Theoretisieren 93

8. Umfassende und vereinfachende Wissenschaft 100

Empirische und abstrakte Theorien 105 – Systemeigenschaften 107 – Erfahren und Rubrizieren 110

9. Bedeutung im Sinne des So-Seins und abstrakte Bedeutung 114

Zwei Arten der Verständlichkeit und Erklärung 118 – Die Bedeutung des So-Seins im Leben 122 – Erklärung nach Gesetzmäßigkeiten und Verstehen des jeweiligen So-Seins 122

10. Taoistische Wissenschaft und kontrollierende Wissenschaft 126

Rezeptivität gegenüber der Struktur 129 – Kontemplation 131

11. Interpersonales (Ich-Du-)Wissen als Paradigma für die Wissenschaft 134

Die »Liebe« zum Forschungsgegenstand 141 – Das Machen der Wahrheit in der zwischenmenschlichen Beziehung 143 – Emotion und Wahrheit 144 – Fusionswissen 144 – Zwei Arten der Objektivität 146

12. Wertfreie Wissenschaft? 152

Werte der Wissenschaft 154 – Wissenschaft als Wertsystem 159

13. Stufen, Ebenen und Grade des Wissens 162

Verläßlichkeitsebenen des Wissens 165 – Der Wissenschaftler als Erforscher 168 – Die empirische Einstellung 169

14. Die Desakralisierung und die Resakralisierung der Wissenschaft 174

Der heitere Wissenschaftler 181 – Naives Staunen, Wissenschaft und intellektuelles Staunen 185

Literaturverzeichnis 190

Register 194

Für Bertha

Vorwort

von ARTHUR G. WIRTH
Vorsitzender der Vorlesungs-Kommission der *John Dewey Society for the Study of Education and Culture*

Professor MASLOW beschenkt uns mit einem Buch, das die ehrenvolle Tradition fortsetzt, von den herkömmlichen Ansichten abzuweichen. Das Buch stellt eine Herausforderung der herrschenden Weltanschauung dar, welche die Definition der Probleme und Methodologien in den Wissenschaften beherrscht, die sich mit der menschlichen Persönlichkeit und dem menschlichen Verhalten befassen. So vertritt er zum Beispiel die Ansicht, daß die gängige Methodologie in der psychologischen Forschung, die sich nach der mechanomorphen Tradition der Naturwissenschaften herausgebildet hat, einer volleren Erkenntnis der menschlichen Persönlichkeit im Wege steht – einer Erkenntnis, die uns bitter nötig wäre. Da die Forschungstechniken mechanistischer Tradition beim Studium tierischer Verhaltensweisen und einiger Aspekte menschlichen Verhaltens so gut zu brauchen sind, argumentieren ihre Vertreter, diese Methoden seien der einzige Weg zu einer wissenschaftlichen Erkenntnis der Persönlichkeit. MASLOW ist der Ansicht, daß die Vertreter dieser Auffassung sich des Versuchs schuldig machen, das gesamte Phänomen des menschlichen Seins entsprechend der Teilaspekte, die sie so gut zu manipulieren wissen, zu definieren. Er fordert die Behavioristen auf, zu erwägen, ob das persönliche Sicherheitsbedürfnis bei dieser einseitigen Betonung der Autorität der orthodoxen Methodologie eine Rolle spielen könnte.

Ein Beispiel dafür ist das Ausbildungsprogramm für angehende Forscher. Der Autor weist darauf hin, daß eine nur auf das mechanistische Modell gegründete Ausbildung dazu führen könnte, sichere Untersuchungen zu bevorzugen, die sich nur auf Probleme beschränken, die mit dieser Methodologie leicht zu bewältigen sind. Das hat dazu geführt, daß bedeutsame, aber widerspenstigere Fragen, welche sich mit der Gesamtpersönlichkeit befassen – mit dem subjektiven Wissen oder der Selbsterkenntnis, mit einem tieferen Wissen über »eine Einzelperson« und mit den höheren menschlichen Eigenschaften, wie Altruismus und Integrität – ausgeschlossen werden. (Wir können auch die Frage stellen, ob da ein selektiver Faktor am Werk ist, der nur Studenten bei der Stange hält, die es zufrieden sind, nicht aus der Herde auszubrechen.) Wenn wir unser Wissen über die menschliche Persönlichkeit erweitern wollen, brauchen wir Forscher, welche genügend Mut und Phantasie besitzen, um auch die »heißen« Fragen, die man auf »später« aufzuschieben pflegt, in Angriff zu nehmen.

Er weist darauf hin, daß ein ethnozentrisches Festhalten an der wissenschaftlichen Weltanschauung des Westens uns von Ideen aus anderen intellektuellen Systemen abriegeln könnte, die unser Wissen über bestimmte Dimensionen menschlicher Erfahrung weiterführen könnten. Er wagt es, die »taoistische Wissenschaft« als eine solche Möglichkeit anzubieten.

Wie kommt ein Mensch dazu, seine Lanze gegen eine Zitadelle zu schleudern und zu riskieren, daß er dafür mit Steinen beworfen und mit heißem Öl übergossen wird? MASLOWS Unzufriedenheit stammt aus seiner persönlichen Erfahrung als Psychologe. Er war ausgebildet in der experimentellen Tradition JOHN WATSONS und wußte diese Methode kompetent zu handhaben. Aber es lockten ihn Probleme, die nicht in den Rahmen dieser Laboratoriumsarbeit hineinpaßten. Als klinischer Psychologe und Therapeut begann er sich für die Bedingungen zu interessieren, die zur Ausbildung einer produktiven, reifen Persönlichkeit oder aber zur Verkrüppelung führen. Als Erkenntnissuchender prüfte er die Begriffe und Werkzeuge, die ihm aus seiner behavioristischen Ausbildung zur Verfügung standen, und fand sie für die Fragen, die er untersuchen wollte, von geringem Nutzen und geringer Relevanz. Hätte er innerhalb der üblichen Methodologie bleiben wollen, so hätte er sich gezwungen gesehen, die Probleme, die seine Wißbegier erregten, entweder aufzugeben oder unehrliche Definitionen dazu abzugeben. »Vermutlich liegt die Versuchung nahe, alles wie einen Nagel zu behandeln, wenn man als einziges Werkzeug einen Hammer besitzt.« Er interessierte sich nicht für Nägel und weigerte sich, mit diesem Etikett die Nichtnagel-Welt zu versehen, die er verstehen wollte. Hätte er der Versuchung nachgegeben, besäßen wir nicht dieses Buch.

Wie unvoreingenommene Leser erkennen werden, kam es dem Autor nicht darauf an, die alte, in Mißkredit geratene Wissenschaft zu entlarven noch eine »neue« an ihre Stelle zu setzen. Er setzt sich ein für eine Haltung, die auch einmal ein Wagnis (das Gegenstand der Kritik ist) unterstützt, durch das es wissenschaftlicher Forschung vielleicht möglich wird, über die fest ausgebauten Schützengräben hinaus in relativ unerforschtes Gebiet vorzustoßen. Das verlangt nach neuen Strategien. Aber er stellt auch klar, daß die von ihm vorgeschlagenen Konzepte nicht bloße Alternativen bedeuten, sondern die mechanistische Wissenschaft mit einschließen. Da dies ein wesentlicher Punkt ist, möchte ich ihn selbst zitieren: »Meiner Ansicht nach ist die mechanistische Wissenschaft (die in der Psychologie die Form des Behaviorismus annimmt) nicht falsch, sondern zu eng und begrenzt, um als *allgemeine* oder umfassende Phiilosophie zu tragen.«

Maslows Unzufriedenheit mit den Grenzen der heute üblichen Forschungstechniken zwang ihn dazu, das Unterfangen der Wissenschaft selbst neu zu bewerten. Er kam zu dem Schluß, daß die erste Verpflichtung der Wissenschaft darin besteht, sich der gesamten Wirklichkeit, so wie der Mensch sie erlebt, zu stellen und alles, was ist, zu beschreiben, zu verstehen und zu »akzeptieren«. Eine Kardinalsünde des Wissenschaftlers besteht darin, die Wirklichkeit zu leugnen oder bestimmten Aspekten von ihr auszuweichen, nur weil sie mit den bestgeschliffenen Werkzeugen, die uns zur Verfügung stehen, nicht anzugehen sind.

Maslow akzeptiert und respektiert die anderen Verpflichtungen der Wissenschaft: objektiv zu sein und nach einer umfassenden, abstrakten und gesetzmäßigen Ordnung zu suchen. Er weiß, daß das reine Sichverstricken in der Erfahrung zu Dilettantismus und Scharlatanerie führen kann. Er warnt jedoch auch davor, daß die Vorliebe für das Bilden abstrakter Systeme ebenfalls ihre eigenen Gefahren hat. Wenn wir die Abstraktionen oder Systeme mit der Realität selbst verwechseln, so betrügen wir uns selbst. Und wenn man menschliche Wesen nur als zu kontrollierende Gegenstände behandelt anstatt als Personen, die man sich frei entfalten lassen muß, kann man sich damit in den Dienst der Enthumanisierung stellen. Er weist immer wieder darauf hin, daß, wer sich mit DEWEY beschäftigt, bei diesem Denker immer wieder auf das Thema stoßen wird: Verläßliche Einsicht in die Welt erfordert ein unermüdliches Wechselspiel zwischen theoretischen Abstraktionen und Erfahrungsstoff. Wir geben uns ohne Grund mit einem partiellen Wissen zufrieden, wenn wir für das eine optieren, ohne es durch das andere zu überprüfen.

Um sein Anliegen noch deutlicher herauszustellen, stellt der Autor Fragen wie die folgenden: Inwieweit sind die Begriffe und Methoden der klassischen Wissenschaft ungeeignet, sich Wissen über die menschliche Persönlichkeit zu verschaffen? Welches sind die Folgen solcher Unzulänglichkeit? Welche Gegenvorschläge kann man anbieten und prüfen? Welche Folgerungen können die daraus ziehen, die die Ausbildungsprogramme für zukünftige Forscher aufstellen?

Es ist klar, daß dieses kleine Buch nicht das letzte Wort zu diesem Thema sein kann. Ebenso klar ist, daß es Wertprobleme aufwirft, die für alle die, welche den Menschen zum Gegenstand ihrer wissenschaftlichen Forschung machen, von großer Bedeutung sind.

Dieses Buch stellt eine Ausarbeitung einer Vortragsreihe dar. Sie wurde vom Autor im Rahmen einer Vorlesungsreihe (»The John Dewey Society Lecture«) gehalten, die befähigten Denkern aus unterschiedlichen Bereichen des intellektuellen Lebens die Gelegenheit bieten sollte, ihre tiefsten Gedanken über die Probleme der Beziehung zwischen Erziehung und Kultur äußern zu können.

Einleitung

Der wesentliche Inhalt dieses Buches ist die Wissenschaft als Produkt der menschlichen Natur des Wissenschaftlers, und nicht nur des vorsichtigen, konventionellen Wissenschaftlers, sondern auch des wagemutigen, bahnbrechenden Revolutionärs. Bis zu einem gewissen Grade überschneidet sich dies mit der Art von Wissenschaft, wie sie der psychologisch gesunde Wissenschaftler betreibt. Man kann diese Abhandlung als Fortsetzung meines Buches »Motivation and Personality« und insbesondere der drei ersten Kapitel auffassen, in denen ich mich speziell mit der Psychologie der Wissenschaft und des Wissenschaftlers beschäftigt habe.

Eine grundlegende These, die sich aus dieser Betrachtungsweise ergibt, lautet, daß das Wissenschaftsmodell im allgemeinen, welches von der unpersönlichen Wissenschaft von Dingen, Gegenständen, Tieren und Teilprozessen ererbt wurde, begrenzt und inadäquat ist, wenn es um das Erkennen und Verstehen ganzer und individueller Personen und Kulturen geht. Es waren in erster Linie die Physiker und Astronomen, die die Weltanschauung und die als Naturwissenschaft bezeichnete Subkultur geschaffen haben (einschließlich all ihrer Ziele, Methoden, axiomatischen Werte, Begriffe, Sprachen, traditionellen Lebensformen, Vorurteile, selektiven Blindheiten und versteckten Voraussetzungen). Hierauf ist schon von so vielen hingewiesen worden, daß es nachgerade zur Binsenwahrheit geworden ist. Aber erst vor kurzem wurde deutlich, wie und wo dieses unpersönliche Modell beim Persönlichen, Einmaligen, Ganzheitlichen versagte. Auch wurde uns bisher kein alternatives Modell angeboten, das der vollentwickelten menschlichen Persönlichkeit voll gerecht werden könnte.

Das soll nun in diesem Buch versucht werden. Ich hoffe zeigen zu können, daß diese Grenzen der klassischen Wissenschaft nicht wesensbedingt sind. Ganz allgemein läßt sich von der Wissenschaft behaupten, daß sie stark und umfassend genug ist, um viele kognitive Probleme wieder aufzugreifen, die sie wegen ihrer verborgenen, aber verhängnisvollen Schwäche hatte aufgeben müssen – nämlich ihrer Unfähigkeit, auf unpersönliche Weise mit dem Personalen, mit den Problemen des Wertes der Individualität, des Bewußtseins, der Schönheit, der Transzendenz oder der Ethik fertigzuwerden. Wenigstens prinzipiell sollte die Wissenschaft imstande sein, normative Psychologien zu schaffen für die Psychotherapie, die Persönlichkeitsentfaltung, die eupsychische oder utopische Sozialpsychologie, die Arbeit, das Spiel und die Muße, die Ästhetik, die Ökonomie und Politik und weiß Gott was sonst noch alles.

Meiner Ansicht nach stellt ein derartiger Wandel im Wesen der Wissenschaft eine späte Erfüllung des revolutionären Potentials der psychoanalytischen Bewegung dar. Es war eine Ironie des Schicksals, daß sich diese Erfüllung eben dadurch verzögert hat, daß FREUD in der Wissenschaftsauffassung des neunzehnten Jahrhunderts mit ihrem Determinismus, ihrem Kausalitätsdenken, ihrem Atomismus und ihrem Reduktionismus aufgewachsen war. Obwohl er sein ganzes Leben unbewußt damit zugebracht hat, diese Wissenschaftsauffassung gemeinsam mit dem reinen Rationalismus zu untergraben und zu zerstören, ist er meines Wissens der ihr zugrundeliegenden Weltanschauung treu geblieben. Unglücklicherweise waren auch die anderen Großen, die an der Entwicklung der modernen Psychodynamik beteiligt sind – ADLER, JUNG, REICH, RANK, HORNEY und FROMM – keine Wissenschaftler, so daß sie sich nicht unmittelbar mit diesem Problem befaßt haben. Der einzige Psychoanalytiker, der meines Wissens das Problem ernsthaft in Angriff genommen hat, war LAWRENCE KUBIE. Ich hoffe sehr, daß andere Psychoanalytiker und Psychodynamiker die Kritik an der Wissenschaft auf ihre eigenen Ergebnisse gestützt fortsetzen werden. Ich erinnere mich, daß ich bei einer Tagung einmal voller Entrüstung gefragt habe: »Warum fragen Sie eigentlich immer wieder, ob die Psychoanalyse auch wissenschaftlich genug sei? Warum fragen

Sie nicht lieber, ob die Wissenschaft psychodynamisch genug ist?« Die gleiche Frage stelle ich auch hier.

Dieser Rehumanisierungsprozeß (und Transhumanisierungsprozeß) der Wissenschaft könnte auch den nicht personalen Wissenschaften zugute kommen. Ähnliches geschieht bereits auf verschiedenen Gebieten der Biologie, insbesondere in der experimentellen Embryologie. Aus der den Tatsachen selbst innewohnenden Dynamik heraus mußte diese Disziplin holistisch werden. Man denke nur an die überzeugenden Arbeiten von Ludwig von Bertalanffy. Das hybride Gebiet der psychosomatischen Medizin entwickelt ebenfalls bereits eine tiefgreifende Kritik an der herkömmlichen Wissenschaft. Das gleiche gilt für die Endokrinologie. Ich glaube, daß schließlich die gesamte Biologie sich von der rein physikalisch-chemischen Reduktionsmethode freimachen oder sie doch wenigstens, indem sie sie selbst miteinschließt – in einer hierarchischen Integration –, transzendieren muß.

Meine Beunruhigung über die klassische Wissenschaft nahm erst eine ernste Form an, als ich anfing, neue Fragen nach den höheren Bereichen der menschlichen Natur zu stellen. Erst da ließ mich das klassische Wissenschaftsmodell, in dem ich ausgebildet war, im Stich. Erst da sah ich mich gezwungen, *ad hoc* neue Methoden, neue Begriffe und neue Wörter zu erfinden, um den Tatsachen gerecht zu werden. Bis dahin war für mich die Wissenschaft eins gewesen, und es hatte für mich nur die eine Wissenschaft gegeben. Aber jetzt sah es so aus, als gebe es *zwei* Wissenschaften für mich, eine für meine neuen Probleme und eine für alles übrige. Aber in jüngerer Zeit – vielleicht vor zehn oder fünfzehn Jahren – dämmerte mir, daß diese beiden Wissenschaften wieder in eine zusammengefaßt werden könnten. Diese *neue* Wissenschaft sieht jedoch anders aus; sie verspricht umfassender und leistungsfähiger zu sein als die eine alte Wissenschaft.

Beunruhigt haben mich dabei nicht nur die mehr »anal« eingestellten Wissenschaftler, bei denen die Gefahr besteht, daß sie die menschlichen Werte in der Wissenschaft leugnen und daher zu einer konsequent amoralischen Technologisierung der gesamten Wissenschaft gelangen. Ebenso gefährlich sind manche Kritiker an der orthodoxen Wissenschaft, welche diese als zu skeptisch, zu kühl und nicht human genug empfinden und sie daher in Bausch und Bogen als eine Gefahr für die menschlichen Werte verwerfen. Sie werden »antiwissenschaftlich« und sogar anti-intellektuell. Es ist dies eine wirkliche Gefahr bei gewissen Psychotherapeuten und klinischen Psychologen, bei Künstlern, bei einigen ernsthaft gläubigen Menschen, bei anderen, die sich für das Zen, den Taoismus, den Existenzialismus, den »Experimentalismus« (»experientialism«) und ähnliches interessieren. Ihre Alternative für die Wissenschaft sind oft eine reine Neigung zum Ausgefallenen, eine Schwärmerei für fremde Kulturen, eine unkritische, egozentrische Überbewertung rein persönlicher Erlebnisse, ein übertriebenes Vertrauen auf ihre Impulsivität (die sie mit Spontaneität verwechseln), willkürliche Schrullen und Emotionalität, unskeptischer Enthusiasmus, was schließlich zur Nabelschau und zum Solipsismus führt. Hier liegt eine offene Gefahr. Auf politischem Gebiet könnte eine antiwissenschaftliche Einstellung ebenso leicht zu einer Auslöschung der Menschheit führen wie eine wertfreie, amoralische, technologisierte Wissenschaft. Wir brauchen nur an die Nazis und Faschisten zu denken mit ihrem Ruf nach »Blut und Boden« und dem rein Instinktiven, an ihre feindselige Einstellung gegenüber dem frei forschenden Intellekt und einer kühlen Rationalität.

Ich möchte gern so verstanden werden, daß ich nicht versuche, die Wissenschaft zu zerstören, sondern sie zu *erweitern*. Wir müssen nicht zwischen Erfahrung und Abstraktion wählen. Unsere Aufgabe ist, beides zu integrieren.

Die häufigen Abschweifungen in diesem Buch rühren daher, daß es auf eine Vorlesungsreihe zurückgeht. Eine Vorlesung gibt dem Vortragenden die Möglichkeit, persönlicher zu sein, Beispiele aus der eigenen Erfahrung anzuführen und die eigenen Meinungen, Zweifel und Vermutungen vorzubringen. Ich habe mir diese Möglichkeiten zunutze gemacht. Aus dem gleichen Grunde habe ich mich auch nicht systematisch darum bemüht, meine Thesen mit detaillierten Hinweisen auf die einschlägige Literatur zu belegen. Auch stellt dieses Buch nicht den Anspruch, »das Thema erschöpfend zu behandeln« oder ein in einem umfassenden oder systematischen Sinne gelehrtes Werk zu sein.

Diese Abhandlung ist eine gedrängte Zusammenfassung des systematischen, umfassenden Werkes, das ich schreiben wollte. Ich habe diesen Plan nicht verwirklichen können. Teilweise, weil das Vorlesungsskript nicht genügend Raum und Zeit dazu bot. Teilweise, weil ich, als ich mich eben an eine systematische Ausarbeitung machen wollte, MICHAEL POLANYIS großartiges Buch »Personal Knowledge« entdeckte.

Dieses tiefgründige Werk, das unsere Generation unbedingt lesen sollte, nimmt vieles von meinen Plänen vorweg und löst viele Probleme, die mich beschäftigt hatten. Ich habe daher meine eigenen Pläne dahingehend geändert, daß ich mich besonders auf die ausgesprochen psychologischen Probleme konzentriert und einige Themen, mit denen ich mich ursprünglich befassen wollte, ausgelassen oder nur kurz behandelt habe.

Danksagung

Ich möchte bei dieser Gelegenheit den Leser auf die Vorworte zu meinen früheren Büchern hinweisen, wo ich zahlreichen Wissenschaftlern meinen Dank ausgesprochen habe, denen ich wertvolle Erkenntnisse und Einsichten verdanke. Hier möchte ich noch folgendes hinzufügen:

Mit meinem Freund und Mitarbeiter, dem Psychoanalytiker Dr. Harry Rand, habe ich ein höchst ungewöhnliches Experiment durchgeführt. Wir hatten jahrelang über die Psychodynamik des intellektuellen und wissenschaftlichen Lebens, des Lernens und Lehrens und über deren Pathologie miteinander diskutiert. Früher oder später haben wir auch über viele der in diesem Buch berührten Themen gesprochen, und ich verdanke dieser Diskussion mehr, als ich mir damals klargemacht habe. Vor einem Jahr jedoch erlebte ich bei der Vorbereitung dieses Buches eine langwierige Periode von Schlaflosigkeit und eine Blockierung meiner schriftstellerischen Fähigkeiten, wie ich sie nie zuvor durchgemacht hatte. Obgleich man lange Zeit eine bestehende Freundschaft als Hindernis für eine psychoanalytische Behandlung angesehen hat, beschlossen wir, den Versuch zu machen. Es freut mich berichten zu dürfen, daß diese »intellektuelle Psychoanalyse« – oder wie man es immer nennen will – nach etwa dreißig Sitzungen überaus erfolgreich war. Wir möchten auch anderen dieses höchst interessante Experiment empfehlen, um noch mehr Erfahrungen darüber zu sammeln und vielleicht eines Tages zu einer »normaleren« und allgemeingültigeren Forschung zu gelangen. Jedenfalls bin ich Dr. Rand für seine Hilfe zu besonderem Dank verpflichtet.

Auf dem Gebiet, welches ich als Psychologie der Wissenschaft bezeichnet habe und welches sich oft mit der Philosophie der Wissenschaft überschneidet, muß ich auf die diesem Buch angefügte Bibliographie verweisen, die jene Autoren nennt, denen ich mich zu Dank verpflichtet fühle. Freilich ist sie bei weitem nicht vollständig, aber sie enthält die Autoren, denen ich neben POLANYI besonders verpflichtet bin.

Auf die Schriften von DAVID LINDSAY WATSON bin ich vor Jahren rein zufällig gestoßen und wurde durch seinen Ikonoklasmus stark beeinflußt. Wie viele vor ihm hat er bisher nicht die ihm gebührende Anerkennung, ja nicht einmal Beachtung gefunden. Wer sich für mein Buch interessiert, wird sich auch für das von WATSON interessieren, dessen Lektüre ich nachdrücklich empfehlen möchte.

Viel gelernt habe ich aus den wegweisenden Forschungen von ANNE ROE sowie ihrer neuesten Schüler. Ich bedaure, daß es mir nicht möglich war, ein Kapitel über ihre Arbeit und spätere Untersuchungen dieser Art einzufügen.

Auch die Schriften von JACOB BRONOWSKI haben mich stark beeinflußt, wie ich auch aus FRANK MANUELS Untersuchungen über ISAAC NEWTON und aus unseren Diskussionen darüber manches gelernt habe. Der Einfluß dieser Diskussionen kommt besonders in einigen Teilen meines letzten Kapitels, speziell in dem Abschnitt über den gut gelaunten Skeptizismus, zum Ausdruck. Für die Entwicklung meines Denkens war ferner wichtig NORTHROPS »The Meeting of East and West«, ebenso wie KUHNS Monographie »Die Struktur wissenschaftlicher Revolutionen« (»The Structure of Scientific Revolutions«). Von den Diskussionen mit ALDOUS HUXLEY wie auch aus seinen Schriften habe ich gleichfalls viel profitiert.

Es gab so viele Hinweise und Zitate aus der Zeitschrift »Manas«, daß ich mich auf die zusammenfassende Feststellung beschränken möchte, wie tief ich dieser vorzüglichsten unter allen humanistischen Zeitschriften verpflichtet bin.

Schließlich möchte ich mich bei MRS. ALICE DUFFY für ihre ausgezeichnete Arbeit bei der Abschrift dieses Manuskripts bedanken.

ABRAHAM H. MASLOW

Brandeis University
Waltham, Mass. Februar 1966

1. Mechanistische und humanistische Wissenschaft

Dieses Buch ist keine Auseinandersetzung *innerhalb* der orthodoxen Wissenschaft; es ist vielmehr eine Kritik (im Sinne von GÖDEL) der orthodoxen Wissenschaft und der Grundlagen, auf denen sie ruht, eine Kritik ihrer unbewiesenen Glaubensartikel und ihrer als gegeben angenommenen Definitionen, Axiome und Begriffe. Es ist eine Überprüfung der Wissenschaft als einer Philosophie des Wissens unter anderen Philosophien. Es verwirft die traditionelle, aber unüberprüfte Überzeugung, daß die orthodoxe Wissenschaft *der* Weg zum Wissen oder auch nur der einzig zuverlässige Weg dorthin sei. Ich halte diese konventionelle Auffassung für philosophisch, historisch, psychologisch und soziologisch naiv. Als philosophische Doktrin ist die orthodoxe Wissenschaft ethnozentrisch, denn sie ist mehr westlich als universal orientiert. Sie macht sich nicht klar, daß sie ein Produkt von Zeit und Ort und keine ewige, unveränderliche und unausweichlich voranschreitende wahre Erkenntnis ist. Nicht nur ist sie relativ hinsichtlich Zeit, Ort und lokaler Kultur, sie ist auch charakterologisch relativ; denn ich glaube, daß es sich bei ihr weit mehr um ein Spiegelbild der vorsichtigen, von Zwangsvorstellungen besessenen Weltauffassung handelt, in deren Mittelpunkt das Bedürfnis nach Sicherheit steht, als um eine reifere, allgemein humanere, umfassendere Lebensauffassung. Diese Schwächen werden besonders auffällig im Bereich der Psychologie, deren Ziel die Kenntnis vom Menschen als Person und von seinem Tun und Handeln ist.

Wenn auch viele große Wissenschaftler diese Fehler vermieden haben und wenn sie auch vieles geschrieben haben, was von einer umfassenderen Auffassung von Wissenschaft zeugt, daß diese nämlich eher synonym mit dem Wissen schlechthin als nur mit einem auf respektable Art erworbenen Wissen ist, so sind sie doch nicht in der Überzahl. Wie T. S. KUHN (1962) zeigt, wurde der »Stil der normalen Wissenschaft« nicht von den großen Kapazitäten – von den Paradigma-Machern, den Entdeckern, den Revolutionären – geprägt, sondern von der Überzahl der »normalen Wissenschaftler«, die eher jenen winzigen Meerestieren zu vergleichen sind, welche ein gemeinsames Korallenriff aufbauen. So kam es, daß Wissenschaft nämlich in erster Linie Geduld, Vorsicht, Sorgfalt, Bedächtigkeit und die Kunst, keine Fehler zu machen, bedeutet, anstatt Mut, Wagnis, Risiko und alles auf einen Wurf zu setzen und Gefahr zu laufen, »Bankrott zu machen«. Mit anderen Worten, die heutige orthodoxe Auffassung von der Wissenschaft ist mechanistisch und ahuman und erscheint mir als eine lokale Teilmanifestation oder als Ausdruck der weitreichenderen, umfassenderen Weltauffassung der Mechanisierung und Entmenschlichung. (Eine ausgezeichnete Darlegung dieser Entwicklung findet sich in den ersten drei Kapiteln von FLOYD MATSONS Buch »The Broken Image«.)

Aber in unserem Jahrhundert und speziell in den letzten Jahrzehnten hat sich rasch eine Gegenphilosophie entwickelt, die Hand in Hand geht mit einem beträchtlichen Aufbegehren gegen die mechanistische, entmenschlichte Auffassung vom Menschen und der Welt. Man könnte geradezu von einer Wiederentdeckung des Menschen und seiner menschlichen Fähigkeiten, Bedürfnisse und Bestrebungen reden. Diese auf dem Humanen beruhenden Werte sind im Begriff, sich die Politik, die Industrie, die Religion und auch die psychologischen und sozialen Wissenschaften neu zu erobern. Man könnte sagen: Während es notwendig und nützlich war, Planeten, Gesteine und Tiere zu enthumanisieren, wurde uns immer deutlicher bewußt, daß es *nicht* notwendig ist, auch den Menschen selbst zu enthumanisieren und ihm seine menschlichen Zielsetzungen abzusprechen.

Aber wie MATSON darlegt, findet auch in den nichthumanen und unpersönlichen Wissenschaften eine gewisse Rehumanisierung statt. Diese Wandlung ist eine Teilerscheinung innerhalb einer weiteren und umfassenderen, »humanistischeren« Weltanschauung. Im Augenblick existieren diese beiden großen philosophischen Orientierungen, die mechanistische und humanistische, nebeneinander wie zwei die ganze Menschheit umfassende Parteisysteme[1].

Ich glaube, daß meine Bemühung, die Wissenschaft und das Wissen (ganz besonders den Bereich der Psychologie) zu rehumanisieren, Teil dieser umfassenderen sozialen und intellektuellen Entwicklung ist. Sie entspricht unverkennbar dem »Zeitgeist«, wie BERTALANFFY schon 1949 dargelegt hat (1952, 202):

Die Entwicklung der Wissenschaft ist keine Bewegung in einem intellektuellen Vakuum; sie ist sowohl Ausdruck als auch treibende Kraft des historischen Prozesses. Wir sahen, wie die mechanistische Auffassung sich auf alle Gebiete der kulturellen Tätigkeit projizierte. Ihre Grundvorstellungen von einer strengen Kausalität, von dem summativen und zufälligen Charakter der Naturereignisse, von der Unzulänglichkeit der letzten Elementarbestandteile der Materie beherrschen nicht nur die physikalische Theorie, sondern auch die analytischen, summativen und maschinell-theoretischen Ansichten der Biologie, den Atomismus der klassischen Psychologie und den soziologischen *bellum omnium contra omnes*. Die Auffassung lebendiger Wesen als Maschinen, die Beherrschung der modernen Welt durch die Technologie und die Mechanisierung der Menschheit sind nur eine Erweiterung und praktische Anwendung der mechanistischen Auffassung der Physik. Die neueste Entwicklung in der Wissenschaft bedeutet eine allgemeine Veränderung in der intellektuellen Struktur, die man sehr wohl den großen Revolutionen im menschlichen Denken zur Seite stellen kann.

Oder wenn es mir erlaubt ist, mich selbst zu zitieren (1943) – ich habe das gleiche mit anderen Worten gesagt (1954, 23):

... Die Suche nach einem fundamentalen Element (in der Psychologie) spiegelt eine ganze Weltanschauung, eine wissenschaftliche Philosophie, die eine atomistische Welt voraussetzt – eine Welt, in welcher komplexe Dinge sich aus einfachen Elementen aufbauen. Die erste Aufgabe eines solchen Wissenschaftlers ist es dann, das sogenannte Komplexe auf das sogenannte Einfache zurückzuführen. Dies geschieht auf dem Wege der Analyse, indem man immer feinere Trennungen vornimmt, solange bis man auf das nicht mehr Reduzierbare stößt. Diese Aufgabe hat sich auf anderen wissenschaftlichen Gebieten wenigstens eine Zeitlang recht gut bewährt. In der Psychologie ist das nicht der Fall.

1 Die Fußnoten finden sich jeweils am Ende jedes Kapitels.

Dieser Schluß offenbart den seinem Wesen nach rein theoretischen Charakter der gesamten reduktiven Bemühungen. Man muß sich darüber klar sein, daß diese Methode *nicht* ein wesentlicher Bestandteil der Wissenschaft im allgemeinen ist, sondern nur Spiegelbild und Auswirkung einer atomistischen, mechanistischen Weltauffassung in der Wissenschaft, der wir heute aus guten Gründen skeptisch gegenüberstehen. Derartige reduktive Bemühungen bekämpfen, heißt demnach nicht die Wissenschaft im allgemeinen angreifen, sondern es ist vielmehr eine unter anderen möglichen Einstellungen zur Wissenschaft.

Und weiter heißt es in der gleichen Abhandlung (S. 60):

Diese künstliche Gewohnheit, zu abstrahieren oder mit reduktiven Elementen zu arbeiten, hat sich als so brauchbar erwiesen und ist zu einer so tiefeingewurzelten Gewohnheit geworden, daß die Abstrahierer und Reduzierer geradezu in Verwunderung geraten, wenn jemand es wagt, die empirische oder phänomenologistische Validität dieser gewohnten Methoden zu bestreiten. Reibungslos und stufenweise überzeugen sie sich selbst davon, daß die Welt tatsächlich so konstruiert ist, und es fällt ihnen nicht schwer zu vergessen, daß ihre Methode zwar brauchbar, aber trotzdem künstlich, konventionalisiert und hypothetisch ist – daß es sich, kurz gesagt, um ein von Menschen geschaffenes System handelt, welches einer im Fluß befindlichen Welt voll innerer Zusammenhänge von außen auferlegt wurde. Diese speziellen Hypothesen über die Welt dürfen dem gesunden Menschenverstand ruhig widersprechen, wenn es darum geht, das Vorteilhafte und allgemein Gebilligte zu belegen. Wenn sie das nicht mehr tun oder wenn sie hinderlich werden, dann muß man sie fallenlassen. Es ist gefährlich, in der Welt das zu sehen, was wir hineingelegt haben, anstelle dessen, was tatsächlich darin vorhanden ist. Sagen wir es doch frei heraus, daß die atomistische Mathematik oder Logik gewissermaßen eine Theorie über die Welt darstellt und daß die Psychologie jede auf dieser Theorie fußende Beschreibung der Welt als für seine Zwecke ungeeignet verwerfen darf. Es ist zweifellos notwendig, daß methodologische Denker logische und mathematische Systeme ausarbeiten müssen, die dem Wesen der modernen Wissenschaft besser entsprechen.

Ich habe den Eindruck, daß die Schwächen der klassischen Wissenschaft sich am deutlichsten auf dem Gebiet der Psychologie und Ethnologie bemerkbar machen. Wenn jemand etwas über Personen oder Gesellschaften erfahren möchte, versagt die mechanistische Wissenschaft völlig. Unter gegebenen Umständen ist dieses Buch in erster Linie ein Versuch, innerhalb der Psychologie den Begriff der Wissenschaft so zu erweitern, daß sie in die Lage gesetzt wird, sich auch mit Personen, besonders mit voll entwickelten und vollständig humanen Persönlichkeiten zu befassen.

Meine Bemühungen laufen nicht auf eine Trennung und Entzweiung hinaus, ich stelle einer »falschen« Auffassung nicht eine »richtige« gegenüber, noch möchte ich irgendetwas hinauswerfen. Die Auffassung von Wissenschaft, die dieses Buch vertritt, *schließt* die mechanistische Wissenschaft *ein*. Meiner Ansicht nach ist die mechanistische Wissenschaft (die in der Psychologie die Form des Behaviorismus annimmt) nicht falsch, sondern nur zu eng und begrenzt, um als *allgemeine* oder umfassende Philosophie zu gelten[2].

Anmerkungen

1 Ich möchte damit nicht behaupten, daß die »Rehumanisierung« als Weltanschauung unbedingt der Weisheit letzter Schluß sei. Schon bevor eine Rehumanisierung voll verwirklicht ist, wird die Formung einer Weltanschauung, die jenseits davon liegt, erkennbar. Ich werde auf über das Selbst hinausgehende, die Person transzendierende Werte und Realitäten noch zu sprechen kommen, d. h. auf eine höhere Ebene der Menschlichkeit, Selbstverwirklichung, Echtheit und Identität, auf welcher der Mensch mehr zum Teil der Welt als zu ihrem Mittelpunkt wird.

2 »In seinem Wachstumsgesetz der großen Königreiche hat Newton *mutatis mutandis* für die politische Geschichte eine ähnliche Funktion erfüllt wie für die Physik mit seiner Entdeckung des Gravitationsgesetzes (es besitzt universale Gültigkeit und ist einfach), obwohl er meinte, Propheten wie Daniel hätten bereits vor ihm die gleiche Geschichte der »vier Königreiche« in einer hieroglyphischen Sprache geschrieben. Newton hat nie eine Geschichte der Menschen geschrieben – offenbar zählen sie in seiner Schilderung nicht als Individuen –, sondern er schrieb eine Geschichte der Staatskörper, so wie er zuvor eine Geschichte der physikalischen Körper geschrieben hatte. Diese Agglomerationen traten nicht plötzlich in Erscheinung; wie die Planeten in der Physik besaßen auch sie ein ›Original‹, eine Schöpfungsgeschichte, eine räumliche Ausdehnung, die chronologisch nachzuweisen war, und auch sie würden einmal ein Ende nehmen. Man könnte Newtons chronologische Schriften als die mathematischen Grundsätze der Konsolidierung von großen Reichen bezeichnen, weil sie sich in erster Linie mit Quantitäten des geographischen Raumes in einer zeitlichen Aufeinanderfolge befassen; die in seiner Geschichtsbeschreibung erwähnten Individuen, meist königliche Persönlichkeiten, sind nur Wegweiser, die die fortschreitende Ausdehnung von Territorien markieren. Sie besitzen keine unterscheidenden menschlichen Qualitäten. Das Thema seiner Geschichte ist die Einwirkung organisierter Landmassen aufeinander; entscheidende Ereignisse sind die Vereinigung zuvor isolierter kleinerer Einheiten oder die Zerstörung zusammenhängender Reiche durch quantitativ überlegene Kräfte. Newtons Prinzipien der Konsolidierung großer Reiche galten überdies für die gesamte geographische Welt, für China genauso wie für Ägypten. Wenn Menschen sich gelegentlich in seine Geschichtsdarstellung eindrängten, legte New-

ton fast unbewußt ihren Handlungen einfache Motive zugrunde. Seine Könige benehmen sich ähnlich wie Automaten, wenn sie Macht an sich reißen und ihr Reich weiter ausdehnen. Wenn er sie – was selten vorkommt – schärfer unter die Lupe nimmt, so betätigen sie sich stets im Sinne des Machtausgleichsprinzips des siebzehnten Jahrhunderts. Wenn ein Reich sich in Aufruhr befindet, schließen sich seine Feinde zusammen, um sich seine Schwäche schnell zunutze zu machen. Königliche Eroberungslust gründet sich auf »Eitelkeit« und ähnliche Schlagworte der zeitgenössischen psychologischen Literatur. Alle Herrscher, ob antik oder modern, sind sich gleich; sie haben nur unterschiedliche Titel, und die Schaubühne ihrer Taten trägt unterschiedliche Ortsnamen. Sie besitzen ebensowenig einen eigenen Charakter, weder psychologisch noch historisch, wie die Personen, die Apollodoros in seinem »Bibliothek« betitelten mythologischen Handbuch beschreibt. Newton fand nicht wie John Ray Beweise für die Herrlichkeit Gottes in der Vielgestaltigkeit und Schönheit der organischen Welt; er suchte nach Gottes Wirken fast ausschließlich in den Gesetzen des physikalisch-astronomischen Universums. Nicht um die Leidenschaften der Menschen, wie sie sich in der Geschichte äußern, ging es ihm, sondern um die Prinzipien des physikalisch-astronomischen Universums. Nicht die wunderbare Kombination des einzelnen im Auge, sondern die Prinzipien der Optik erregten seine Phantasie. Nicht die Leidenschaften der Menschen interessierten ihn, sondern die Prinzipien des physikalischen Wachstums der Monarchien und die Chronologie der Königreiche. Alles Menschliche war ihm fremd – wenigstens soweit er sich über die Menschheit äußerte. Er erwähnt in seiner Geschichtsdarstellung kaum je ein Gefühl, eine Emotion. Die Nationen sind meist Marionetten, ebenso neutral wie die Himmelskörper; sie fallen in andere Länder ein und werden ihrerseits erobert; sie nehmen an Umfang zu, und Königreiche schließen sich zusammen – sonst geschieht nichts, bis Rom die Welt erobert.« (F. MANUEL: »Isaac Newton, Historian«. Harvard Univ. Pr. 1963, S. 137–138).

2. Das Erkennen der einzelnen Person als Aufgabe des Wissenschaftlers

Welche Veränderungen in der Haltung gegenüber der Wissenschaft verlangt diese veränderte Weltanschauung? Wo liegt der tiefere Grund für diese Veränderungen? Was hat unsere Aufmerksamkeit zwingend auf sie gelenkt? Weshalb ist das mechanistische, nicht-humane Wissenschaftsmodell im Begriff, einem Paradigma Platz zu machen, das seinen Mittelpunkt im Menschen findet?

In meiner eigenen Lebensgeschichte ereignete sich dieser Zusammenprall der wissenschaftlichen Weltauffassungen zunächst in der Form, daß ich gleichzeitig mit zwei Psychologien gelebt habe, die wenig miteinander zu tun hatten. In meiner Laufbahn als Experimentator im Laboratorium fühlte ich mich mit der ererbten wissenschaftlichen Orthodoxie recht wohl und leistungsfähig (vgl. die vollständige Bibliographie in MASLOW: »Eupsychian Management: A Journal«). JOHN B. WATSONS optimistisches Credo (in »Psychologies of 1925«) hatte mich und viele andere für die Psychologie gewonnen. Seine programmatischen Schriften versprachen einen klaren Weg nach vorne. Ich hatte das erhebende Gefühl, daß der Fortschritt garantiert sei. Es bestand die Möglichkeit zu einer *wirklichen* Wissenschaft der Psychologie als etwas Solidem und Zuverlässigem, von dem man mit Sicherheit annehmen konnte, daß es stetig und unbeirrbar von einer Gewißheit zur nächsten fortschreiten würde. Sie bot eine Technik (die Konditionierung) an, welche die Probleme zu lösen versprach, und außerdem eine herrlich überzeugende Philosophie (den Positivismus und Objektivismus), die leicht zu verstehen und anzuwenden war und uns vor allen Fehlern der Vergangenheit bewahrte.

Aber soweit ich Psychotherapeut und Analytiker war, ein Vater, Lehrer und Erforscher der Persönlichkeit – das heißt, soweit ich es mit ganzen Menschen zu tun hatte –, erwies sich die »wissenschaftliche Psychologie« mit der Zeit als wenig brauchbar. In diesem personalen Bereich fand ich einen weit größeren Beistand bei der »Psychodynamik«, besonders bei den Psychologien Freuds und Adlers, die zweifellos nach der heutigen Definition nicht »wissenschaftlich« waren.

Es war, als ob die Psychologen damals nach zwei sich gegenseitig ausschließenden Systemen von Regeln gelebt oder als ob sie zwei verschiedene Sprachen zu unterschiedlichen Zwecken gesprochen hätten. Ging es ihnen darum, sich mit Tieren oder mit Teilprozessen im Menschen zu beschäftigen, so konnten sie »experimentelle und wissenschaftliche Psychologen« sein. Interessierten sie sich jedoch für den ganzen Menschen und seine Persönlichkeit, so waren ihnen diese Gesetze und Methoden nicht von großem Nutzen. Ich glaube, wir können diese philosophischen Wandlungen am besten verstehen, wenn wir ihre relative Brauchbarkeit bei der Behandlung dieser wissenschaftlich neuen menschlichen und personalen Probleme vergleichen. Stellen wir folgende Frage: Nehmen wir einmal an, wir wollten mehr über das Wesen der menschlichen Persönlichkeit – zum Beispiel über Sie oder sonst jemand – wissen, welcher Weg wäre dann als der erfolgversprechendste und fruchtbarste einzuschlagen? Wie brauchbar sind dazu die Annahmen, Methoden und Begriffe der klassischen Wissenschaft? Welche Methode ist die beste? Welche Techniken? Welche Epistemologie? Welcher Kommunikationsstil? Welche Tests und Meßverfahren? Welche *A priori*-Annahmen über das Wesen des Wissens? Was meinen wir überhaupt mit dem Wort »wissen«?

Nomothetisches und idiographisches Wissen

Zunächst sollten wir uns vor Augen halten, daß viele Wissenschaftler schon die Frage nach *einer* Person als trivial oder »unwissenschaftlich« ablehnen. Praktisch alle Wissenschaftler (auf dem Gebiet des Unpersönlichen) gehen von der stillschweigenden oder offen ausgesprochenen Voraussetzung aus, daß man Klassen oder Gruppen, aber nicht einzelne Dinge untersucht. Natürlich betrachtet man jeweils nur eine Sache, ein Pantoffeltierchen, ein Stück Quarz, eine bestimmte Niere oder einen Schizophrenen. Aber jedes davon wird als Beispiel einer Spezies oder Klasse und daher als austauschbar behandelt (vgl. LEWIN über galileische und aristotelische Wissenschaft in seinem Buch »A Dynamic Theory of Personality«). Keine der üblichen wissenschaftlichen Zeitschriften würde eine peinlich genaue Beschreibung einer bestimmten weißen Ratte oder eines bestimmten Fisches annehmen. Das Hauptgeschäft der klassischen Wissenschaft ist die Verallgemeinerung, die das allen weißen Ratten, Fischen usw. Gemeinsame abstrahiert. (Die Teratologie, welche Ausnahmen und »Naturwunder«, d. h. Mißbildungen untersucht, besitzt kaum wissenschaftliches Interesse, außer daß sie uns etwa durch den Kontrast mehr über die »normalen« Prozesse der Embryologie erkennen läßt.)

Jedes Beispiel ist nur eben ein Beispiel; an und für sich ist es nichts. Es steht beispielhaft für etwas. Es ist anonym, entbehrlich, nicht einzigartig, nicht unantastbar, nicht *sine qua non;* es hat keinen eigenen, ihm allein zukommenden Namen und besitzt an und für sich keinen Wert. Es ist nur insofern interessant, als es etwas anderes repräsentiert. Das meine ich, wenn ich sage, daß die orthodoxe Wissenschaft unserer Lehrbücher normalerweise und in erster Linie Klassen von Dingen oder austauschbare Objekte untersucht. In einem Lehrbuch der Physik oder Chemie kommen Individualfälle nicht vor, von der Mathematik ganz zu schweigen.

Astronomen, Geologen und Biologen, die diese Auffassung als typisch und paradigmatisch zum Mittelpunkt ihres Denkens gemacht und trotzdem – wie es gelegentlich vorkommt – mit Einzelerscheinungen zu tun haben, wie etwa mit einem bestimmten Planeten, mit einem bestimmten Erdbeben oder einer *Drosophila* (Taufliege), bemühen sich trotzdem um Verallgemeinerung als dem bewährten Weg zu größerer Wissenschaftlichkeit. Für die meisten Wissenschaftler wächst die wissenschaftliche Erkenntnis einzig in dieser Richtung.

Und dennoch finden wir, wenn wir uns von dem zentralen Modell einer unpersönlichen, verallgemeinernden, nach Entsprechungen suchenden Wissenschaft weiter entfernen, daß es tatsächlich Menschen gibt, die sich systematisch und beharrlich für einmalige, idiographische, individuelle Dinge interessieren, welche nicht miteinander austauschbar, sondern *sui generis* sind und nur ein einziges Mal vorkommen – zum Beispiel einige Psychologen und einige Ethnologen, einige Biologen, einige Historiker und natürlich alle menschlichen Wesen in ihren intimen persönlichen Beziehungen. (Ich bin sicher, daß auch Physiker und Chemiker ebensoviel Zeit damit verbracht haben, sich über ihre Ehefrauen den Kopf zu zerbrechen, wie sie über ihre Atome nachgedacht haben.)

Meine ursprüngliche Frage lautete: Wenn ich einen Menschen genau kennen möchte, auf welche Weise kann ich das am besten erreichen? Jetzt kann ich diese Frage noch pointierter formulieren und kann fragen: Wie tauglich sind die üblichen Verfahren der normalen Naturwissenschaft zu diesem Zweck (wobei man bekanntlich Naturwissenschaft als weitgehend akzeptiertes Paradigma für alle Wissenschaften, ja sogar für jedes Wissen überhaupt, versteht)? Ganz allgemein lautet meine Antwort, daß sie dazu recht untauglich sind. Tatsächlich sind sie praktisch nutzlos, wenn ich den Betreffenden nicht nur kennenlernen, sondern auch verstehen will. Wenn ich von einem Menschen die mir wichtigsten Seiten seines personalen Seins verstehen will, muß ich meiner Erfahrung nach diese Aufgabe anders anpacken; ich muß andere Methoden anwenden und von völlig anderen philosophischen Prämissen über das Wesen des Abstandes, der Objektivität, der Subjektivität, der Zuverlässigkeit unseres Wissens, der Werte und der Präzision ausgehen. Ich werde auf einige dieser Fragen noch zurückkommen.

Zuerst aber muß ich einen Menschen als ein einmaliges und besonderes Individuum, als einziges Mitglied seiner Klasse, betrachten. Natürlich trifft es zu, daß meine normalen wissenschaftlichen, abstrakten, psychologischen Kenntnisse, die ich im Laufe der Jahre erworben habe, mir behilflich sind, den Betreffenden wenigstens in groben Zügen innerhalb der menschlichen Spezies zu klassifizieren. Ich weiß, wonach ich Ausschau zu halten habe. Ich kann heute weit besser als vor fünfundzwanzig Jahren in groben Zügen eine charakterliche, konstitutionelle, psychiatrische, personologische und intellektuelle Beurteilung (IQ) durchführen. Und doch ist dieses ganze nomothetische Wissen (über Gesetze, Verallgemeinerungen und Durchschnittswerte) nur insofern von Nutzen, als es mein idiographisches Wissen (über dieses besondere Individuum) in die rechten Bahnen lenken und verbessern kann. Jeder Kliniker weiß, daß man, wenn man einen anderen Menschen richtig kennenlernen will, am besten den eigenen Intellekt zunächst aus dem Spiele läßt, um ganz Auge und Ohr, ganz vom anderen gefesselt, ganz aufnahmebereit, passiv, geduldig und abwartend anstatt allzu wißbegierig, rasch und ungeduldig zu sein. Er kommt nicht weiter, wenn er damit anfängt zu messen, zu fragen, zu rechnen oder Theorien auszuprobieren, zu kategorisieren oder zu klassifizieren. Wenn der Intellekt zu eifrig arbeitet, kann man nicht mehr so gut hören und sehen. FREUDS Formulierung von der »freiflutenden Aufmerksamkeit« trifft gut diese sich nicht einmischende, globale, rezeptive, abwartende Art, einen anderen Menschen kennenzulernen.

Dem, der einen Menschen zu erkennen sucht, sind abstraktes Wissen, wissenschaftliche Gesetze und Verallgemeinerungen, statistische Tabellen und Erwartungen durchaus von Nutzen, sofern er es versteht, sie zu humanisieren, zu personalisieren und zu individualisieren und auf die jeweilige interpersonale Beziehung auszurichten. Einem guten Menschenkenner kann unser klassisches »wissenschaftliches« Wissen weiterhelfen – dem schlechten Menschenkenner nützt alles abstrakte Wissen der Welt nichts. einmal sehr richtig gesagt hat, »kann jeder Trottel einen haben«.

Die holistische (ganzheitliche) Methode

Ich möchte hier keine weitgehenden Verallgemeinerungen wagen, aber als Therapeut und Personologe habe ich auch folgende Erfahrungen gemacht: Wenn ich etwas mehr über die individuelle Person eines Menschen erfahren will, dann muß ich ihn als eine Einheit, als Eines, als ein Ganzes angehen. Die übliche wissenschaftliche Technik der Zergliederung und der reduktiven Analyse, welche sich in der anorganischen Welt und einigermaßen sogar in der infrahumanen Welt lebender Organismen bewährt hat, ist denkbar ungeeignet, wenn man einen Menschen als Person zu erkennen sucht, und sie weist selbst bei Untersuchungen der Menschen im allgemeinen effektive Mängel auf. Die Psychologen haben verschiedene Methoden einer atomistischen Zerlegung und Reduktion auf grundlegende Elemente des Wissens versucht, aus denen sich unser Gesamtwissen vermutlich aufbaut, wie zum Beispiel die fundamentalen Wahrnehmungsimpulse, die Stimulus-Response- oder assoziativen Ketten, die autonomen und bedingten Reflexe, die Verhaltensreaktionen, die Ergebnisse der Faktorenanalyse und die Leistungsprofile bei den verschiedenen Arten von Tests. Jeder dieser Versuche hat sich für die abstrakte, nomothetische Wissenschaft als teilweise brauchbar erwiesen, aber kein Mensch würde je im Ernst einen davon als sinnvolle Methode vorschlagen, wenn es etwa gilt, Angehörige einer fremden Kultur oder die Mitglieder der John-Birch-Society zu erforschen, ganz zu schweigen von einem völlig Unbekannten.

Ich muß Sie, wenn ich Sie kennenlernen will, nicht nur ganzheitlich (holistisch) wahrnehmen, ich muß Sie auch ganzheitlich und nicht reduktiv analysieren. (Stünde mir genügend Raum zur Verfügung, so würde ich an dieser Stelle auch auf die Auswirkungen der

...staltpsychologie auf die Experimental- und Laboratoriumspsychologie eingehen. Eine eingehendere Darlegung findet sich in (MASLOW, 1954, Kap. 3).

Subjektiver Bericht

Bei weitem die beste Methode, einen Menschen kennenzulernen, ist, ihn auf die eine oder andere Weise dazu zu bringen, daß er uns selbst etwas über sich sagt, entweder durch Frage und Antwort oder durch freies Assoziieren, das wir uns lediglich anhören, oder auch indirekt durch versteckte Kommunikationen, durch Malereien, Traumberichte, Geschichten, Gesten und so weiter – die wir dann entsprechend interpretieren können. Natürlich ist das jedermann bekannt, und im täglichen Leben machen wir es uns auch alle zunutze. Bestehen bleibt jedoch die Tatsache, daß hier echte wissenschaftliche Probleme entstehen. So ist beispielsweise jemand, der uns seine politische Einstellung darlegt, sozusagen der einzige Zeuge für das, was er berichtet. Er kann uns, falls er das will, leicht zum Narren halten. Etwas Vertrauen, guter Wille und Aufrichtigkeit sind in diesem Fall unentbehrlich, wie sie sonst bei keinem anderen Gegenstand wissenschaftlicher Forschung erforderlich sind. Die zwischenmenschlichen Beziehungen des Sprechers und Zuhörers spielen dabei eine wesentliche Rolle.

Astronomen, Physiker, Chemiker, Geologen usw. brauchen sich mit solchen Problemen wenigstens zunächst nicht zu befassen. Sie können mit ihren Untersuchungen weit vordringen, bevor sie sich mit Fragen auseinandersetzen müssen, die die Beziehungen zwischen dem Erkennenden und dem Erkannten betreffen.

Rezeptivität, Nichteinmischung: Taoistische Wissenschaft

Die meisten jungen Psychologen haben gelernt, im kontrollierten Experiment die vorbildliche Methode zu sehen, sich Wissen anzueignen. Langsam und mühsam haben wir Psychologen lernen müssen, gute klinische und Natur-Beobachter zu werden, geduldig abzuwarten, zu beobachten und zuzuhören, die Hände wegzulassen, uns zu hüten, allzu aktiv und brüsk zu sein, uns zu stark einzumischen und zuviel Kontrolle auszuüben und – was zum Verständnis eines anderen Menschen als das wichtigste gelten muß – den Mund zu halten und die Augen und Ohren offen zu halten.

Es ist dies eine andere Methode als die, welche wir physikalischen Gegenständen gegenüber anwenden, in denen wir herumstochern, um zu sehen, was dann passiert, die wir auseinandernehmen und so weiter. Unternimmt man dergleichen mit menschlichen Wesen, so wird man sie bestimmt nicht kennenlernen. Sie werden nicht wollen, daß wir sie auf diese Weise durchschauen. Sie werden es nicht zulassen. Wenn wir uns derart einmischen, macht das unsere Chancen, sie kennenzulernen, wenigstens zu Anfang geringer. Erst wenn wir bereits eine Menge über sie wissen, können wir gründlicher untersuchen und eindringlichere Fragen stellen – mit einem Wort: mehr experimentell vorgehen.

Problemorientierte und methodenorientierte Psychologie: Das Beharren auf höheren Problemen

Ich selbst bin mit methodenorientierten Wissenschaftlern erst aneinandergeraten, als ich anfing, Fragen nach dem sogenannten »höheren Leben« menschlicher Wesen und über höher entwickelte menschliche Wesen zu stellen. Solange ich behavioristisch mit Hunden und Affen arbeitete und mit dem Lernen und Konditionieren und mit motiviertem Verhalten experimentierte, kam ich durchaus mit dem mir zur Verfügung stehenden methodologischen Werkzeug aus. Man konnte diese Experimente zufriedenstellend planen und kontrollieren, und die Ergebnisse konnten genau und zuverlässig genug registriert werden.

In Schwierigkeiten geriet ich erst, als ich anfing Fragen zu stellen, die für die Forscher neu waren, Fragen, mit denen ich nicht recht fertig wurde und die sich auf unpräzise, undefinierte, schwer zu handhabende Probleme bezogen. Ich entdeckte damals, daß viele Wissenschaftler die Beschäftigung mit Dingen, mit denen sie nicht gut fertig werden und die sie nicht richtig in den Griff bekommen, für unter ihrer Würde halten. Ich erinnere mich, daß ich einmal in meinem Ärger mit einem bei dieser Gelegenheit geprägten Aphorismus zurückgeschlagen habe: »Was nicht der Mühe wert ist, lohnt auch nicht die Mühe, es gut zu machen.« Heute glaube ich hinzufügen zu können: »Was getan werden muß, ist der Mühe wert, selbst wenn man es *nicht* sehr gut machen kann.« Ich möchte sogar behaupten, daß der erste Ansatz zur Lösung eines neuen Problems höchstwahrscheinlich unelegant, unpräzise und grob ausfallen dürfte. Was man meist bei solchen ersten Versuchen lernt, ist, wie man es das nächste Mal besser machen sollte. Aber es gibt keine Möglichkeit, dieses erste Mal einfach zu überschlagen. Ich erinnere mich an ein Kind, dem man sagte, bei den meisten Eisenbahnunglücken erwischt es den letzten Wagen, und das meinte, man könnte die Unfälle doch dadurch verhindern, daß man den letzten Wagen wegließe!

Ebensowenig kann man den Anfang weglassen. Auch nur daran zu denken oder es zu wünschen, hieße den Geist der Wissenschaft selbst verleugnen. Sich mit neuen Fragen auseinanderzusetzen ist ganz gewiß weit anregender und lohnender, und es ist auch von größerem sozialen Nutzen. »Man muß die Fragen selbst lieben«, hat RILKE einmal gesagt. Die Angriffstruppen der Wissenschaft sind für die Wissenschaft zweifellos notwendiger als ihre Militärpolizei. Das trifft zu, auch wenn sie sich für gewöhnlich viel schmutziger machen und mehr Verluste erleiden. BILL MAULDINS Karikaturen während des Krieges veranschaulichen vorzüglich, wieviel mehr wert die

Frontsoldaten waren als die aus dem Ei gepellten Offiziere in der Etappe. Jemand muß zuerst durch die Minenfelder. (Ich habe versehentlich statt *minefields* – Minenfelder – zunächst *mind fields* – Felder des Geistes – geschrieben!)

Als mich meine Arbeit in der Psychopathologie dahin führte, mich der Nicht-Pathologie, d. h. psychisch gesunden Menschen zuzuwenden, tauchten Probleme auf, wie sie mir nie zuvor begegnet waren, beispielsweise Wert- und Normfragen. Gesundheit selbst ist bereits ein normatives Wort. Ich fing an zu verstehen, weshalb hier noch so wenig geschehen war. Nach den normalen Regeln einer guten »normalen« Forschung war das keine gute Forschung. (Tatsächlich habe ich es auch nicht als Forschung, sondern als Erkundung bezeichnet.) Sie ist leicht zu kritisieren, und ich habe sie auch kritisiert. So war es eine echte Frage, ob ich nicht möglicherweise meine eigenen Wertvorstellungen in die Menschen hineinlegte, die ich mir zur Untersuchung aussuchte. Natürlich wäre eine Gruppe von Sachkundigen besser gewesen. Heute verfügen wir über Tests, die objektiver und unparteiischer sind als jedes Urteil, bei dem man sich allein auf sich selbst verlassen muß – aber 1935 gab es so etwas noch nicht. Man mußte es entweder so wie ich machen oder überhaupt nicht. Ich bin froh, daß ich mich damals dazu entschlossen habe; ich habe viel dabei gelernt, und vielleicht haben auch andere davon profitiert.

Durch die Untersuchung relativ gesunder Menschen und ihrer charakteristischen Eigenschaften stieß ich sowohl persönlich wie auch als Wissenschaftler auf viele neue Probleme. Das hatte zur Folge, daß ich mit vielen alten Lösungen, Methoden und Auffassungen, die ich als gegeben akzeptiert hatte, nicht mehr zufrieden war. Diese Menschen warfen neue Fragen auf über das Wesen des Normalen, der Gesundheit, der Güte, der Kreativität und Liebe, über die Natur unserer höheren Bedürfnisse, der Schönheit, Neugier, Erfüllung, über das Wesen des Heroischen und des Göttlichen im Menschen, des Altruismus und der Hilfsbereitschaft, der Liebe zur Jugend und des Schutzes der Schwachen, des Mitgefühls und der

Selbstlosigkeit und Humanität, der Größe und der transzendenten Erlebnisse und höheren Werte. (Ich habe mich seither mit all diesen Fragen beschäftigt und glaube fest, daß es möglich ist, zu ihrer Beantwortung beizutragen. Es sind keine unüberprüfbaren, »unwissenschaftlichen« Probleme.)

Diese »höheren« psychologischen Prozesse im Menschen paßten nicht gefällig und bequem in den bereits vorhandenen Mechanismus zur Erlangung zuverlässigen Wissens. Dieser Mechanismus erwies sich als etwas Ähnliches wie jenes »Allzweckgerät« in meiner Küche, das trotz seines Namens in Wirklichkeit keineswegs allen Zwecken, sondern nur einigen dient. Oder um einen anderen Vergleich zu geben: Ich erinnere mich, eine kunstvoll konstruierte, komplizierte automatische Waschanlage für Autos gesehen zu haben, die diese wirklich ganz vorzüglich säuberte. Aber sie konnte eben *nur* Autos waschen und behandelte alles, was ihr sonst in die Klauen kam, so als ob ein Auto zu waschen wäre. Vermutlich liegt die Versuchung nahe, alles wie einen Nagel zu behandeln, wenn man als einziges Werkzeug einen Hammer besitzt.

Kurz gesagt, ich mußte entweder meine Fragen auf sich beruhen lassen oder neue Wege finden, sie zu beantworten. Ich zog letzteres vor. Und das tun auch viele andere Psychologen, wenn sie sich dazu entschließen, sich nach besten Kräften mit wichtigen Problemen zu befassen (problemorientiert), anstatt sich darauf zu beschränken, nur das zu tun, was sie auf elegante Weise mit den bereits verfügbaren Techniken tun können (methodenorientiert). Wenn man »Wissenschaft« als das definiert, was sie zu tun vermag, dann wird das, was sie nicht zu tun vermag, »nicht-wissenschaftlich«, das heißt unwissenschaftlich. (Das Problem ist ausführlich behandelt in MASLOW, 1954, Kap. 2).

Die Angst vor der Erkenntnis; die Angst vor der persönlichen und gesellschaftlichen Wahrheit

Mehr als alle anderen Wissenschaftler müssen wir Psychologen uns mit der erstaunlichen Tatsache des Widerstandes gegen die Wahrheit auseinandersetzen. Mehr als vor jeder anderen Erkenntnis haben wir Angst vor der Selbsterkenntnis, da diese unsere Selbstachtung und das Bild, welches wir uns von uns selbst machen, verändern könnte. Eine Katze findet sich – soweit wir das beurteilen können – leicht damit ab, daß sie eine Katze ist. Sie hat keine Angst davor, eine Katze zu sein. Aber ein vollentwickeltes menschliches Wesen zu sein, ist schwierig, erschreckend und problematisch. Während die Menschen die Erkenntnis lieben und suchen – sie sind neugierig – haben sie andererseits auch Angst davor. Je näher sie ans Persönliche heranreicht, desto größer ist ihre Angst davor. Daher tendiert menschliche Erkenntnis zu einer Art Dialektik zwischen dieser Liebe und dieser Angst. So schließt Erkenntnis auch Abwehr gegen sich selbst, Repressionen, Beschönigungen, Gleichgültigkeit und Vergessen ein. Daher gehört zu jeder Methodologie, die hinter die Wahrheit zu kommen versucht, in irgendeiner Form auch unausweichlich das, was der Psychoanalytiker als »Analyse des Widerstandes« bezeichnet, eine Methode, um die Angst vor der Wahrheit über uns selbst aufzulösen und uns so die Möglichkeit zu geben, uns direkt von vorn, nackt zu sehen – eine erschreckende Sache!

Etwas Ähnliches gilt für die Erkenntnis im allgemeinen. Darwins Theorie von der natürlichen Selektion war ein ungeheurer Schock für das menschliche Ich. Ebenso war es die kopernikanische Weltsicht. Und doch gibt es immer noch ein Gefälle der Angst vor der Erkenntnis; je unpersönlicher die Erkenntnis ist, je weniger nahe sie unseren persönlichen Belangen, unseren Emotionen und Bedürfnissen steht, desto geringer wird der Widerstand dagegen sein. Und je enger unsere Untersuchungen an den Kern unserer Persönlichkeit heranreichen, desto größer wird der Widerstand sein. Es gibt eine Art »Gesetz über die Summe der Erkenntnis«, welches wir etwa so formulieren können: »Je größer der Abstand von der Erkenntnis der eigenen Person, desto größer ist der Ertrag der wissenschaftlichen Erkenntnis; je länger die Geschichte eines Forschungsgegenstandes, um so sicherer ist seine Erforschung; je reifer eine Wissenschaft ist... und so weiter.« So kommt es, daß wir (wissenschaftlich) weit mehr über Chemikalien, Metalle und Elektrizität wissen als über Sexualität oder Vorurteile oder Ausbeutung.

Man muß manchmal zu seinen graduierten Soziologie- und Psychologiestudenten so reden, als ob sie im Begriff ständen, in den Krieg zu ziehen. Man muß von Tapferkeit, von Moral und Ethik, von Strategie und Taktik reden. Der Wissenschaftler auf dem Gebiete der Psychologie oder Soziologie muß *kämpfen*, um die Wahrheit über heiße Themen aussprechen zu können.

Der Wunsch, erkannt zu werden, und die Angst, erkannt zu werden

Eine Person unterscheidet sich als Erkenntnisobjekt insofern von den Gegenständen, als sie den Wunsch haben oder es doch wenigstens zulassen muß, erkannt zu werden.[1] Sie muß den Erkennenden akzeptieren und ihm vertrauen und in gewissen Fällen sogar dahin gelangen, ihn zu lieben. Man könnte sogar sagen, daß sie sich dem Erkennenden ausliefert (WOLFF, in: Journal of Humanistic Psychology, 1962), in den verschiedenen Bedeutungen des Wortes, und umgekehrt. Es ist ein gutes Gefühl, verstanden zu werden (VAN KAAM, in: Journal of Individual Psychology, 1959), ja es ist sogar aufmunternd (Anonym, in: Journal of Humanistic Psychology, 1961) und therapeutisch wirksam. Weitere Beispiele hierfür finden sich in diesem Buch und in der gesamten Literatur der Psychotherapie und Sozialpsychologie.

Motivation, Zwecke, Ziele

Wenn man sich mit Personen befaßt, muß man sich erkenntnistheoretisch mit der Tatsache abfinden, daß Menschen eigene Zwecke und Ziele verfolgen, während die physikalischen Objekte das nicht tun. Unsere klassische Naturwissenschaft hat klugerweise die Projektion von Zwecken – gleich ob von Gott oder vom Menschen selbst stammend – aus der Erforschung des physikalischen Universums hinausgeworfen. Tatsächlich war ja auch diese Reinigung das *sine qua non*, welches eine physikalische Wissenschaft überhaupt erst ermöglichte. Auf diese Weise kann man das Sonnensystem besser verstehen. Die Projektion eines Zweckes ist nicht nur überflüssig, sie ist einem vollen Verständnis sogar im Wege.

Ganz anders liegt der Fall jedoch bei menschlichen Wesen. Diese verfolgen Zwecke und Ziele, die durch Introspektion unmittelbar wahrnehmbar und auch behavioristisch ebenso leicht zu studieren sind wie bei infrahumanen Tieren (TOLMAN, 1932). Diese einfache Tatsache, die aus dem Modell der klassischen Naturwissenschaft systematisch ausgeklammert wird, macht deren Methoden automatisch weniger geeignet, den größten Teil menschlichen Verhaltens zu erforschen. Das rührt daher, daß die klassische Naturwissenschaft nicht zwischen Mitteln und Zwecken unterscheidet. Wie POLANYI (1958) darlegt, kann sie daher auch nicht zwischen korrektem und unkorrektem instrumentalen Verhalten, zwischen wirksam und unwirksam, richtig und falsch, krank und gesund unterscheiden, da sich diese Eigenschaftswörter sämtlich auf die Angemessenheit und Wirksamkeit der zur Erreichung eines bestimmten Zieles angewandten Mittel beziehen. Derartige Erwägungen sind dem rein physikalischen oder chemischen System fremd, das keine Zwecke kennt und es daher nicht nötig hat, zwischen gutem oder schlechtem instrumentalem Verhalten zu unterscheiden.

Bewußt, unbewußt und vorbewußt

Unsere Probleme werden noch komplizierter durch die Tatsache, daß die Ziele der betreffenden Person selbst unbekannt sein können. So kann ihr Verhalten beispielsweise dem entsprechen, was der Psychoanalytiker als Ersatzhandlung bezeichnet, worunter man ein scheinbares Suchen nach einem offen vor Augen liegenden Ziel versteht, welches aber nicht das »wirkliche« Ziel ist, das angestrebt wird, sondern vielmehr ein symbolischer Ersatz, der den Hunger niemals befriedigen wird.

Jede wirklich umfassende Psychologie der Wissenschaft wird sich sehr eingehend mit den Beziehungen des Bewußtseins zum Unbewußten und Vorbewußten sowie mit dem Erkennen als »Primärprozeß« und dem Erkennen als »Sekundärprozeß« befassen müssen. Wir haben gelernt, uns das Wissen als verbal, explizit, artikuliert, rational, logisch, strukturiert, aristotelisch, realistisch und vernünftig vorzustellen. Wir Psychologen jedoch, die wir uns mit den Tiefen der menschlichen Natur konfrontiert sehen, lernen auch das Inartikulierte, das Prä- und Subverbale, das Verschwiegene, das Unsagbare, Mythische, Archaische, Symbolische, Poetische und Ästhetische respektieren. Ohne diese Dinge kann keine Beschreibung einer Person je vollständig sein. Aber diese Dinge existieren nur im menschlichen Wesen, und für sie haben sich daher *Ad hoc*-Methoden als notwendig erwiesen. Der Rest dieses Buches ist eben dieser Frage und einigen sich daraus ergebenden Problemen gewidmet. Wieweit sind die Vorstellungen und Methoden der klassischen Naturwissenschaft geeignet oder ungeeignet, wenn es unsere Aufgabe ist, Wissen über die menschliche Person zu erlangen? Welches sind die Folgen dieser Unzulänglichkeiten? Welche Verbesserungen legen sie nahe? Welche Gegenvorschläge könnte man erwägen und testen? Was kann die Wissenschaft im allgemeinen von der Wissenschaft, die sich mit Personen beschäftigt, lernen?

Anmerkung

1 Wenn eine Person sich selbst zum Gegenstand ihrer Erkenntnis macht, so wird die Situation noch komplizierter. Im allgemeinen ist es besser für sie, einen ausgebildeten Helfer zu haben, was aber seinerseits verschiedene komplizierte Beziehungen zwischen dieser Person und ihrem Helfer hervorruft. Wie ungewöhnlich diese Beziehung werden kann, offenbarte sich mir auf dramatische Weise vor zehn Jahren in einem Psychotherapiekurs für Insassen einer psychiatrischen Klinik, den Dr. WILLIAM MURPHY leitete. »Ich lade meinen Patienten soviel Depression und Angst auf, wie sie nur eben vertragen können«, sagte er. Man bedenke, daß diese Worte von einem Psychotherapeuten kamen, der seinen Patienten zu verstehen versucht und ihm helfen will, sich selbst besser zu verstehen. Ich bin mir nicht sicher, ob dies als erkenntnistheoretische Feststellung gemeint war, aber die Wahrscheinlichkeit ist sehr groß. Auch wenn man einräumt, daß diese Beziehung zwischen dem Erkennenden und dem Erkannten sich von der »normalen« erkenntnistheoretischen Beziehung zwischen dem Histologen und den Proben, die er unter dem Mikroskop untersucht, unterscheidet, und auch wenn man einräumt, daß letztere Beziehung das Vorbild war, so halte ich es doch für unverkennbar, daß die Beziehungen zwischen dem Erkennenden und dem Erkannten so erweitert werden müssen, daß sie sowohl erstere als auch letztere umfassen.

3. Die kognitiven Bedürfnisse unter Bedingungen von Angst und Mut

Der Ursprung der Wissenschaft liegt im Bedürfnis zu erkennen und zu verstehen (oder zu erklären), das heißt in kognitiven Bedürfnissen (MASLOW, 1954 und 1962). An anderer Stelle (MASLOW, in: »Human Motivation: A Symposion«, 1965) habe ich verschiedenartiges Beweismaterial zusammenfassend dargestellt, welches mir das Gefühl gegeben hat, daß diese Bedürfnisse instinktähnlichen Charakter haben und daher charakteristische Merkmale der Humanität (wenn auch nicht der Humanität allein) und der menschlichen Spezies sind. In derselben Abhandlung habe ich versucht, die durch Angst verursachten kognitiven Tätigkeiten von denen zu unterscheiden, welche ohne Angst oder unter Überwindung der Angst ablaufen und daher als »gesund« bezeichnet werden dürfen. Das heißt, daß diese kognitiven Impulse offenbar *entweder* unter Bedingungen der Angst *oder* des Mutes ablaufen, daß sie aber unter diesen beiden unterschiedlichen Bedingungen unterschiedliche Merkmale aufweisen.

Wenn Neugier, Forschen, Manipulieren durch Furcht oder Angst angetrieben werden, kann man feststellen, daß ihr Hauptzweck die Beseitigung oder Milderung der Angst ist. Was sich behavioristisch wie ein Interesse an der Eigenart des zu untersuchenden Gegenstandes oder des zu erforschenden Gebietes ausnimmt, kann primär eine Anstrengung des Organismus sein, sich zu beruhigen und die Spannung, die innere Unruhe und Angst zu vermindern. Das unbekannte Objekt ist dann primär ein Angsterzeuger, und das Prüfen und Erforschen ist in allererster Linie eine Entgiftung des Objekts, der Versuch, es zu etwas zu machen, vor dem man keine Angst zu haben braucht. Manche Organismen bringen es fertig, nachdem sie sich beruhigt haben, den Gegenstand dann auch *per se* aus reiner (nicht angstbedingter) Wißbegier in seiner unabhängigen, draußenbefindlichen Realität zu untersuchen. Dagegen gibt es andere Organismen, die jedes Interesse an dem Gegenstand verlieren, nachdem er entgiftet, vertraut geworden (MASLOW, in: Journal of Experimental Psychology, 1937) und nicht länger furchteinflößend ist. Das heißt, daß das Vertrautwerden Unaufmerksamkeit und Langeweile zur Folge haben kann.

Phänomenologisch nehmen sich diese beiden Arten der Wißbegier unterschiedlich aus. Sie unterscheiden sich auch klinisch und personologisch. Und schließlich und endlich weisen sie auch behavioristische Unterschiede bei einigen infrahumanen Arten wie auch beim Menschen auf, wie viele einfache Experimente einwandfrei gezeigt haben.

Beim Menschen zwingen uns diese Erkenntnisse unausweichlich, einen anderen, »höheren« Begriff jenseits der bloßen Wißbegier zu postulieren. Verschiedene Forscher haben unterschiedlich jeweils von dem Bedürfnis zu verstehen, dem Bedürfnis nach einem Sinn, dem Bedürfnis nach Werten, nach einer Philosophie oder Theorie oder nach einer Religion oder Kosmologie oder von dem Bedürfnis nach irgendeinem erklärenden oder gesetzmäßigen »System« gesprochen. Diese ersten Bemühungen, der Sache näherzukommen, beziehen sich im allgemeinen auf das Bedürfnis zu ordnen, zu strukturieren, zu organisieren, zu abstrahieren oder die chaotische Vielfalt der Tatsachen zu vereinfachen. In den meisten Kontexten dagegen kann man das Wort »Wißbegier« so interpretieren, daß es sich auf eine einzelne Tatsache, einen bestimmten Einzelgegenstand oder wenigstens auf eine begrenzte Reihe von Gegenständen, Situationen oder Prozessen beschränkt und sich nicht auf die ganze Welt oder auf große Teile derselben richtet.

Man kann von dem Bedürfnis zu verstehen – genau wie von dem noch mächtigeren Bedürfnis zu wissen – auch sagen, daß es in der Art, wie es sich ausdrückt und wie es das Verhalten bestimmt, entweder dazu dient, Angst zu beseitigen, oder aber ein nicht-angstbedingtes Interesse an der Natur der Realität darstellt. In beiden Fällen zeigt die klinische und personologische Erfahrung, daß Angst und Furcht durchweg stärker sind als das unpersönliche Interesse an der Natur der Realität. In diesem Kontext ist »Mut« entweder als das Nichtvorhandensein von Furcht oder als die Fähigkeit zu verstehen, die Furcht zu überwinden und trotz dieser Furcht gut zu funktionieren.

Vor diesem Hintergrund kann man alle kognitiven Tätigkeiten besser verstehen, mag es sich nun um institutionalisierte, wie die wissenschaftliche Arbeit und das Philosophieren, oder um persönliche, wie das Suchen nach Einsicht in der Psychotherapie, handeln. Die Frage lautet: Wieviel Angst und wieviel angstfreies Interesse sind jeweils im Spiel? Da die meisten menschlichen Aktivitäten eine Mischung aus beidem sind, müssen wir nach dem jeweiligen Verhältnis von Angst und Mut fragen. Man kann das Verhalten – einschließlich des Verhaltens des Wissenschaftlers – in einem sehr einfachen Schema als Resultante dieser beiden Kräfte auffassen, das heißt als eine Mischung aus angstmilderndem (defensivem) und auf Probleme gerichtetem (zupackendem) Vorgehen.

Ich habe diese grundsätzliche Dialektik in unterschiedlichem Kontext auf verschiedene Weise beschrieben. Jede dieser Beschreibungen kann zu verschiedenen Zwecken herangezogen werden. Zunächst habe ich (MASLOW, 1941, Kap. 10: »Coping with Dangers« = Es mit Gefahren aufnehmen) die FREUDSchen »Abwehrmechanismen« (zur Beschwichtigung der Angst unter gleichzeitigem Streben nach Befriedigung) unterschieden von den von mir als »Bewältigungsmechanismen« (»Coping Mechanisms«) bezeichneten Mechanismen (letztere zur positiven, mutigen und siegreichen Lösung von Lebensproblemen ohne oder trotz Angst). Eine weitere nützliche Unterscheidung (MASLOW, 1962, Kap. 3) ist die zwischen Mangel-Motivation und Wachstums-Motivation. Erkenntnis kann mehr der einen oder der anderen Art zugehören. Wo sie primär durch Mangel motiviert ist, dient sie mehr der Reduzierung eines Bedürfnisses und ist mehr homöostatisch, mehr die Erlösung von einem empfundenen Mangel. Ist das Verhalten dagegen mehr wachstumsorientiert, so dient es weniger zur Reduktion eines Bedürfnisses und zielt mehr auf Selbstverwirklichung und ein volleres Menschsein ab, es ist expressiver, selbstloser und wirklichkeitsbezogener. Man könnte etwa sagen: Erst wenn unsere persönlichen Probleme gelöst sind, kann in uns ein echtes Interesse an der Welt um ihrer selbst willen erwachen.

Drittens (MASLOW, 1962, Kap. 4) sehe ich im Wachstum eine endlose Reihe täglich neuer Wahlmöglichkeiten und Entscheidungen, wobei man jeweils die Wahl hat, sich rückwärts auf Sicherheit oder vorwärts auf Wachstum zuzubewegen. Für das Wachstum muß man sich immer neu entscheiden, und die Angst muß immer von neuem überwunden werden.

Mit anderen Worten kann man von einem Wissenschaftler entweder annehmen, daß er relativ defensiv, vom Mangel oder vom Bedürfnis nach Sicherheit motiviert ist, daß er weitgehend von Angst getrieben ist und sich so verhält, daß er diese Angst möglichst mildert. Oder man kann in ihm einen Menschen sehen, der seiner Angst Herr geworden ist, der sich positiv mit Problemen auseinandersetzt, um sie zu überwinden, der wachstumsmotiviert und auf Selbstverwirklichung und vollste Humanität bedacht ist und daher die Freiheit gewonnen hat, sich einer wahrhaft faszinierenden Wirklichkeit zuzuwenden, der er sich völlig hingeben kann, anstatt sie in ihrer Relevanz zu seinen persönlichen emotionalen Schwierigkeiten zu sehen; das heißt, er kann sich auf die wissenschaftlichen Probleme anstatt auf sein eigenes Ego konzentrieren.[1]

Die Pathologie der Erkenntnis:
Angstmildernde Mechanismen in der Erkenntnis

Die Tatsache, daß diese Motivation in den meisten pathologischen Fällen am Werke ist, zeigt unmißverständlich, daß das Streben nach Wissen der Beseitigung von Angst dienen kann.

Beschäftigen wir uns zunächst kurz mit den hirnverletzten Soldaten, von denen Kurt Goldstein (1932) so viel gelernt hat. Ihre sehr realen Verletzungen und die sich daraus ergebende reale Einbuße gewisser Fähigkeiten hatte nicht nur zur Folge, daß sie sich weniger leistungsfähig fühlten, auch die Welt bekam für sie einen beängstigenderen Anstrich. Ihr Verhalten stellte großenteils den Versuch dar, sich die Selbstachtung zu bewahren und die angsterzeugende Konfrontation mit Problemen zu vermeiden, denen gegenüber sie mit einem Versagen rechnen konnten. Zu diesem Zweck verengten sie zunächst ihre Welt, um Probleme zu vermeiden, denen sie nicht gewachsen waren, und um sich auf Probleme zu beschränken, mit denen sie fertigwerden konnten. Innerhalb einer so eingeschränkten Welt, in der sie weniger zu wagen und zu versuchen hatten, wo sie sich im Bezug auf ihre Bestrebungen und Ziele »bescheiden« konnten, kamen sie gut zurecht. Zweitens ordneten und strukturierten sie diese eingeschränkte Welt sorgfältig. Sie gaben allem und jedem seinen Platz, und alles befand sich an seinem Platz. Sie geometrisierten ihr kleines Reich in dem Bestreben, es voraussagbar, kontrollierbar und sicher zu machen. Drittens zeigten sie die Tendenz, es zu statischen, unveränderlichen Formen erstarren zu lassen und jeden Wechsel und jede Veränderung zu vermeiden. Auf diese Weise wurde ihre Welt besser voraussehbar, besser kontrollierbar und weniger angsterregend.

Für Menschen von beschränkten geistigen Fähigkeiten, auf die sie sich nicht verlassen können, die sich der Welt nicht gewachsen fühlen und die sich damit nicht abfinden können, ist eine solche Haltung logisch, vernünftig und verständlich. Sie bewährt sich. Die Angst und der Kummer der Soldaten wurden auf diese Weise effektiv reduziert. Auf den flüchtigen Beobachter machten diese Patienten einen normalen Eindruck.

Daß diese Sicherheit erzeugenden Mechanismen pragmatisch vernünftig (und nicht »verrückt« oder absonderlich oder mysteriös) sind, läßt sich zum Beispiel leicht an der parallelen Situation von Menschen erkennen, die vor kurzem erblindet sind, die ja damit auch weniger leistungsfähig sind als zuvor und denen daher die Welt ebenfalls gefährlicher und überwältigender erscheinen muß, weshalb sie sich unverzüglich alle möglichen Sicherheitsmechanismen ausdenken müssen, um sich vor effektivem Schaden zu schützen. So müssen auch sie unverzüglich ihre Welt verengen, vielleicht sich auf ihre Wohnung beschränken, bis sie sie »unter Kontrolle« bekommen. Jedes Möbelstück muß seinen bestimmten Platz bekommen; alles muß bleiben, wie es ist. Nichts Unvorhergesehenes oder Unerwartetes soll geschehen. Jede Veränderung wird gefährlich. Sie müssen sich den Weg von einem Ort zum anderen genau einprägen. Alle Gebrauchsgegenstände müssen genau an dem Platz bleiben, wo sie hingehören.

Ähnliches kann man bei Zwangsneurotikern beobachten. Ein Grundproblem scheint hier (um es stark vereinfacht auszudrücken) die Furcht vor Impulsen und Emotionen zu sein, die der Betreffende in sich fühlt. Unbewußt hat er Angst, er könnte sich zu furchtbaren Dingen, vielleicht zu einem Mord, hinreißen lassen, wenn sie ihm außer Kontrolle gerieten. So hält er sich einerseits unter strenger Kontrolle, und andererseits projiziert er sein innerseelisches Drama auf die Außenwelt und versucht, *diese* zu kontrollieren. Was er in sich selbst verwirft – seine Emotionen, seine Impulsivität, seine Spontaneität und seinen starken Ausdruckswillen – das lehnt er auch draußen, wenn auch auf ambivalente Weise, ab. In dem Maße, wie er seine inneren Stimmen und Signale verwirft und daher das Vertrauen in seine spontanen Wünsche und instinkthaften Impulse verliert, muß er sich auf äußere Signale verlassen, daß diese ihm sagen, was er zu tun hat und wann er es tun muß – zum Beispiel Kalender, Uhren, Zeitpläne, Notizbücher, Quantifizierungen (Tabellen, Schaubilder), Geometrisierungen, Gesetze und Regeln aller Art. Da jede Veränderung, jeder Wechsel, alles Unerwartete ihn in einem unkontrollierten Augenblick überfallen könnte, muß er auch die Zukunft genau vorausplanen, sie programmieren und exakt voraussehbar machen. Auch sein Verhalten tendiert dahin, in wiederholbare Rituale und Zeremonien »organisiert« zu werden.

Hier erkennen wir die gleichen Sicherheitsmechanismen. Der

Zwangsneurotiker verengt seine Welt, indem er unbequeme Leute, Probleme, Impulse und Emotionen meidet; das heißt, er lebt ein beschränktes Leben und läuft Gefahr, ein beschränkter Mensch zu werden. Er macht seine Welt kleiner, so daß er in der Lage ist, sie unter Kontrolle zu haben. Um das zu vermeiden, was er fürchtet, ordnet und reguliert er seine Welt, ja er friert sie ein, so daß sie voraussehbar und damit kontrollierbar wird. Er neigt dazu, »nach Nummern«, nach bestimmten Richtlinien zu leben und sich lieber auf äußere als auf innere Fingerzeige zu verlassen, lieber auf Logik und Fakten als auf Impulse, Intuition und Emotion. (Ein Zwangsneurotiker hat mich einmal gefragt, welchen Beweis er dafür habe, daß er verliebt sei!)

Der extrem hysterische Neurotiker, den man meist dem Zwangsneurotiker gegenüberstellt, interessiert uns hier weniger, weil er mit seinen massiven Verdrängungen und seinem Verleugnen peinliche Erkenntnisse *vermeidet*. Man kann sich nur schwer vorstellen, daß ein solcher Mensch überhaupt die Fähigkeit zu einem Wissenschaftler und noch viel weniger zu einem Ingenieur oder Techniker besäße.

Schließlich können wir noch etwas von gewissen argwöhnischen und paranoiden Personen lernen, welche das zwanghafte Bedürfnis haben, alles, was vor sich geht, zu erfahren, das heißt, welche Angst vor dem Nichtwissen haben. Sie müssen wissen, was hinter der verschlossenen Tür vor sich geht. Sie müssen sich ein merkwürdiges Geräusch erklären können. Kaum wahrgenommene Worte müssen sie ganz verstehen. Gefahr liegt im Unbekannten. Dieses nach Wissen verlangende Verhalten ist primär defensiv. Es ist zwanghaft, unbeweglich, angstbedingt und angsterregend. Es handelt sich nur scheinbar um Wissensdrang, da für solche Menschen die Wirklichkeit, sobald sie sie als ungefährlich erkannt haben, aufhört interessant zu sein. Das heißt aber, daß ihnen die Wirklichkeit selbst gleichgültig ist.

Andere kognitive Pathologien

Es läßt sich eine ganze Liste anderer krankhafter (oder primär angstbedingter), klinisch beobachtbarer Ausdrucksformen unseres Bedürfnisses zu wissen und zu verstehen (bei Wissenschaftlern wie bei Laien) aufstellen:

1. Das zwanghafte Bedürfnis nach Sicherheit (anstelle der Freude und Genugtuung darüber).

2. Die voreilige Verallgemeinerung, die so oft eine Folge des verzweifelten Bedürfnisses nach Sicherheit ist (weil man den Zustand des Wartens, des Nichtwissens, wie die Entscheidung ausfallen wird, nicht ertragen kann).

3. Das auf die gleichen Ursachen zurückzuführende verzweifelte, eigensinnige Festhalten an einer Verallgemeinerung, ungeachtet neuer, ihr widersprechender Informationen.

4. Das Leugnen seines Nichtwissens (aus Angst, dumm oder schwach zu erscheinen oder sich lächerlich zu machen) – die Unfähigkeit zu sagen: »Ich weiß es nicht« oder »Ich habe mich geirrt«.

5. Das Leugnen von Zweifel, Verwirrtheit und Erstaunen: das Bedürfnis, entschlossen, sicher, zuversichtlich, selbstbewußt zu erscheinen, die Unfähigkeit, bescheiden zu sein.

6. Das unbeugsame, neurotische Bedürfnis, hart, mächtig, furchtlos, stark und streng zu sein. Kontraphobische Mechanismen sind Abwehrmaßnahmen gegen Angst, das heißt, sie leugnen stets, daß man Angst hat, wo man sie tatsächlich empfindet. Schließlich kann sich auch die Furcht, schwach, sanft oder schlapp zu erscheinen, als Abwehrhaltung gegen eine (falsch verstandene und falsch interpretierte) Femininität herausstellen. Bei Wissenschaftlern kann der legitime Wunsch, »kaltschnäuzig« oder realistisch denkend oder rigoros zu sein, pathologische Formen annehmen und zu einer

»reinen Kaltschnäuzigkeit«, einer ausschließlich realistischen Einstellung oder zur völligen Unfähigkeit, *nicht* rigoros zu sein, werden. Der Betreffende kann unfähig werden, freundlich, nachgiebig, rücksichtsvoll, geduldig und aufnahmefähig zu sein, und das auch in Situationen, wo die Umstände dies als Voraussetzung für ein besseres Wissen erfordern würden, wie beispielsweise in der Psychotherapie.

7. Die Fähigkeit, nur aktiv, dominierend und herrisch zu sein, andere unter Kontrolle zu haben, stets die Aufsicht zu führen, »männlich« zu sein, und die Unfähigkeit, auch einmal nicht selbst die Kontrolle auszuüben, sich nicht einzumischen und aufnahmefähig zu sein. Dies bedeutet, daß der nach Wissen Strebende seine innere Beweglichkeit verloren hat.

8. Rationalisierung im Sinne der Psychoanalyse (»Ich kann den Kerl nicht leiden und werde schon einen Grund dafür finden«).

9. Intoleranz gegenüber Ambiguität: die Unfähigkeit, sich mit dem Unbestimmten, Geheimnisvollen, noch nicht ganz Bekannten abzufinden.

10. Das Bedürfnis sich anzupassen, Beifall zu ernten, Glied einer Gruppe zu sein – die Unfähigkeit, eine andere Meinung zu äußern, unpopulär zu sein, allein zu stehen. Was dies für das Erlangen von Wissen bedeutet, ist aus den Experimenten von ASCH (in: Psychological Monographs, 1965), CRUTCHFIELD (in: American Psychologist, 1955) und anderen zu ersehen.

11. Hochtrabendes Auftreten, Größenwahn, Arroganz, Egoismus, paranoide Tendenzen. Derartiges erweist sich in der Tiefenpsychologie häufig als Abwehrhaltung gegen tiefer liegende Gefühle von Schwäche und Wertlosigkeit. Jedenfalls steht ein derartiges Ego einer klaren Erkenntnis der Realität im Wege.

12. Die *Furcht* vor Paranoia, hochtrabendem Auftreten oder Hybris. Abwehr des eigenen Stolzes, der eigenen Größe und Gottähn-

lichkeit. Die Herabsetzung des Anspruchsniveaus, Vermeiden des eigenen Wachstums. Unfähigkeit sich zuzutrauen, daß man imstande ist, etwas Wichtiges zu entdecken, und daher Blindheit gegen solche Entdeckungen, Ungläubigkeit ihnen gegenüber, Unfähigkeit, sich rasch einzuschalten und von der Entdeckung zu profitieren. Sich mit trivialen Problemen begnügen.

13. Ein übertriebener Respekt vor der Autorität, dem großen Mann. Das Bedürfnis, sich dessen Liebe zu erhalten. *Nur* Schüler und loyaler Anhänger und schließlich ein Handlanger zu werden, der unfähig ist, unabhängig zu handeln und sich zu behaupten (»Seien Sie kein Freudianer, seien Sie selbst ein FREUD«. »Treten Sie nicht in die Fußstapfen der Meister, suchen Sie deren Ziele«).

14. Ein zu geringer Respekt vor der Autorität. Das Bedürfnis, die Autorität zu bekämpfen. Die Unfähigkeit, von Älteren oder seinen Lehrern zu lernen.

15. Das Bedürfnis, immer und stets rational, vernünftig, logisch, analytisch, präzise, intellektuell usw. zu sein. Die Unfähigkeit, auch einmal nicht-rational, wild, verrückt, intuitiv usw. zu sein, sofern das der Situation besser entspricht.

16. Intellektualisierung, das heißt Umwandlung des Emotionalen ins Rationale, nur den intellektuellen Aspekt komplexer Situationen sehen, sich mit Namen anstelle eigener Erfahrung zufriedengeben. Es ist dies ein weitverbreiteter Fehler professioneller Intellektueller, die dazu neigen, weniger die emotionale und impulsive Seite des Lebens zu sehen als seine kognitiven Aspekte.

17. Der Intellekt kann als Werkzeug benutzt werden, um andere zu beherrschen, um dem anderen immer um eine Nasenlänge voraus zu sein oder um auf andere Eindruck zu machen, und dies oft teilweise auf Kosten der Wahrheit.

18. Wissen und Wahrheit können gefürchtet und daher aus vielen Gründen vermieden oder verdreht werden (MASLOW, 1962, Kap. 5).

19. Rubrizieren, das heißt pathologisches Kategorisieren als Flucht vor konkreter Erfahrung und Erkenntnis (Maslow, 1954, Kap. 14).

20. Zwanghaftes Dichotomisieren; die Orientierung nach nur zwei Werten: Entweder – Oder; Schwarz oder Weiß (Maslow, 1954, 232–234).

21. Das Bedürfnis nach Neuem und die Abwertung des Vertrauten. Die Unfähigkeit, ein Wunder wahrzunehmen, wenn es sich hundertmal wiederholt. Die Abwertung des bereits Bekannten, zum Beispiel als Gemeinplatz oder Platitüde usw.

Und so weiter, und so weiter. Man könnte die Liste endlos ausdehnen. So führen zum Beispiel *alle* Freudschen Abwehrmechanismen neben ihren anderen Auswirkungen zu kognitiver Unzulänglichkeit. Man kann Neurosen und Psychosen ganz allgemein neben ihren anderen Aspekten als kognitive Erkrankungen ansehen. Dies gilt fast in gleichem Maße für die Charakterstörungen, die existentiellen »Störungen«, die »Wertpathologien« und die Herabsetzung, Verkümmerung oder den Verlust menschlicher Fähigkeiten. Man kann selbst viele Kulturen und Ideologien unter diesem Gesichtspunkt analysieren, zum Beispiel als Dummheit fördernde, als Wißbegier entmutigende usw.

Der Weg zur vollen Wahrheit ist beschwerlich. Volles Wissen zu erlangen, ist schwer. Das gilt nicht nur für den Laien, sondern auch für den Wissenschaftler. Der Hauptunterschied zwischen ihm und dem Laien ist der, daß er sich freiwillig, gern und bewußt der Suche nach Wahrheit verschrieben hat und daß er dann fortfährt, soviel er irgend kann, über die Methoden und die Ethik (Bronowski, in: New Knowledge in Human Values, 1959) der Wahrheitssuche zu lernen. Man kann tatsächlich ganz allgemein die Wissenschaft als eine Technik ansehen, mit deren Hilfe fehlbare Menschen ihren eigenen menschlichen Hang, die Wahrheit zu fürchten, zu meiden und zu verzerren, überlisten.

Das systematische Studium der kognitiven Pathologien dürfte demnach ein naheliegender und normaler Bestandteil wissenschaftlicher Studien sein. Ein solcher Wissenszweig sollte doch dem Wissenschaftler zweifellos behilflich sein, ein besser Erkennender, ein leistungsfähigeres Werkzeug zu werden. Es ist ein Rätsel, weshalb bisher so wenig in dieser Richtung geschehen ist.

Die Integration des vorsichtigen Wissens und des mutigen Wissens

Es scheint demnach, daß diese »guten«, »gefälligen« wissenschaftlichen Worte – Voraussage, Kontrolle, Strenge, Gewißheit, Exaktheit, Genauigkeit, Sauberkeit, Ordentlichkeit, Gesetzmäßigkeit, Quantifizierung, Beweis, Erklärung, Validität, Verläßlichkeit, Rationalität, Organisation usw. – sämtlich pathologisiert werden können, wenn sie bis zum Extrem getrieben werden. Sie können samt und sonders in den Dienst des Sicherheitsbedürfnisses gestellt werden, das heißt, sie können in erster Linie zu angstvermeidenden und angstkontrollierenden Mechanismen werden. Sie können zu Mechanismen werden, um eine chaotische und erschreckende Welt zu entgiften, aber auch zu Mitteln und Wegen, eine faszinierende und schöne Welt zu lieben und zu verstehen. Sich um Sicherheit oder Exaktheit oder Voraussagbarkeit usw. bemühen kann gesund oder ungesund, abwehrmotiviert oder wachstumsmotiviert sein, kann entweder zur Verminderung der Angst oder zur positiven Freude am Entdecken und Verstehen führen. Wissenschaft kann Abwehr sein, *und* sie kann ein Weg zur vollsten Selbstverwirklichung werden.

Um sicherzugehen, daß wir einen wesentlichen Punkt nicht mißverstanden haben, müssen wir uns auch den mutigen, wachstumsmotivierten, psychologisch gesunden Wissenschaftler ansehen, wobei wir für den Augenblick – um einer scharfen Unterscheidung und um des Kontrastes willen – ebenfalls einen extremen Typ ins Auge fassen wollen. *Die gleichen Mechanismen und Ziele sind samt und sonders auch beim wachstumsmotivierten Wissenschaftler zu finden.* Der Unterschied liegt nur darin, daß sie hier nicht neurotisiert sind[2]. Sie sind nicht zwanghaft, starr und unkontrollierbar, auch produzieren sie keine Angst, wenn Erfolge auf sich warten lassen. Erfolge werden weder verzweifelt benötigt noch werden sie ausschließlich angestrebt. Gesunden Wissenschaftlern ist es möglich, nicht nur an der Schönheit der Präzision ihre Freude zu haben, sondern auch an dem besonderen Vergnügen, welches eine gewisse Schlampigkeit, Nachlässigkeit oder Mehrdeutigkeit gewähren kann. Sie sind in der Lage, an Rationalität und Logik ihre Freude zu haben, aber sie können auch mit Genuß verrückt, wild oder gefühlvoll sein. Sie fürchten sich nicht vor Ahnungen, Intuitionen oder ausgefallenen Ideen. Es ist angenehm, vernünftig zu sein, aber gelegentlich macht es auch Spaß, den gesunden Menschenverstand beiseite zu lassen. Es macht Freude, Gesetzmäßigkeiten zu entdecken, und eine saubere Reihe von Experimenten, die ein Problem löst, kann ein Grenzerlebnis sein. Aber es gehört auch mit zum wissenschaftlichen Sport und Jagdvergnügen, sich den Kopf zu zerbrechen, herumzuraten und phantastische und spielerische Vermutungen anzustellen. Die Betrachtung einer eleganten Schlußfolgerung oder eines mathematischen Beweises kann ein starkes ästhetisches, ja geradezu sakrales Erlebnis vermitteln, aber das gleiche vermag unter Umständen auch die Betrachtung des Unergründlichen.

All das zeigt sich in der größeren Wendigkeit des bedeutenden Wissenschaftlers, des schöpferischen, mutigen und kühnen Forschers. Diese Fähigkeit, sowohl beherrscht als auch unbeherrscht zu sein, angespannt oder entspannt, vernünftig oder verrückt, nüchtern oder verspielt (oder jeweils beides zugleich), scheint mir nicht nur für die psychologische Gesundheit, sondern auch für die wissenschaftliche Kreativität kennzeichnend.

Schließlich und endlich bin ich überzeugt, daß wir bei der Ausbildung junger Wissenschaftler sowohl die Methoden der Vorsicht als auch die des Wagemutes berücksichtigen sollten. Bloße Vorsicht und Nüchternheit, bloßer Zwang kann lediglich gute Techniker hervorbringen, die mit viel geringerer Wahrscheinlichkeit neue Erfindungen machen, neue Wahrheiten aufdecken oder neue Theorien aufstellen werden. Hofft man auf Kreativität, so wäre es besser, wenn zu der Vorsicht, der Geduld und dem Konservatismus, wie sie *sine qua non* für den Wissenschaftler notwendig sind, Kühnheit und Wagemut hinzukämen. Beides ist unentbehrlich. Es muß sich nicht gegenseitig ausschließen und kann miteinander integriert werden. Gemeinsam gewährleisten diese Eigenschaften Flexibilität, Anpassungsfähigkeit, Wendigkeit. Oder wie die Psychoanalytiker oft sagen: Der beste Psychoanalytiker – oder Wissenschaftler oder ganz allgemein der beste Mensch – ist der, welcher die guten Merkmale des Hysterikers und des Zwangsneurotikers miteinander verbindet, ohne die schlechten Eigenschaften beider zu besitzen.

Vom wissenschaftstheoretischen Standpunkt aus können wir, falls wir die isomorphen und parallelen Interrelationen zwischen dem Erkennenden und dem Erkannten (MASLOW, in: Sign, Image, Symbol, 1966) akzeptieren, vertrauensvoll erwarten, daß der größere, kühnere, olympischere Forscher imstande ist, höhere Wahrheiten zu erkennen. Der nur vorsichtige Forscher, der alles vermeidet, was Angst hervorrufen könnte, ist partiell blind. Die Welt, die er zu erkennen vermag, ist kleiner als die Welt, die der Starke erkennen kann.

Anmerkungen

1 Es gibt viele Mittel und Wege, gegen derartige Ängste anzugehen, und einige davon sind kognitiver Art. Für einen solchen Menschen ist das Nichtvertraute, das nur unbestimmt Wahrgenommene, das Geheimnisvolle, Verborgene und Unerwartete dazu angetan, ihm bedrohlich zu erscheinen. Ein Weg, es vertraut, voraussagbar, manipulierbar und kontrollierbar, das heißt harmlos und nicht angsterregend zu machen, ist, es zu kennen und zu verstehen. Und so kann Wissen nicht nur eine wachstumsfördernde, sondern auch eine angstreduzierende, schützende, homöostatische Funktion besitzen. Das äußere Verhalten mag sehr ähnlich sein, aber die Motivationen können trotzdem sehr verschieden sein. Und

die subjektiven Konsequenzen sind dann ebenfalls unterschiedlich. Auf der einen Seite haben wir den Seufzer der Erleichterung, das Gefühl des Spannungsabbaus, zum Beispiel bei einem besorgten Hausvater, der ein unerklärliches, erschreckendes Geräusch im unteren Stockwerk mitten in der Nacht mit der Pistole in der Hand untersucht. Das ist etwas völlig anderes als die Erleuchtung und das Hochgefühl, ja die Ekstase eines jungen Studenten, wenn er unter dem Mikroskop zum ersten Mal die minuziöse Struktur einer Zelle erblickt oder wenn er plötzlich eine Sinfonie, die Bedeutung eines schwierigen Gedichts oder einer politischen Theorie versteht. In solchen Fällen fühlt der Betreffende sich größer, klüger, stärker, vollkommener, fähiger, erfolgreicher und urteilsfähiger.
Diese Dialektik hinsichtlich der Motivation ist an den bedeutenden Kunstwerken der Menschheit, in den großen Philosophien, den Strukturen der Religionen, den Systemen der Politik und Gesetzgebung, den verschiedenen Wissenschaften, ja selbst in der Gesamtkultur zu beobachten. Stark vereinfachend – übertrieben vereinfachend – ausgedrückt, können sie *gleichzeitig* die Auswirkung des Bedürfnisses zu verstehen und des Sicherheitsbedürfnisses in unterschiedlichem Verhältnis repräsentieren. Gelegentlich kann das Sicherheitsbedürfnis die kognitiven Bedürfnisse ganz seinem eigenen Zweck, die Angst zu beschwichtigen, unterordnen. Ein Mensch, der frei von Angst ist, kann kühner und mutiger sein und um des Wissens selbst willen forschen und Theorien aufstellen. Man darf sicher annehmen, daß er der Wahrheit, der wirklichen Natur der Dinge näher kommen wird. Ein Apostel der Sicherheits-Philosophie oder -Religion oder -Wissenschaft läuft eher Gefahr blind zu sein als ein Apostel der Wachstums-Philosophie oder -Religion oder -Wissenschaft (MASLOW, 1962, 61–62).
2 Vgl. KAREN HORNEY: »Der neurotische Mensch in unserer Zeit« (»Neurotic Personality of Our Time«), wo die Autorin vorzüglich zwischen dem neurotischen Bedürfnis nach Liebe, Sicherheit, Achtung usw. und dem gesunden Bedürfnis nach Liebe, Sicherheit oder Achtung unterscheidet.

4. Sicherheits-Wissenschaft und Wachstums-Wissenschaft: Wissenschaft als Abwehr

Wissenschaft kann demnach der Abwehr dienen. Sie kann primär eine Sicherheits-Philosophie sein, ein Absicherungssystem, ein kompliziertes Mittel, Angst zu vermeiden und Probleme zu beseitigen. Im Extremfall kann sie dazu dienen, dem Leben aus dem Wege zu gehen, sich selbst sozusagen von der Welt abzuriegeln. Sie kann – wenigstens in den Händen mancher Leute – zu einer sozialen Institution mit primär defensiven, erhaltenden Funktionen werden, die mehr auf Ordnung und Stabilisierung als auf Entdeckungen und Erneuerung bedacht ist.

Die große Gefahr einer solchen extrem institutionalisierten Einstellung liegt darin, daß das Unterfangen schließlich funktional autonom werden kann, vergleichbar einer Bürokratie, die ihre ursprünglichen Zwecke und Ziele vergißt und zu einer Art Chinesischer Mauer gegen Neuerungen, Kreativität und Revolution, ja selbst gegen jede neue Wahrheit an sich wird, falls diese zu umstürzlerisch ist. Die Bürokraten können effektiv zu geheimen Feinden des Genies werden, wie es die Kritiker so oft gegenüber den Dichtern, die kirchlichen Würdenträger so oft gegenüber den Mystikern und Sehern waren, auf die sich ihre Kirche doch ursprünglich gründet (MASLOW, 1964, Kap. 4).

Wenn man einräumt, daß die Funktion der Wissenschaft nicht nur revolutionär, sondern auch erhaltend, stabilisierend und organisierend ist – wie die jeder sozialen Institution –, wie kann man dann vermeiden, daß diese erhaltende Funktion pathologisiert wird? Wie kann man sie »normal«, gesund und fruchtbar erhalten? Die Antwort ist meiner Ansicht nach die gleiche wie im vorigen Kapitel: Man sollte sich über die Psychologie der einzelnen Wissenschaftler besser im klaren sein, man sollte sich ihre individuellen Charakterunterschiede klarmachen und erkennen, daß sämtliche Ziele, Methoden oder Konzepte der Wissenschaft sowohl im einzelnen Individuum als auch in den gesellschaftlichen Institutionen pathologisiert werden können. Wenn genug derartige Individuen vorhanden sind, können sie die betreffende Institution »erobern« und ihren einengenden Standpunkt zur »Philosophie der Wissenschaft« erklären.

Das Ziehen und Zerren zwischen den einzelnen Individuen hat seine Parallele in einem ähnlichen Konflikt, der sich im Inneren des einzelnen Menschen abspielt. Der Widerstreit zwischen Furcht und Mut, zwischen Abwehr und Wachstum, zwischen Pathologie und Gesundheit ist ein ewiger innerseelischer Kampf. Was wir aus der Pathologie und aus der Therapie dieses Konflikts innerhalb des Individuums gelernt haben, ist die wertvolle Erkenntnis, daß auf der Seite von Mut, Wachstum und Gesundheit zu sein, auch bedeutet, daß man auf der Seite der Wahrheit ist (besonders deshalb, weil Mut und Wachstum auch eine gesunde Nüchternheit, Vorsicht und realistisches Denken mit sich bringen)[1].

In anderen Veröffentlichungen (1954; 1962; in: Journal of Humanistic Psychology, 1962; in: Journal of Individual Psychology, 1964) habe ich zu zeigen versucht, daß das Dichotomisieren für die Pathologisierung des Denkens großenteils verantwortlich ist. Im Gegensatz zu einem Denken, welches inklusiv, integrativ und synergetisch ist, spaltet das Dichotomisieren das Zusammengehörige auseinander. Was übrig bleibt, sieht aus wie eine ganze und sich selbst genügende Einheit, in Wirklichkeit handelt es sich aber um abgetrennte und isolierte Teile. Wagemut und Vorsicht kann man entweder dichotomisieren oder miteinander integrieren: Wagemut, der in ein und derselben Person mit Vorsicht integriert ist, ist etwas ganz anderes als ein Wagemut, der *nicht* durch Vorsicht gemildert ist (»bloßer Wagemut«) und der hierdurch zur Voreiligkeit und Unbedachtheit wird. Die vernünftige Vorsicht des gesunden, wagemutigen Menschen unterscheidet sich von der vom Wagemut dichotomisierten Vorsicht, die oft nur lähmt und verkrüppelt. Der gute Wissenschaftler muß sowohl wendig als auch anpassungsfähig sein, das heißt, er muß falls erforderlich zu Vorsicht und Skepsis fähig sein, und ebenso zu Wagemut, wenn *dieser* notwendig ist. Das klingt wie die nicht sehr hilfreiche Empfehlung eines auf seine Intuition vertrauenden Kochs, »nicht zu viel und nicht zu wenig Salz, sondern genau die richtige Menge« zu nehmen. Aber der Wissenschaftler befindet sich in einer anderen Situation, weil er die Möglichkeit besitzt, die »richtige Menge« abzuschätzen, nämlich die, welche am besten zur Auffindung der Wahrheit geeignet ist[2].

Der reife und der unreife Wissenschaftler

Bis zu einem gewissen Grade stellt KUHNS Unterscheidung zwischen dem normalen Wissenschaftler und dem revolutionären (KUHN, 1962) eine Parallele dar zu der Entwicklung vom heranwachsenden zum erwachsenen Mann oder vom Zustand der Unreife zu dem der Reife. Die Vorstellung eines Heranwachsenden von dem, was ein Mann sein sollte, entspricht mehr dem »normalen« Wissenschaftler, dem zwangsneurotischen Charakter, dem praktischen Technologen als dem großen kreativen Menschen. Wenn wir den Unterschied zwischen der falschen Vorstellung des Heranwachsenden von Reife und tatsächlicher Reife besser verstehen könnten, so könnten wir hierdurch auch die tiefe Furcht vor Kreativität und die kontraphobischen Abwehrmaßnahmen dagegen besser verstehen. Das wiederum würde uns die Augen öffnen für den ewigen Kampf in jedem von uns gegen unsere eigene Selbstverwirklichung und unsere eigene höchste Bestimmung. Die weibliche Version der Unreife, die mehr dazu neigt, hysterische Formen anzunehmen, ist für die Formung des Wissenschaftlers weniger relevant.

Der junge Mensch befindet sich vor und nach der Adoleszenz in einem Konflikt zwischen seinem Wunsch, jung und kindlich zu bleiben, und dem, erwachsen zu werden. Kindheit und Reife haben beide ihre Licht- und Schattenseiten. In jedem Fall aber lassen die Biologie wie auch die Gesellschaft kaum eine Wahl. Er wird effektiv biologisch älter, und die Gesellschaft verlangt im allgemeinen von ihm, daß er sich so verhält, wie es die betreffende Kultur vorschreibt.

So muß er sich – wenigstens in unserer Gesellschaft – von seiner Liebe zur Mutter losreißen. Diese Liebe ist eine Kraft, die ihn zurückzieht, und er kämpft gegen sie und gegen seine Mutter. Er versucht unabhängig und frei von der Abhängigkeit von einer Frau zu werden. Er sucht die Gesellschaft von Männern, um mehr der autonome Gefährte seines Vaters als sein pflichtbewußter, sich unterordnender Sohn zu sein. Ein Mann ist seiner Ansicht nach hart, furchtlos, unempfindlich gegen Unbequemlichkeit und Schmerz, unabhängig von Gefühlsbindungen, dominierend, schnell erbost und schrecklich in seinem Zorn, ein Erderschütterer, ein Tatmensch, ein Erbauer und Herr der realen Welt. All das versucht er zu sein. Er ertränkt seine Angst und Scheu – überspielt sie natürlich mit seinen kontraphobischen Abwehrmaßnahmen – in seiner Unfähigkeit, einer Herausforderung oder einem Risiko aus dem Wege zu gehen. Es macht ihm Spaß, allen kleinen – und auch großen – Mädchen Angst zu machen. Seine Zärtlichkeit, seine Impulse zu lieben, sein Mitgefühl und seine Sympathie sind für ihn tabu – nur aus dem Bedürfnis heraus, hart zu sein oder doch wenigstens hart zu erscheinen. Er geht gegen die Erwachsenen an, gegen das Establishment, die Autoritäten und gegen alle Väter, denn die größte Härte besteht darin, den Vater nicht zu fürchten. Er versucht, seine (in seinen Augen) lebenslänglichen Unterdrücker abzuschütteln und sie sich aus der Seele zu reißen, während er sich doch danach sehnt, von ihnen abhängig zu sein. Und natürlich dominieren die Älteren auch tatsächlich bis zu einem gewissen Grade über ihn und sehen in ihm ein Kind, welches man behüten sollte.

Wir können diese Dinge vor unseren Augen verkörpert und projiziert sehen, wenn wir wissen, worauf wir zu achten haben. Zum Beispiel lassen sie sich in der Figur des Cowboys, des brutalen Verbrechers, des Bandenchefs, des bewaffneten Räubers oder vielleicht auch vieler »Sportsleute« erkennen. Um nur ein Beispiel unter die Lupe zu nehmen, wollen wir einen Blick auf die Angeberei und das Phantastische im Auftreten des Cowboys im Standard-Western werfen. Die auffälligsten Merkmale aus den Träumen des Jugendlichen von Ruhm und Mannestum finden sich hier samt und sonders beieinander. Ein Cowboy ist furchtlos, er ist stark, er ist allein auf sich gestellt. Er ist schnell bereit zu töten und tut dies auf eine an Zauberei grenzende, alle Wunschträume erfüllende Weise: Er verfehlt nie sein Ziel, und es fließt kein Blut, es gibt keine Schmerzen und keinen Schlamassel. Außer seinem Pferd liebt er niemanden, oder er zeigt es zumindest nicht, höchstens auf eine sehr zurückhaltende, unausgesprochene reserviert-englische Weise. Am allerwenigsten empfindet er eine romantische, zärtliche Liebe für Frauen, die im Western entweder leichte Mädchen oder »brave Hausfrauen« sind. Er ist in jeder Weise das diametrale Gegenteil des weichlichen Typs des Homosexuellen, dem alles zugeordnet wird, was Kunst, Kultur, Intellekt, Bildung und Zivilisation betrifft. Für den Cowboy ist das alles Weiberkram, ebenso wie Reinlichkeit, Gefühle jeglicher Art (ausgenommen vielleicht Zorn), lebhaftes Mienenspiel, Ordentlichkeit oder Religion. Die Phantasie-Cowboys haben niemals Kinder, und ebenso wenig haben sie eine Mutter oder einen Vater oder Schwestern (gelegentlich haben sie Brüder). Man beachte auch die aufschlußreiche Tatsache, daß zwar viele Tote, aber wenig oder gar kein Blutvergießen, keine Verstümmelungen und keine Todesqualen vorkommen. Und man beachte, daß stets eine Dominanz-Hierarchie oder »Hackordnung« vorhanden ist und der Held stets an der Spitze steht.

Der wirklich reife Mann, reif nicht nur nach Jahren, sondern auch in seiner Persönlichkeitsentwicklung, fühlt sich – um es kurz zu sagen – von seinen »Schwächen«, seinen Gefühlen, seinen Impulsen oder Erkenntnissen nicht bedroht. Daher ist er durch das, was der Heranwachsende als weibisch und unmännlich bezeichnen würde, nicht gefährdet, er würde es vielmehr eher als menschlich bezeichnen. Er ist offensichtlich in der Lage, die menschliche Natur anzunehmen, und muß sie daher nicht in sich selbst bekämpfen, er muß nicht Teile seiner selbst unterdrücken. Ein bekannter Stierkämpfer soll einmal von sich gesagt haben: »Mein Herr, *alles*, was ich tue, ist männlich.« Diese Art, das eigene Wesen anzunehmen, kennzeichnet den reiferen Mann, der seiner selbst so sicher ist, daß er sich nicht darum bemühen muß, etwas zu beweisen. Aufgeschlossenheit für neue Erfahrungen ist kennzeichnend für ihn. Ebenso ist dies die Postambivalenz, das heißt die Fähigkeit, von ganzem Herzen zu lieben ohne Beigeschmack von Feindseligkeit oder Angst, und ohne eine Kontrolle nötig zu haben. Um unserem Thema etwas näher zu kommen, möchte ich mit diesem Wort auch die Fähigkeit bezeichnen, sich ganz einem Gefühl hinzugeben, und zwar nicht nur seiner Liebe, sondern auch seinem Zorn, seiner Faszination oder dem Gefesseltsein von einem wissenschaftlichen Problem.

Gerade diese Merkmale emotionaler Reife korrelieren in hohem Maße mit den Merkmalen des kreativen Menschen, die wir bis jetzt entdeckt haben (ich möchte darunter nicht den »hervorragenden« oder »begabten« Menschen verstanden wissen – das kann etwas ganz anderes sein). So hat zum Beispiel RICHARD CRAIG (Characteristics of creativeness and self-actualization) nachgewiesen, daß die von TORRANCE (1962) aufgeführten Persönlichkeitsmerkmale des kreativen Menschen und die, welche ich für sich selbst verwirklichende Menschen aufgestellt habe (MASLOW, 1954), sich fast völlig decken. Beide dürften effektiv fast die gleichen sein.

Welche Kennzeichen des Durchschnitts-Wissenschaftlers könnten nun aber Zeichen für Unreife sein, so daß man sich Gedanken darüber machen und sie scharf unter die Lupe nehmen sollte? Es gibt viele, die relevant sind, doch wird ein einziges Beispiel genügen. Betrachten wir lediglich den übertriebenen Wert, der vielfach darauf gelegt wird, alles zu kontrollieren und gewisse Dinge auszuschließen in dem Sinne, wie ich es beim Heranwachsenden beschrieben habe. Dieser unterdrückt alles, von dem er fürchtet, es könnte schwach oder weibisch aussehen, und weist es von sich. Auch der übertrieben defensive Wissenschaftler neigt – entsprechend seiner Grunddynamik – dazu, gewisse Dinge aus seinem Leben auszuscheiden, Hürden zu errichten, Türen zuzuschlagen und argwöhnisch zu sein. Vermutlich wird ihm bei anderen ein Mangel an Kontrolle ebenso mißfallen wie Impulsivität, Enthusiasmus, originelle Einfälle und Unvorhersagbarkeit. Er ist meist kühl, nüchtern und finster. Er wird in der Wissenschaft einer kühlen Strenge so sehr den Vorzug geben, daß er sie mit Wissenschaft gleichsetzt. Derartige Erwägungen sind hier zweifellos angebracht und sollten weit gründlicher erforscht werden, als dies bisher geschehen ist.

Anmerkungen

1 Eine persönliche Bemerkung kann vielleicht helfen, das Gleichgewicht zwischen diesen dialektischen Tendenzen herzustellen und sich vor der die andere Seite ausschließenden Entscheidung eines Entweder/Oder zu hüten, die in unserer Gesellschaft fast zu einem Reflex geworden ist. In der Psychoanalyse meines eigenen intellektuellen und wissenschaftlichen Lebens habe ich es für notwendig gefunden, die Versuchungen *sowohl* zu übertriebener Vorsicht *als auch* zu übertriebenem Wagemut, zu übertriebener Kontrolle *wie auch* zu übertriebener Impulsivität zu vermeiden. Ich halte diesen ständigen Konflikt, die Notwendigkeit, sich täglich zwischen Rückzug und Vorrücken, zwischen Erhaltung des Alten und mutiger Eroberung des Neuen usw. zu entscheiden, für einen wesentlichen Bestandteil des Lebens eines Wissenschaftlers. POLANYI (1958) hat dies noch deutlicher gezeigt mit seinen Nachweisen, daß wissenschaftliches Erkennen »persönlich« ist und daß auch Urteilsvermögen, Geschmack, Glauben, Spielen, Kennerschaft, Hingabe und Verantwortungsgefühl unbedingt dazu gehören.
2 »Hysterische« und »schizoide Tendenzen« sind beides wünschenswerte Standardausrüstungen des vielseitigen, wendigen und flexiblen Wissenschaftlers (in dem sie von seiner übrigen Persönlichkeit nicht abgetrennt und daher nicht pathologisiert sind). Wie bereits gesagt, kann man sich kaum vorstellen, daß ein extremer Hysteriker oder Schizophrener überhaupt den Wunsch oder die Fähigkeit hätte, sich als Wissenschaftler zu betätigen. Der extreme Zwangsneurotiker *kann* Wissenschaftler einer bestimmten Art oder jedenfalls Technologe werden.

5. Voraussage und Kontrolle von Personen?

Die letzten Ziele der Erkenntnis über Personen unterscheiden sich von den Zielen der Erkenntnis über Dinge und Tiere. So ist es in gewisser Weise sinnvoll, wenn wir die Voraussage und Kontrolle als die ausschließlichen Desiderata bezeichnen, falls es sich um Moleküle, Pantoffeltierchen oder Haustiere handelt, wenn ich auch selbst dagegen Einwände vorzubringen hätte. Aber wie könnte man im Ernst behaupten, wir bemühten uns, menschliche Wesen zu erkennen, um ihr Verhalten voraussagen und unter Kontrolle bringen zu können? Das Gegenteil ist weit öfter der Fall – wir wären über die Möglichkeit einer Voraussage und Kontrolle geradezu entsetzt. Wenn man der humanistischen Wissenschaft überhaupt irgendwelche Ziele zugestehen will – außer der reinen Faszination durch das Geheimnis Mensch und der Freude daran – so würden diese Ziele doch darin bestehen, den Menschen von äußeren Kontrollen zu befreien und ihn für den Beobachter *weniger* voraussagbar (statt dessen freier, schöpferischer und mehr von innen determiniert) zu machen, obwohl er hierdurch vielleicht für sich selbst voraussagbarer würde.

Was die Ziele der Selbsterkenntnis betrifft, so ist das noch eine andere und kompliziertere Sache. Selbsterkenntnis ist in allererster Linie Selbstzweck. Sie ist an sich faszinierend. Sie ist angenehm und schmeckt gut (wenigstens auf die Dauer gesehen). Auch hat man uns zu unserer Zeit versichert, daß sie, auch da, wo es sich um einen schmerzhaften Prozeß handelt, der beste Weg zur Beseitigung von Symptomen sei. Sie ist der Weg zur Beseitigung unnötiger Angst, Depression und Furcht. Sie dient dazu, sich wohlzufühlen. Wir haben sogar gelernt, daß die Selbstbeherrschung, das Ziel des neunzehnten Jahrhunderts (das in jedem Fall durch Willenskraft und nicht durch Selbsterkenntnis zu erreichen war), durch Spontaneität zu ersetzen sei, die beinahe das Gegenteil des älteren Begriffes der Selbstbeherrschung ist. Das bedeutet aber, daß, wenn wir unsere eigene biologische Natur, das heißt unser inneres Selbst, gut genug kennen, dieses Wissen uns auf unsere persönliche Bestimmung hinweist. Das besagt aber, daß wir unser eigenes Wesen lieben und ihm nachgeben würden, daß wir uns daran freuen und es voll zum Ausdruck bringen würden, wenn wir es nur gut genug kennen würden. Andererseits impliziert es die Ablehnung vieler historischer Philosophien vom rechten Leben. Um eine gute Persönlichkeit zu werden, mußte man nach den meisten westlichen Philosophen und religiösen Denkern seine niedrige, animalische, biologische Natur unter Kontrolle bringen und unterdrücken.

Die Spontaneitätstheorie der humanistischen Psychologen impliziert dagegen ein völlig anderes Schema (das Musterbeispiel, zu dem die Ausnahmen die peripheren Sonderfälle sind). Die grundlegenden Impulse werden *nicht* als notwendigerweise böse oder an sich gefährlich angesehen. Die Probleme, diese Impulse auszudrücken und zu befriedigen, sind ihrem Wesen nach eher Probleme der Strategie als Probleme von recht oder unrecht, von gut oder böse. Die »Kontrollen« der Bedürfnis-Äußerung und Bedürfnis-Befriedigung werden jetzt zu Fragen, wie man diese am besten befriedigen kann, wann und wo und auf welche Art man das kann. Derartige »apollonisierende« Kontrollen stellen die Bedürfnisse nicht in Frage. Ich würde sogar so weit gehen zu sagen, daß jede Umwelt oder Kultur, die sie in Frage stellt, die aus Sexualität, Hunger, Liebe, Selbstachtung und so weiter ein permanentes ethisches Problem macht, a priori unter dem Verdacht steht, eine »schlechte« Gesellschaft zu sein.

Das Fazit hieraus lautet, daß das Wort »Kontrolle« für Humanisten eine andere Bedeutung haben kann, eine, die mit Impuls synergetisch und kein Gegensatz dazu ist. Diese Bedeutung gibt uns die Möglichkeit zu sagen, daß das Ziel der Selbsterkenntnis dem, was wir Freiheit nennen, näher steht als der unterdrückenden Selbstkontrolle.

Was die Voraussagbarkeit betrifft, so ist dieser Begriff offenbar ebenfalls sehr unterschiedlich zu definieren, wenn er auf die Erkenntnis seiner selbst oder wenn er auf die einer anderen Person angewandt wird. Auch das kann man empirisch studieren, wenn man Personen nach einer therapeutischen Behandlung in ihrem vollen menschlichen Sein und Handeln beobachtet.

Voraussagbarkeit als Ziel

Das Wort »voraussagbar« bedeutet in seinem üblichen Gebrauch »vom Wissenschaftler voraussagbar« und impliziert gleichzeitig »die Kontrolle durch den Wissenschaftler«. Wenn ich tatsächlich voraussagen *kann,* was jemand unter bestimmten Umständen tun wird, so neigt der Betreffende bemerkenswerterweise dazu, mir das übelzunehmen. Irgendwie hat er das Gefühl, daß es von einem Mangel an Respekt vor ihm zeugt, so als ob er sich nicht in der Gewalt hätte, als ob er nur eine Sache wäre. Er hat leicht das Gefühl, kontrolliert und reingelegt zu werden (Maslow, 1962, Kap. 9).

Ich habe Fälle beobachtet, wo jemand absichtlich die Voraussagen Lügen strafte, nur um zu unterstreichen, daß sein Verhalten nicht voraussagbar sei und daß er autonom und sein eigener Herr sei. So hat zum Beispiel ein zehnjähriges Mädchen, das allgemein als gutbürgerlich brav und pflichtbewußt bekannt war, sich plötzlich gegen die Schuldisziplin vergangen, indem es in der Klasse statt Hefte plötzlich Pommes frites austeilte, und das – wie sie später sagte –, weil alle ihr gutes Betragen selbstverständlich fanden. Ein junger Mann, der seine Verlobte sagen hörte, er sei so pedantisch, daß sie schon immer im voraus wisse, was sie von ihm zu erwarten hätte, tat absichtlich etwas, was man nicht von ihm erwartete; irgendwie hatte er ihre Feststellung als Beleidigung empfunden. Wenn das Verhalten eines Menschen genau vorauszusagen ist, so ist dies oft ein Anzeichen für eine schwere Pathologie. Goldsteins hirnverletzte Soldaten (Goldstein, 1939) zum Beispiel waren leicht zu manipulieren, weil ihre Reaktionen auf bestimmte Reize vorauszusehen waren. Reizgebunden zu sein bedeutet, in seinem Verhalten sowohl voraussagbar als auch kontrollierbar zu sein.

Und trotzdem benutzen wir das Wort auch im positiven, lobenden Sinne. »Im Notfall können Sie auf ihn bauen« – »Er kommt immer wieder auf die Beine, wenn er in der Klemme sitzt« – »Was seine Ehrlichkeit betrifft, so lege ich meine Hand für ihn ins Feuer«. Offenbar wünschen wir Kontinuität in der Grundstruktur der Persönlichkeit, aber nicht in allen ihren Einzelzügen.

Worauf die Voraussagbarkeit abzielt, ist noch schwerer zu sagen, wenn es sich um die Selbsterkenntnis handelt. Wir dürften es hier mit einer Parallele zu der Tatsache zu tun haben, daß Selbsterkenntnis die Kontrolle über die Person von außen vermindert und die Kontrolle aus dem eigenen Innern heraus vergrößert, das heißt, daß der Betreffende weniger von anderen und mehr von sich selbst determiniert wird. In dem Maße, wie die Selbsterkenntnis wächst, verstärkt sie ganz gewiß die Fähigkeit, das eigene Verhalten vorauszusagen, wenigstens soweit es sich um wichtige, grundlegende Dinge handelt. Und trotzdem kann das bedeuten, daß andere in vielen Fällen das Verhalten eines solchen Menschen weniger voraussagen können.

Schließlich möchte ich noch ein paar Worte über die Begriffe der Voraussage, der Kontrolle und des Verstehens auf der höchsten Ebene, die wir kennen, das heißt auf der Seinsebene (MASLOW, 1964), sagen. Auf dieser Ebene sind die Seins-Werte dem Selbst einverleibt worden. Sie sind tatsächlich zu charakteristischen Merkmalen des Selbst geworden. Wahrheit, Gerechtigkeit, Güte, Schönheit, Ordnung, Einheit, umfassendes Verständnis usw. sind zu Metabedürfnissen geworden und haben hierdurch die Dichotomie zwischen selbstsüchtig und selbstlos, zwischen persönlichen Bedürfnissen und unpersönlichen Desiderata transzendiert.

Freiheit ist jetzt im Sinne SPINOZAS zu verstehen, das heißt als Freiheit, sein eigenes Schicksal anzunehmen und zu lieben, was ganz gewiß wenigstens teilweise davon abhängt, daß man entdeckt und versteht, was und wer man ist, daß man sein reales Selbst (im Sinne von Horney) erkennt und eifrig darauf bedacht ist, sich ihm zu unterwerfen. Das bedeutet, daß man *ihm* die Kontrolle überläßt, daß man sich freiwillig von ihm bestimmen läßt. Auf diese Weise werden die Dichotomien von »Freiheit gegenüber Determinismus« oder von »Freiheit gegenüber Kontrolle« oder von »Verstehen als Ziel gegenüber Voraussage und Kontrolle als Ziel« transzendiert.

Die Bedeutung dieser Worte wechselt und vermischt sich bis zu einem gewissen Grad in einer Weise, die eine sorgfältige Untersuchung notwendig macht.

Jedenfalls sollte jetzt eines klar sein: Die vereinfachenden Vorstellungen von »Voraussage« und »Kontrolle«, die für eine Auffassung von Wissenschaft im Sinne des Newtonschen »Billardtisches« (Materie in Bewegung) angebracht waren, müssen wir hinter uns lassen, sobald wir zu der humanistischen und transhumanistischen Ebene der Wissenschaft vorstoßen.

6. Erfahrungswissen und Beobachtungswissen

Es gibt viele Dinge im Leben, die man nicht gut durch Worte, Begriffe oder Schriften vermitteln kann. Die Farben, die wir sehen, können wir einem Blindgeborenen nicht beschreiben. Nur ein Schwimmer weiß, wie Schwimmen sich anfühlt; alle Worte und alle Bücher der Welt können dem Nichtschwimmer kaum eine leise Ahnung davon geben. Der Psychopath wird nie das Glück der Liebe kennenlernen. Der junge Mensch muß warten, bis er eigene Kinder hat, um wirklich zu wissen, was Elternschaft bedeutet, und um sagen zu können: »Das habe ich mir nicht klargemacht.« Mein Zahnweh fühlt sich anders an als dein Zahnweh. Und so geht es fort. Vielleicht sagt man besser, daß man alles in der Welt erst selbst ausprobieren muß. Für die eigene Erfahrung gibt es keinerlei Ersatz[1]. Das ganze übrige Drum und Dran der Kommunikation und des Wissens – Worte, Bezeichnungen, Begriffe, Symbole, Theorien, Formeln, Wissenschaften – all das ist nur deshalb brauchbar, weil man die eigenen Erfahrungen bereits mitbringt. Die Grundwährung im Bereich des Wissens ist das unmittelbare, intime Wissen durch Erfahrung. Alles übrige ist mit Banken und Bankiers, mit Kreditsystemen, Schecks und Banknoten vergleichbar, die alle völlig nutzlos sind, falls keine reale Wertsubstanz vorhanden ist, die man austauschen, manipulieren, ansammeln und über die man verfügen kann.

Es ist leicht, diese Binsenwahrheit *ad absurdum* zu führen. Während es beispielsweise weitgehend zutrifft, daß man einem Blindgeborenen die Farbe Rot nicht beschreiben kann, so heißt das trotzdem nicht, daß Worte nutzlos sind, wie manche daraus zu schließen geneigt sind. Worte eignen sich vorzüglich dazu, anderen etwas mitzuteilen und Erfahrungen mit Menschen, die sie bereits gemacht haben, auszutauschen. Gruppen wie die »Alcoholics Anonymous«, die »Gamblers Anonymous«, »Synanon« und ähnliche Zusammenschlüsse von Leuten, die »es bereits durchgemacht haben«, beweisen zweierlei: einmal, daß Worte versagen, wo die Erfahrung fehlt; und zum anderen, daß Worte unter Menschen, welche eine bestimmte Erfahrung teilen, recht brauchbar sind (Maslow, 1964, Anhang über die rhapsodische Kommunikation). Töchter müssen warten, bis sie selbst ein Kind zur Welt gebracht haben, bevor sie ihre Mutter »verstehen« und sich mit ihr rückhaltlos anfreunden können. Ja mehr noch, Worte und Begriffe sind absolut notwendig, um den Wirrwarr von Erfahrungen und die jenseits der Erfahrung liegende Welt, von der sie uns Kenntnis geben, zu ordnen und zu organisieren (Northrop, 1947, legt das besonders gut dar).

Wenn wir diesen Erwägungen die gesamte Welt der Primärprozesse, des Unbewußten und Vorbewußten, der metaphorischen Kommunikation und der nichtverbalen Kommunikation hinzufügen – wie beispielsweise bei zwei Tanzpartnern – so bereichern wir damit unser Gesamtbild, daß nämlich das Erfahrungswissen eine *conditio sine qua non*, aber nicht alles ist, das heißt, es ist zwar notwendig, aber nicht ausreichend. Auch vermeiden wir auf diese Weise die Falle, das Erfahrungswissen vom begrifflichen Wissen zu dichotomisieren und es dagegen abzugrenzen. Meine These lautet, daß das Erfahrungswissen dem verbal-begrifflichen Wissen zwar vorausgeht, daß beides aber auf hierarchische Weise integriert ist und sich gegenseitig benötigt. Kein Mensch sollte sich zu sehr auf die eine oder die andere Art des Wissens spezialisieren. Es läßt sich beweisen, daß eine Wissenschaft, an der die Psyche beteiligt ist, machtvoller ist als eine Wissenschaft, welche die Erfahrungstatsachen ausschließt.

Auch brauchen diese Feststellungen in keiner Weise einem »minimalen« Behaviorismus zu widersprechen, das heißt der Doktrin von unterschiedlichen Verläßlichkeitsebenen des Wissens, wobei dem allgemein vertretenen Wissen eine größere Vertrauenswürdigkeit und Beständigkeit hinsichtlich vieler Zwecke eingeräumt wird als dem privaten und subjektiven Wissen. Wir Psychologen sind uns nur allzu klar über die Unzulänglichkeit, ja die Unmöglichkeit eines reinen und ausschließlichen Introspektionismus. Wir wissen allzu viel über Halluzinationen, Täuschungen, Illusionen, Ableugnungen, Verdrängungen und andere Abwehrmechanismen. Da du meine Verdrängungen oder meine Illusionen nicht hast, ist der Vergleich meiner subjektiven Erfahrung mit deiner subjektiven Erfahrung eine einfache und naheliegende Methode, die Verzerrungen durch meine innerpsychischen Abwehrkräfte auszufiltern. Man könnte es geradezu als die einfachste Art, die Wahrheit zu testen, bezeichnen. Ein erster Schritt zur Überprüfung des Wissens ist, daß man sich versichert, daß andere es teilen, das heißt, daß es sich nicht um eine Halluzination handelt.

Deshalb darf ich wohl annehmen, daß erstens die meisten psychologischen Probleme mit der Phänomenologie beginnen und beginnen sollten, anstatt mit objektiven, experimentellen, behavioristischen Laboratoriumstechniken und daß wir zweitens im allgemeinen von den phänomenologischen Anfängen ausgehend objektive, experimentelle, behavioristische Methoden *anstreben* sollten. Es ist meiner Ansicht nach der normale, übliche Weg, von einem weniger verläßlichen Anfang zu einer verläßlicheren Ebene des Wissens vorzustoßen. Beispielsweise eine wissenschaftliche Untersuchung der Liebe mit physikalistischen Methoden zu beginnen wäre ein unangemessen exaktes Vorgehen bei einem nur in groben Umrissen bekannten Gegenstand. Es wäre so, als ob man einen Kontinent mit Vergrößerungsglas und Pinzette untersuchen wollte. Sich jedoch auf phänomenologische Methoden beschränken, hieße sich mit einem geringeren Grad von Sicherheit und Verläßlichkeit zufriedengeben, als er tatsächlich erreichbar ist.

Der gute »Wisser« (»knower«)

Die letzten Jahrzehnte der klinischen und experimentellen Psychologie haben immer deutlicher gezeigt, daß logischerweise vor allem Wissen zuerst ein guter »Wisser« (»knower«) notwendig ist. Die Macht, die Dinge zu verzerren – nicht nur die verschiedenen Psychopathologien, sondern auch die »normaleren« unbefriedigten Bedürfnisse, die verborgenen Ängste, die charakteristischen Abwehrmaßnahmen der »normalen« Durchschnittspersönlichkeit besitzen sie – ist weit größer, als die Menschheit vor unserem Jahrhundert sich je hätte träumen lassen. Meiner Ansicht nach haben wir aus unseren klinischen und personologischen Erfahrungen erstens gelernt, daß eine Besserung der seelischen Gesundheit den Betreffenden zu einem besseren »Wisser« (»knower«), ja sogar zu einem besseren Wissenschaftler macht, und zweitens, daß ein sehr guter Weg zu einer verbesserten und volleren Humanität oder zu einer größeren seelischen Gesundheit über Selbsterkenntnis, Einsicht und Ehrlichkeit sich selbst gegenüber führt.

Im wesentlichen möchte ich damit sagen, daß eine ehrliche Selbsterkenntnis logisch und psychologisch der Erkenntnis der außerseelischen Welt vorausgehen sollte. Erfahrungswissen sollte dem Beobachtungswissen vorausgehen. Wenn man die Welt sehen will, ist es zweifellos vernünftig, so gut wie nur irgend möglich sehen zu lernen. Meine dringende Aufforderung dürfte daher zu verstehen sein als: »Mache dich zu einem guten Instrument der Erkenntnis. Reinige dich, wie du die Linsen deines Mikroskops reinigen würdest. Werde so furchtlos, so ehrlich, so echt und ich-transzendierend, wie du nur kannst.« Im selben Maße, wie die meisten Menschen (oder Wissenschaftler) nicht so furchtlos, ich-transzendierend, ehrlich, selbstlos und hingebungsvoll sind, wie sie sein könnten, sind auch die meisten Menschen nicht so fähige Erkennende, wie sie werden könnten.

(Ich möchte hier nur die Frage einschalten: Was könnte das alles für die Ausbildung von Wissenschaftlern und für die wissenschaftliche Bildung von Nichtwissenschaftlern bedeuten? Die Frage auch nur zu stellen genügt, daß uns an unserer sogenannten wissenschaftlichen Ausbildung Zweifel kommen.)

Aber wir müssen unsere Behauptung noch vervollständigen. Wir können hier nicht stehen bleiben. Echt, ehrlich und anständig zu sein ist schön und gut. Aber was kommt jenseits der Ehrlichkeit? Authentizität ist nicht dasselbe wie Wissen, genauso wenig, wie das ein sauberes Mikroskop ist. Es ist schön, ehrlich zu sein, ja es ist eigentlich die Voraussetzung und eine *conditio sine qua non*, um ein guter Wissenschaftler zu sein. Aber man muß sich auch ein gutes Fachwissen aneignen, man muß kompetent, professionell, gut unterrichtet und gelehrt sein. Seelische Gesundheit ist notwendig, reicht aber für den, der zum Wissenden und Handelnden werden will, nicht aus.

Das heißt aber, daß Erfahrungswissen allein nicht genügt. Auch Selbsterkenntnis und Selbstverbesserung genügen allein nicht. Die Aufgabe, die Welt zu erkennen und sich in dieser Welt als kompetent zu erweisen, bleibt bestehen, und daher bleibt uns auch die Aufgabe, Wissen darüber zu sammeln und zu ordnen, das heißt Beobachtungswissen, Kenntnis des Nichtmenschlichen.

Ich hoffe, daß ich mich verständlich gemacht habe. Ich habe wieder einmal einen dichotomen Antagonismus durch eine hierarchische Integration ersetzt. Beide Arten des Wissens brauchen sich gegenseitig und können unter günstigen Umständen eng miteinander integriert werden, was unbedingt geschehen sollte.

Beobachtungswissen über Dinge

Was versteht der orthodoxe Wissenschaftler unter »Wissen«? Erinnern wir uns, daß zu Anfang der Wissenschaft das Wort »Wissen« soviel bedeutete wie »Wissen von der äußeren physikalischen Welt«, was es für den orthodoxen Wissenschaftler auch heute noch tut. Es bedeutet, etwas betrachten, was man nicht selber ist, etwas Nichtmenschliches, Nichtpersönliches, etwas vom Wahrnehmenden Unabhängiges. Es handelt sich um etwas, für das man ein Außenstehender, ein Fremder, Teil eines Auditoriums ist. Als Beobachter steht man ihm daher wirklich fremd, verständnislos und ohne Sympathie und Identifikation gegenüber, und man geht nicht von einem vielleicht bereits vorhandenen stillschweigenden Wissen aus. Man blickt durch das Mikroskop oder das Teleskop wie durch ein Schlüsselloch, man späht und schaut aus der Distanz, von außen, nicht wie einer, der ein Recht darauf hat, in dem Raum zu sein, in welchen er hineinschaut. Ein solcher wissenschaftlicher Beobachter ist kein partizipierender Beobachter. Man könnte seine Wissenschaft mit einem Zuschauer-Sport vergleichen, bei dem auch er ein Zuschauer ist. Er ist nicht notwendigerweise an dem Spiel, dem er zuschaut, beteiligt, er ist ihm nicht verpflichtet, für ihn steht nichts auf dem Spiel. Er kann kühl, unbeteiligt, emotionslos, wunschlos und völlig anders sein als das, dem er zuschaut. Er sitzt auf der Haupttribüne und blickt auf das herab, was sich dort unten abspielt; er selbst befindet sich nicht in der Arena. Und im Grunde genommen kann es ihm auch gleichgültig sein, wer gewinnt.

Er kann und sollte neutral sein, wenn er etwas betrachtet, das ihm völlig fremd ist. Für die Übereinstimmung seiner Beobachtungen mit der Wirklichkeit ist es am besten, wenn er keine Wetten eingeht, wenn er weder dafür noch dagegen ist und keine bestimmten Hoffnungen bezüglich dieses oder jenes Ergebnisses hat. Als größte Leistung gilt, einen wahrheitsgetreuen Bericht anzustreben und sich zu bemühen, unparteiisch und unbeteiligt zu sein. Natürlich wissen wir, daß eine derartige Neutralität und Unbeteiligtheit praktisch so gut wie unmöglich ist. Aber ein solches Ideal *anzustreben* ist möglich und etwas anderes, als wenn man von ihm wegstrebt.

Vielleicht werden mich diejenigen unter meinen Lesern, die MARTIN BUBER gelesen haben, noch besser verstehen, wenn ich diese Art der Erkenntnis als Ich-Es-Wissen im Gegensatz zum Ich-Du-Wissen bezeichne, auf das ich noch eingehen werde. Ein Ich-Es-Wissen zu erzielen, ist manchmal alles, was man mit Dingen, mit Gegenständen erreichen kann, die keine menschlichen Qualitäten besitzen, mit welchen eine Identifikation und eine Verständigung möglich wäre (vgl. auch SOROKIN, 1956, 287, der von einem anderen Ausgangspunkt ausgehend zu ähnlichen Schlüssen kommt).

Ich möchte damit nicht sagen, daß dieses fremde Wissen um Fremdes die beste Art des Wissens ist, die uns erreichbar wäre, nicht einmal bei Dingen und Gegenständen. Sensitivere Beobachter sind in der Lage, mehr von der Welt ihrem Selbst einzuverleiben, das heißt, sie können sich mit immer weiteren und umfassenderen Kreisen lebendiger und nicht lebendiger Dinge identifizieren und sich in sie einfühlen. Tatsächlich kann sich das als Unterscheidungsmerkmal für die Persönlichkeit von hoher Reife herausstellen. Es ist wahrscheinlich, daß ein gewisser Grad einer derartigen Identifikation einen entsprechenden Grad von Erfahrungswissen ermöglicht, indem man selbst das zu Erkennende wird und *ist*, anstatt völlig nur außenstehender Zuschauer zu bleiben.

Da diese Identifikation dem Begriff »Liebe« im weitesten Sinne subsumiert werden kann, kann man ihre Fähigkeit, Wissen von innen heraus zu vergrößern, im Hinblick auf Forschungszwecke als Beispiel der Erweiterung des Wissens durch Liebe ansehen. Oder man könnte vielleicht folgende allgemeine Hypothese aufstellen: Die Liebe zu einem Gegenstand vergrößert vermutlich auch das Erfahrungswissen über diesen Gegenstand, während fehlende Liebe das Erfahrungswissen über den Gegenstand verringert, obgleich ein solcher Mangel an Liebe sehr wohl das Beobachtungswissen bezüglich des betreffenden Gegenstandes vergrößern kann.

Ein einleuchtendes Beispiel, das der gesunde Menschenverstand bestätigt, ist folgendes: Forscher A ist von Schizophrenen völlig fasziniert (es könnte sich ebenso gut um weiße Ratten oder um Flechten handeln). Forscher B dagegen interessiert sich mehr für die Manisch-Depressiven (oder für Affen oder für Pilze). Wir können dann zuversichtlich erwarten, daß Forscher A erstens sich aus freien Stükken dafür entscheiden (oder es vorziehen) wird, Schizophrene usw. zu studieren; daß er zweitens besser und länger darüber arbeiten wird und beharrlicher, hartnäckiger und duldsamer der damit verbundenen Arbeit gegenüber ist; daß er drittens mehr damit zusammenhängende Ahnungen, Intuitionen, Träume und Erleuchtungen haben wird; daß er viertens wahrscheinlich profundere Entdeckungen über Schizophrenie machen wird; und daß fünftens die Schizophrenen sich bei ihm wohler fühlen und sagen werden, er »verstehe« sie. Er würde in jeder genannten Hinsicht so gut wie sicher besser abschneiden als Forscher B. Man beachte jedoch, daß diese Überlegenheit im Prinzip weit größer ist, wenn es sich um Erfahrungswissen handelt, als wenn es um das Wissen über etwas oder Beobachtungswissen geht – wenngleich Forscher A auch auf diesem Gebiet etwas überlegen sein könnte.

Was nun das Beobachtungswissen über fremde Dinge angeht, so darf man vertrauensvoll annehmen, daß jeder kompetente Wissenschaftler oder Forschungsassistent sich Kenntnisse über alles und jedes auf dem normalen Routineweg, das heißt durch von anderen aufgestellte Statistiken, verschafft. Tatsächlich geschieht dies sehr häufig in unserem Zeitalter der »Projekte«, Forschungsstipendien, der Teams und Organisationen. Viele Wissenschaftler lassen sich für einen zusammenhanglosen, gleichgültigen Job nach dem anderen anstellen, genau wie ein guter Verkäufer, der stolz darauf ist, daß er jeden Artikel, ganz gleich ob er ihm gefällt oder nicht, an den Mann bringt, oder wie ein Gaul, der jeden beliebigen Wagen zieht, vor den er gerade zufällig gespannt ist.

Das ist eine Möglichkeit, die kartesianische Trennung zwischen dem Erkennenden und dem Erkannten zu beschreiben, von welcher zum Beispiel die Existentialisten heute so viel reden. Wir könnten sie auch als »Distanzierung« oder vielleicht auch als Entfremdung des Erkennenden vom Erkannten bezeichnen. Aus dem bereits Gesagten dürfte klargeworden sein, daß ich mir auch noch andersartige Beziehungen zwischen dem Erkennenden und Erkannten oder dem Wahrnehmenden und Wahrgenommenen vorstellen kann. Ich-Du-Wissen, Erfahrungswissen, Wissen von innen heraus, Wissen durch Liebe, Seinserkenntnis, Fusionswissen, Identifikationswissen

– alle diese Möglichkeiten wurden bereits erwähnt oder werden noch zur Sprache kommen. Die anderen Formen des Wissens existieren nicht nur, sie sind tatsächlich besser, wirksamer und produktiver zur Erlangung eines zuverlässigen, validen Wissens, *wenn* es darum geht, Wissen über eine bestimmte Person oder sogar über Personen im allgemeinen zu erlangen. Wenn wir mehr über Menschen lernen wollen, schlagen wir besser diesen Weg ein.

Einige Eigenschaften und Merkmale des Erfahrungswissens[2]

Zu den vollsten und reichsten Erfahrungen, wie sie von den Zen-Buddhisten, den allgemeinen Semantikern und den Phänomenologen beschrieben werden, gehören wenigstens die folgenden Aspekte (meine eigenen Ergebnisse aus erster Quelle sind auf diesem Gebiet Untersuchungen von Grenzerfahrungen):

1. Der besonders Erlebnisfähige »verliert sich völlig in der Gegenwart«, wenn ich mich SYLVIA ASHTON-WARNERS schöner Formulierung bedienen darf. Er verliert für den Augenblick seine Vergangenheit und seine Zukunft und lebt allein in seiner Hier- und Jetzt-Erfahrung. Er ist »ganz da«, versenkt, konzentriert, fasziniert.

2. Das Ich-Bewußtsein geht für den Augenblick verloren.

3. Dieses Erfahren spielt sich außerhalb von Zeit, Ort, Gesellschaft und Geschichte ab.

4. Bei einer Erfahrung vollkommenster Art kommt es zu einer Art Verschmelzung des Erfahrenden mit dem Erfahrenen. Es ist schwer, dies in Worte zu fassen, doch will ich es später versuchen.

5. Der Erlebende wird »unschuldiger«, aufnahmefähiger, ohne Fragen zu stellen, wie Kinder es sind. Im reinsten Extremfall steht der Betreffende nackt mitten in der Situation, arglos, ohne irgendwelche

Erwartungen oder Besorgnisse, ohne Wenn und Aber, ohne seine Erfahrung durch irgendwelche früheren Ideen, wie die Erfahrung aussehen sollte oder was normal, korrekt und richtig ist, filtern zu müssen. Das unschuldige Kind nimmt alles, was geschieht, ohne Erstaunen hin, ohne Erschütterung, Empörung oder Ablehnung, und ohne den Impuls zu empfinden, es zu »verbessern«. Die volle Erfahrung überschwemmt den »hilflosen«, willenlosen, überraschten und selbstlos interessierten Erlebenden.

6. Ein besonders wichtiger Aspekt des vollen Erfahrens ist, daß dabei nicht zwischen Wichtigem und Unwichtigem unterschieden wird. Im Idealfall ist die Erfahrung nicht in relativ wichtige oder unwichtige Aspekte, in zentrale oder periphere, wesentliche oder entbehrliche strukturiert.

7. Im Glücksfall verschwindet die Furcht (zusammen mit allen anderen persönlichen oder selbstsüchtigen Erwägungen). Der Betreffende befindet sich dann nicht in einer Abwehrhaltung. Die Erfahrung überwältigt ihn, ohne auf Widerstand zu stoßen.

8. Es besteht die Tendenz, daß alles Sich-Mühen, Wollen und Sich-Anstrengen verschwindet. Die Erfahrung kommt ohne unser Zutun.

9. Das Kritisieren, Redigieren, Überprüfen von Beglaubigungsschreiben oder Pässen, die Skepsis, das Auswählen und wieder Verwerfen, das Bewerten – alles tendiert dazu, nachzulassen oder im Idealfall für den Augenblick zu verschwinden, um auf später verschoben zu werden.

10. Das bedeutet aber so viel wie annehmen, empfangen, sich von der Erfahrung verführen oder vergewaltigen lassen, willenlos sein, sich nicht einmischen, sich ausliefern (WOLFF, in: Journal of Humanistic Psychology, 1962).

11. All dies läuft darauf hinaus, daß wir alle Merkmale unserer stolzen Vernunft, unsere Worte, unsere Analyse, unsere Fähigkeit zu

klassifizieren, zu definieren, logisch zu sein, beiseite legen. Alle diese Prozesse werden auf später verschoben. Im gleichen Maße, wie sie sich eindrängen, ist die Erfahrung weniger »voll«. Eine derartige Erfahrung steht FREUDS Primärprozeß viel näher als seinen Sekundärprozessen. Es ist in diesem Sinne nichtrational – wenn auch keineswegs antirational[3].

Die Person als subjektiv aktiv oder passiv

Ein Haken bei der auf die Psychologie angewandten klassischen Wissenschaft ist der, daß sie nur da gute Erfolge zu verzeichnen hat, wo sie die Menschen als Objekt studiert, während wir unbedingt lernen sollten, sie auch als Subjekt zu studieren.

Ein passiver Zuschauer unserer selbst und unserer eigenen subjektiven Prozesse zu sein, das ist, als ob man einem Film zuschaute. Es geschieht dann etwas vor unseren Augen; wir nehmen keinen Einfluß darauf. Wir haben nicht das Gefühl, daß wir das Geschehen herbeiführen wollen. Wir beobachten nur.

Das Gefühl, aktives Subjekt (oder ein aktiv Handelnder) zu sein, ist etwas ganz anderes. Wir sind dann beteiligt, wir versuchen immer wieder, wir geben uns Mühe, wir strengen uns an, wir werden es müde, wir können Erfolg haben oder scheitern, wir können uns stark oder schwach fühlen, wenn wir uns beispielsweise an ein Problem zu erinnern, es zu verstehen und zu lösen suchen oder bewußt ein Bild heraufzubeschwören versuchen. So sieht die Erfahrung aus, wenn man etwas will, wenn man sich verantwortlich und als bewegende Kraft, als leistungsfähig und seiner selbst mächtig, als aus freiem Willen handelnd fühlt, anstatt von etwas anderem zum Handeln bestimmt und veranlaßt zu werden, hilflos, abhängig, schwach, unfähig zu sein, herumkommandiert, angewiesen oder manipuliert zu werden (MASLOW, 1962, 100). Offenbar merken manche Menschen gar nicht, daß sie solche Erfahrungen haben, oder sie haben sie nur schwach, wenn ich auch sicher bin, daß man es einem Durchschnittsmenschen beibringen könnte, sich solcher Erfahrungen bewußt zu werden.

Ob schwierig oder nicht, es muß geschehen. Sonst werden wir nicht in der Lage sein, die Begriffe zu verstehen, die unterschiedlich als Individuation, als das wahre Selbst, als Selbstverwirklichung und Identität bezeichnet werden. Außerdem werden wir nie vorankommen können mit Phänomenen wie Wollen, Spontaneität, volles Funktionieren, Verantwortungsbewußtsein, Selbstachtung und Selbstvertrauen. Schließlich ermöglicht diese Betonung des Menschen als aktives Subjekt das Bild vom Menschen als Initiator, als Schöpfer, als Aktionszentrum, als jemand, der etwas tut, anstatt daß er dazu veranlaßt wird.

Die verschiedenen Behaviorismen erzeugen offenbar sämtlich unausweichlich ein passives Bild eines hilflosen Menschen, eines Menschen, der (oder sollte ich von ihm als von einer Sache sprechen?) wenig im Bezug auf sein eigenes Schicksal zu sagen hat, der nichts entscheidet. Vielleicht ist es diese letzte philosophische Konsequenz, die alle derartigen Psychologien für so viele völlig unannehmbar macht – weil sie das, was man so reich und unleugbar erfahren hat, ganz und gar außer acht lassen. Und es hat auch keinen Zweck, daß man in diesem Zusammenhang anführt, wie unsere üblichen Sinneswahrnehmungen, zum Beispiel der Eindruck, daß die Sonne sich um die Erde dreht, von wissenschaftlichen Erkenntnissen widerlegt werden. Das ist keine wirkliche Parallele. Meine höchst bedeutsame Erfahrung, ein aktives Subjekt zu sein, wird – je nachdem wie umfassend dieser Objektivismus ist – entweder völlig verleugnet oder in Reize und Reaktionen aufgelöst, oder sie wird auch einfach als »unwissenschaftlich«, das heißt als unter der Würde einer achtbaren wissenschaftlichen Behandlung, abgetan. Eine richtige Parallele hierzu wäre entweder, daß man die Existenz der Sonne leugnete und behauptete, daß sie tatsächlich etwas anderes sei, oder daß man bestritte, daß man sich wissenschaftlich damit beschäftigen könne.

Alle diese Irrtümer würden vermieden, wenn diejenigen, welche sich dem Positivismus und dem Behaviorismus verschrieben haben, nicht so häufig allzu radikal, zu doktrinär, zu monistisch und zu einseitig orientiert wären. Ich bezweifle nicht, daß objektive, meßbare, registrierbare, wiederholbare Maßnahmen oder Reaktionen oft zuverlässigere, vertrauenswürdigere Erkenntnismethoden sind als subjektive Beobachtungen. Auch bezweifle ich nicht, daß es häufig als Strategie zweckmäßig ist, diese Richtung einzuschlagen, und daß jeder das Recht hat, sie vorzuziehen. Heute müssen wir Angst, Depression oder Glück großenteils in Form einer privaten Erfahrung und verbaler Berichte erforschen. Aber eben das ist daran schuld, daß wir heute noch keine besseren Ergebnisse haben. An dem Tag, an welchem wir ein äußeres und allgemein beobachtbares und meßbares Korrelat der Angst oder des Glücks entdecken, etwas nach Art eines Thermometers oder Barometers, an diesem Tage wird eine neue Ära der Psychologie beginnen. Da dies meines Erachtens nicht nur wünschenswert, sondern auch möglich ist, habe ich in diese Richtung gedrängt. Das bedeutet aber, daß ich die betreffenden Daten in einer Hierarchie von mehr oder weniger großer Verläßlichkeit geordnet sehe, in einer Hierarchie des Wissens, die mit einer ebenso notwendigen Vorstellung von »Stufen oder Ebenen der Entwicklung der Wissenschaft«[4] parallel läuft.

Eine derartige Methode ist durchaus vereinbar mit einer problemorientierten Einstellung und mit einer experimentellen Psychologie, einer Selbst-Psychologie usw. Es handelt sich dabei sozusagen um eine Politik der offenen Tür in der Wissenschaft anstelle einer exklusiven Politik, um einen toleranten Pluralismus anstelle eines »rechten Glaubens«. Man kann jede Frage stellen und jedes Problem aufwerfen. Sobald das geschehen ist, sucht man sich die zur Beantwortung dieser speziellen Frage, die zur Lösung des Problems am besten geeignete Methode aus, ohne sich durch irgendwelche begrifflichen oder methodologischen Pietätsrücksichten behindern zu lassen, die es einem verbieten könnten, bei dem Unterfangen sich seines ganzen Verstandes und aller seiner Fähigkeiten zu bedienen. Fast könnte man sagen, daß es in einem solchen Augenblick keine

Regeln gibt, wenigstens keine *a priori* bindenden. Man muß sich jeweils seine Methode neu schaffen und genauso den entsprechenden heuristischen Rahmen für die Definitionen und Begriffe, welche jeweils brauchbar und notwendig sind. Das einzig Erforderliche ist, das zu dem betreffenden Zeitpunkt und unter den gegebenen Umständen Bestmögliche mit dem Problem vorzunehmen[5]. Ganz gewiß möchte *ich* keine Anweisungen geben, wie alle zukünftigen Probleme anzugehen seien, und ganz gewiß habe ich keinen sehr großen Respekt vor jenem doktrinären Wissenschaftler, dessen Standpunkt darauf hinausläuft, was für Papa gut genug gewesen wäre, das wäre auch für ihn gut genug.

Auch möchte ich damit nicht gesagt haben, daß sich ein Wissenschaftler nicht auch die begrenzten Gegenstände und Zielsetzungen der klassischen Wissenschaft auswählen dürfte, falls er dies wünscht. Manche Menschen laufen eben nicht gern Schlittschuh auf dünnem Eis. Und warum sollen sie nicht das tun, was ihnen Spaß macht? Es wäre ein Schlag für die Wissenschaft, wenn alle Wissenschaftler sich für das gleiche Problem, die gleiche Methode, die gleiche Philosophie entscheiden würden, genau wie es ein tödlicher Schlag für ein Orchester wäre, wenn jeder Oboe spielen wollte. Wissenschaft ist selbstverständlich Zusammenarbeit, Arbeitsteilung, und kein einzelner Mensch ist für sie als Ganzes verantwortlich oder könnte das sein.

Darum geht es nicht. Es geht vielmehr um die Tendenz, einen Glaubensartikel und eine metaphysische Angelegenheit aus diesen persönlichen Vorlieben zu machen und sie zu Regeln zu erheben, die für alle gelten sollten. Es ist das Bestehen auf alles umfassenden, ausschließlichen Philosophien der Erkenntnis, der Wahrheit und damit auch der menschlichen Natur, was sich so störend auswirkt. Es ist schwer, das klarzumachen, wie ich schon vor langer Zeit erfahren habe, als ich versuchte, mit einer Frau zu argumentieren, die ausschließlich von Paranüssen und Kohl lebte. Es war völlig nutzlos, weil sie nur daraus schloß, daß ich ein Vorurteil gegen Nüsse und Kohl hätte. Oder es geht uns wie jenem hilflosen Mann, der von seiner Mutter zwei Krawatten zum Geburtstag bekam; er zog die eine an, um ihr einen Spaß zu machen, woraufhin sie sofort fragte: »Warum gefällt dir denn die andere nicht?«

Eine Lektion von »Synanon«[6]

Induktives Wissen kann niemals Gewißheit erbringen. Es kann nur eine höhere subjektive und objektive Wahrscheinlichkeit ergeben. Dagegen kann Erfahrungswissen in einem realen Sinn sicher sein und stellt vielleicht sogar die einzige Sicherheit dar, wie so viele Philosophen geglaubt haben (wenn wir für den Augenblick einmal die Frage der mathematischen Sicherheit beiseite lassen dürfen). Jedenfalls ist es für den Psychotherapeuten real und zuweilen auch sicher.

Freilich läßt sich über solche Behauptungen streiten, da sie so stark von bestimmten Definitionen bestimmter Wörter abhängen. Wir brauchen hier nicht näher auf diese Debatten einzugehen. Trotzdem sollte es aber möglich sein, einige der operationalen Bedeutungen, auf die sich derartige Behauptungen beziehen, mitzuteilen, da sie von den meisten klinischen Psychologen, Psychiatern, Therapeuten und Personologen nicht angezweifelt werden. Wenn es möglich ist, anderen diese Bedeutungen mitzuteilen, so dürfte das zu einem größeren Verständnis des Persönlichen und des Unpersönlichen unter Wissenschaftlern beitragen.

Die Arbeitsmethode von »Synanon«, »Alcoholics Anonymous«, den »Street-corner Workers« und ähnlichen Gruppen kann uns vorzügliche Beispiele liefern. Diese Subkulturen arbeiten nach dem Grundsatz, daß nur ein (geheilter) Drogensüchtiger oder Trunksüchtiger andere Drogensüchtige oder Trunksüchtige wirklich verstehen, mit ihnen Kontakt bekommen, ihnen helfen und sie heilen kann. Nur wer *Bescheid weiß*, wird von den Süchtigen überhaupt akzeptiert. Süchtige geben sich nur Süchtigen zu erkennen. Außerdem haben nur Süchtige den wirklich leidenschaftlichen Wunsch, Süchtige zu heilen.[7] Niemand sonst liebt sie genug und versteht sie genug. Wie sie ja auch selber sagen: »Nur wer durch die gleiche Mühle gedreht wurde, *weiß wirklich Bescheid.*«

Eine Hauptfolge davon, daß man eine Erfahrung teilt und von innen heraus Bescheid weiß, ist die große Sicherheit und Geschicklichkeit, welche einen der letzten Tests des Wissens erlaubt, nämlich die Fähigkeit, heilsamen Schmerz ohne Furcht, ohne Schuldgefühl, ohne inneren Konflikt und ohne Ambivalenz zuzufügen. Ich habe an anderer Stelle (MASLOW, in: American Journal of Psychoanalysis, 1963) darauf hingewiesen, daß die Wahrnehmung einer moralischen Pflicht und der Erforderlichkeit einer Sache die notwendige Folge einer klar erkannten Orientierung an der Wirklichkeit und einer Sicherheit des Wissens ist und daß Entschlossenheit und sicheres Handeln, das notfalls auch schonungslos und hart sein kann, eine Art sokratischer Konsequenz der »Pflicht-Auffassung« ist (Sokrates lehrte, daß schlechtes Verhalten letzten Endes nur aus Unwissenheit entspringen kann. Ich möchte hier behaupten, daß gutes Verhalten gutes Wissen voraussetzt und vielleicht eine notwendige Folge von gutem Wissen ist). Das heißt, aus der Sicherheit des Wissens – und aus der Tatsache, daß gewisse Arten von sicherem Wissen nur aus Erfahrung kommen können – entspringt wirkungsvolles, erfolgreiches, effizientes, entschlossenes, unnachgiebiges, starkes, nicht-ambivalentes Handeln.

Es ist genau diese Art des Handelns – und vielleicht nur diese Art – die den Süchtigen helfen kann, weil deren Lebensweise so oft darauf ausgerichtet ist, andere hinters Licht zu führen mit falschen Tränen und Versprechungen, mit Verführung und Schmeichelei, indem sie eine falsche Fassade zur Schau tragen und die Leute damit zum Narren halten, nur um sie dann dafür zu verachten. Nur andere Süchtige, die Bescheid wissen, können sie nicht an der Nase herumführen. Ich habe beobachtet, wie diese verachtungsvoll, brutal, obszön die falsche Fassade eingerissen haben, samt den bisher akzeptierten Lügen und Versprechungen, die falsche Maske, die bis dahin so gut ihren Zweck erfüllte. Ich habe beobachtet, wie die mit eigener Erfahrung über die Tränen gelacht haben, welche für den unerfahrenen Zuschauer so rührend und herzzerreißend waren und die bald als falsch, heuchlerisch und besoffen-rührselig entlarvt waren. Bis jetzt ist das die einzige Methode, die wirklich Erfolg hatte. Die scheinbare Härte ist pragmatisch »erforderlich«. Sie ist deshalb letztlich mitfühlend und nicht sadistisch. Sie zeugt von einer weit echteren Liebe als der Mangel an Strenge, der fälschlich als Liebe hingestellt wird, der Menschen zu Süchtigen macht und »ihre Gewohnheit fördert«, anstatt sie so stark zu machen, daß sie davon loskommen. In dieser Subgesellschaft werden Sozialarbeiter, Psychiater und andere »Experten« gründlich verachtet. Man hegt tiefes Mißtrauen und Haß gegen das »bloße« Buchwissen, gegen Leute mit akademischen Titeln, gegen Leute, die ein Zertifikat über ihr Wissen vorlegen können und die in Wirklichkeit gar nichts wissen – ja, manchmal hat man geradezu Angst davor, was vermutlich einen starken dynamischen Faktor darstellt, der diese »Welt« aufrechterhalten hilft.

In diesem Bereich ist das Beobachtungswissen unverkennbar anders als das Erfahrungs-Wissen. Es steht im Gegensatz dazu und ist ganz offensichtlich weit weniger wirksam. Und weil dieser Unterschied Unterschiedliches bewirkt, erweist er sich damit als real.

Wenn ich aus dieser Erfahrung noch eine weitere Lehre ziehen darf, möchte ich noch auf die völlig verrückte Tatsache hinweisen, daß, soviel ich feststellen konnte, mit der Synanon-Behandlung Süchtige tatsächlich geheilt werden, während unser ganzer Apparat von Hospitälern, Ärzten, Polizei, Gefängnissen, Psychiatern und Sozialarbeitern praktisch keinen heilt. Aber dieser unwirksame und vielleicht schlimmer als nutzlose Apparat besitzt die volle Unterstützung der gesamten Gesellschaft und aller Berufe und verschlingt Unmengen von Geld. Die wirksame Methode erhält – soweit ich als außenstehender Beobachter feststellen konnte – praktisch überhaupt kein Geld, keine offizielle Unterstützung, sondern wird tatsächlich von offizieller Seite nicht beachtet oder bekommt den Widerstand sämtlicher Berufe, der Regierung und der Stiftungen zu spüren. Frühere Drogensüchtige besitzen aus einleuchtenden

Gründen normalerweise keine akademischen Grade und keine Ausbildung zu einem höheren Beruf, weshalb sie in der konventionellen Gesellschaft kein Ansehen genießen und keinen »Status« besitzen. Daher können sie keine Anstellung, kein Geld und keine Unterstützung bekommen, trotz der unleugbaren Tatsache, daß sie die einzigen erfolgreichen Therapeuten sind, die zur Verfügung stehen[8].

In der konventionellen Welt scheint tatsächlicher Erfolg kein Ersatz für eine »normale Ausbildung zu einem höheren oder gar wissenschaftlichen Beruf« zu sein, wie erfolglos diese auch immer geblieben sein mag. Der Besitz von sechs Seminarscheinen für die Heilkunde kann mehr Gewicht haben als tatsächliche Heilerfolge. Ich könnte Dutzende von Beispielen anführen für diese Verwechslung von Bescheinigung und bescheinigter Wirklichkeit, von Landkarte und Territorium, von Orden und Held, von einem akademischen Grad und einem gebildeten Menschen. Die Literatur zur allgemeinen Semantik ist voll davon. Man bedenke doch nur, wie leicht man zu einer vorzüglichen Note in einem Ehekurs gelangt und wie schwer es ist, eine gute Ehe zu führen, wie TRAINER dargelegt hat.

Auch im Bereich der Wissenschaft gibt es Situationen in Fülle, wo das Erfahrungswissen von hohem Wert oder sogar eine *conditio sine qua non* ist, Gebiete, wo das bloße Beobachtungswissen nur dann einen Wert hat, wenn es zum Erfahrungswissen hinzukommt, anstatt es zu ersetzen.

Die Erfahrung mit Synanon ist letzten Endes ein Hinweis auf die Absurdität der bürokratischen Wissenschaft, in der man gewisse Teilgebiete der Wahrheit als »unwissenschaftlich« zu bezeichnen pflegt, für die Wahrheit nur dann wirklich wahr ist, wenn sie von ordnungsmäßig mit Zeugnissen und Dienstkleidung versehenen »Wahrheitssammlern« und nach den von der Tradition sanktionierten Methoden oder Zeremonien zusammengetragen wurde.[9]

Wissen, das blind macht

Wir können diesen Problemkreis noch aus einem anderen Blickwinkel betrachten, welchen ich an dem Maslowschen Kunsttest veranschaulichen möchte, den meine Frau und ich uns ausgedacht haben, um beim Testen der Fähigkeit, den Stil eines Künstlers zu erfassen, insbesondere die holistische Wahrnehmung und Intuition zu prüfen (Morant/Maslow, in: Journal of Clinical Psychology, 1965, und Nameche/Morant: »Esthetic Judgement and Person Perception«). Dabei haben wir unter anderem gefunden, daß Kenntnisse über Kunst – wie sie zum Beispiel bei Studenten der Kunstgeschichte, bei professionellen Künstlern usw. zu finden sind – die Testleistung zum Teil verbesserten und zum Teil verschlechterten. Der bessere Weg, einen Stil zu erkennen, ist nicht, ihn zu analysieren oder zu zerlegen, sondern aufnahmefähig und intuitiv zu sein und ihn ganzheitlich aufzunehmen. So sieht es bisher beispielsweise so aus, als ob eine schnelle Reaktion gewöhnlich erfolgreicher wäre (Nameche/Morant: »Esthetic Judgement and Person Perception«) als eine lange, sorgfältige, peinlich exakte Untersuchung.

Diese Vorbedingung für die holistische Wahrnehmung von Qualitäten der Ganzheitlichkeit möchte ich als »Erfahrungsnaivität« bezeichnen, als die Bereitwilligkeit und Fähigkeit, zu einer unmittelbaren Erfahrung ohne bestimmte andere Arten des »Wissens« zu gelangen. Es bedeutet, daß wir alle unsere Neigungen, zu rubrizieren, zu wissen anstatt wahrzunehmen, in Elemente zu zerlegen und auseinanderzuspalten, beiseite lassen. Schließlich ist ja die Qualität der Ganzheit etwas, was das Ganze durchdringt und was durch Sezieren zerstört wird.

Daher sind Menschen, die die Kunst nur im analytischen, atomistischen, klassifizierenden oder historischen Sinne »kennen«, weniger gut imstande, sie wahrzunehmen und sich daran zu erfreuen. Und die Möglichkeit ist nicht auszuschließen, daß eine Ausbildung rein analytischer Art tatsächlich eine ursprünglich vorhandene Intuitivität beeinträchtigen kann. (Ein noch besseres Beispiel wäre vielleicht unser herkömmlicher mathematischer Unterricht, der es noch weit besser versteht, die Kinder für die Schönheiten und Wunder der Mathematik blind zu machen.) Auf jedem Wissensgebiet gibt es solche »blinden Wisser« – Botaniker, die für die Schönheit der Blumen kein Auge haben, Kinderpsychologen, vor denen die Kinder entsetzt die Flucht ergreifen, Bibliothekare, denen es gegen den Strich geht, daß man ihre Bücher aus dem Fach nimmt, Literaturkritiker, die sich gönnerhaft herablassend gegen Dichter verhalten, vertrocknete Lehrer, die den Schülern ihren Unterrichtsgegenstand verleiden, usw. Da gibt es Doktoren der Philosophie, die nichts als »lizenzierte Fachidioten« sind, und die lustlosen Nicht-Wissenschaftler, die nur veröffentlichen, um nicht ganz in der Versenkung zu verschwinden – die Sorte, die ein junges Mädchen meinte, als es auf einer Party einem anderen zuflüsterte: »Er ist schrecklich langweilig: Er weiß nichts als Tatsachen.«

Manche Künstler, manche Dichter, manche »hysterische Personen«, die den Hauptwert auf Gefühl, Emotion, Intuition und Impulsivität legen, auch manche religiös veranlagte und der Mystik zuneigende Menschen machen gern an dieser Stelle Halt. Es kommt vor, daß sie unter diesen Umständen Wissen, Bildung, Wissenschaft und Intellekt ablehnen und behaupten, diese zerstörten instinktives Gefühl, angeborene Intuition, natürliche Frömmigkeit und die naive Einsicht in die Dinge. Meiner Ansicht nach geht diese Tendenz zur anti-intellektuellen Skepsis selbst bei den Intellektuellen weit tiefer, als wir uns klarmachen. So glaube ich zum Beispiel, daß sie eine der Hauptursachen für die tieferliegenden Mißverständnisse zwischen Mann und Frau in unserer Kultur ist. Und die neuere Geschichte hat ja gezeigt, wie sie in furchtbaren politischen Philosophien zum Durchbruch kommen kann.

Die orthodoxe, analytische, mechanistische Wissenschaft hat gegen derartige Vorwürfe deshalb keine wirklich guten Verteidigungsgründe vorzubringen, weil diese Vorwürfe zu einem guten Teil wahr und gerechtfertigt sind. Eine umfassendere Auffassung der Wissenschaft *kann* diesen Vorwürfen jedoch tatsächlich begegnen, und sie weiß eine Antwort darauf, welche ideographische, empirische, taoistische, ganzheitliche, holistische, personale, transzendente und finale Argumente enthält.

Unser Kunsttest kann uns hier als Beispiel dienen. Vorausgesetzt, daß sorgfältigere Untersuchungen unsere starken ersten Eindrücke bestätigen, so scheint daraus ebenfalls hervorzugehen, daß es andere Menschen gibt, deren ursprüngliches Verständnis, Intuitivität und Fähigkeit, bestimmte Stile zu erkennen, durch eine entsprechende Ausbildung und durch Wissen noch verbessert und bereichert werden. Irgendwie bringen sie es fertig, nomothetisches, abstraktes, gesetzmäßiges, verbales Wissen für ihre Erfahrung des Einzelfalles fruchtbar zu machen. Ihr Wissen hilft ihnen wahrnehmen und macht diese Wahrnehmung reicher, komplexer und genußreicher. Im Extremfall kann es sogar den transzendenten Aspekt der Wirklichkeit, das Heilige, das Mysterium, das Wunderbare, das Ehrfurchteinflößende und Letztgültige noch steigern. Selbst von der Heiligkeit, von der doch viele glaubten, sie gehe nur Hand in Hand mit Unschuld und Naivität, finden wir heute, daß sie auch mit Differenziertheit und Wissen, wenigstens mit dem umfassenden Wissen, wie ich es meine, zusammengehen kann. (Diese Beobachtung, die Hypothese oder Vermutung habe ich aus meinen Studien über sich selbst verwirklichende Menschen und über die Wirkungen der Psychotherapie extrapoliert und weniger aus unseren Erfahrungen mit dem Kunsttest.)

Es sind genau diese Menschen, die Weisen, bei denen Weisheit, Güte, Einsicht und gelehrtes Wissen zur Einheit werden, die es irgendwie fertigbringen, sich diese »Erfahrungsnaivität« und diese »schöpferische Haltung« (MASLOW, in: The Structurist, 1963) zu bewahren, diese Fähigkeit, die Dinge so frisch zu sehen, wie ein Kind sie sieht, ohne Erwartungen oder Forderungen *a priori*, ohne im voraus zu wissen, was sie sehen werden. Ich habe zu verstehen versucht, wie und warum das geschieht (MASLOW, in: The Structurist, 1963, und in: Gegenwartsprobleme der Entwicklungspsychologie, 1963), doch bleibt die Fähigkeit, abstraktes Wissen in eine reichere Erfahrung umzuwandeln, immer noch ein Geheimnis und wäre daher zweifellos ein überaus lohnendes Forschungsproblem. Weiter gefaßt, lautet das zu erforschende Problem etwa: »Wann macht Wissen blind, und wann öffnet es die Augen?«

Erfahrungs-»Beweise«

Was bedeutet das Wort »Beweis« im Erfahrungsbereich? Wie kann ich es jemand beweisen, daß ich etwas lebhaft erfahre, daß ich zum Beispiel tief bewegt bin? Und wie kann man das im üblichen, äußerlichen Sinne des Wortes »validieren«? Natürlich besitzt es für mich Validität, wenn ich es echt und lebhaft erfahre. Aber wie soll ich das jemand anders beweisen? Gibt es etwas außer uns Befindliches, das wir gemeinsam haben und auf das wir beide gleichzeitig hinweisen könnten? Wie kann man es beschreiben, mitteilen, messen, in Worte fassen?

Hier ergeben sich besondere Schwierigkeiten. Viele bezeichnen die Erfahrung als etwas Unaussprechliches, Nichtmitteilbares, Nicht-Verbalisierbares, etwas, womit ein Wissenschaftler daher unmöglich arbeiten kann. Aber oft ergeben sich diese Schwierigkeiten mehr aus der Welt der Abstraktion als aus der Erfahrungswelt. Kommunikationen einer bestimmten Art und eines bestimmten Grades sind möglich, aber sie sind anderer Art als die, welche zwischen Chemikern die Regel sind (vgl. MASLOW, 1964, Anhang F über »rhapsodische Kommunikation«; MASLOW, 1962, Anhang). Die abstrakte, verbale, eindeutige Kommunikation kann für gewisse Zwecke weniger wirksam sein als metaphorische, poetische, ästhetische, dem Primärprozeß entsprechende Techniken.

Anmerkungen

1 Man kann diese Erlebniswelt in zwei verschiedenen Sprachen beschreiben, einer subjektiven, phänomenologischen und einer objektiven, »naiv-realistischen«, wie NILS BOHR schon vor langer Zeit dargelegt hat. Jede dieser Sprachen kann der Sprache des täglichen Lebens nahekommen, und doch beschreibt keine das Leben vollständig. Jede hat ihren Anwendungsbereich, und beide sind notwendig. Die Psychotherapeuten haben sie längst unterscheiden gelernt und wenden sie unterschiedlich an. In der Analyse zwischenmenschlicher Beziehungen versuchen sie zum Beispiel, ihren Patienten beizubringen, ohne Tadel und ohne Projektion zu sagen: »Irgendwie fühle ich mich in Ihrer Gegenwart klein« (oder »abgelehnt« oder »wütend« usw.), anstatt zu sagen »Sie können mich nicht leiden« oder »Sie meinen, Sie wären etwas Besseres als ich« oder »Hören Sie auf, mich zu bevormunden« oder »Warum macht es Ihnen Spaß, daß ich mir blamiert vorkomme?« Das heißt, sie versuchen ihren Patienten beizubringen, die Emotionen in ihrem eigenen Inneren zu suchen, anstatt sie automatisch nach außen zu projizieren, wie es die meisten Menschen tun. Diese zweifellos wichtige Unterscheidung ist ein zu weites Feld, als daß wir hier weiter darauf eingehen könnten.
2 Dieses Thema habe ich ausführlich in »Religions, Values and Peak-experiences« behandelt.
3 Ein einfaches Beispiel dafür, wie Erfahrung und Rationalität ineinandergreifen können, ist die Technik des »Brainstorming«, bei der jede Kritik am Konferenztisch auf ein späteres Stadium verschoben wird, nachdem man alle noch so verrückten und ausgefallenen Ideen vorbringen durfte. Ganz ähnlich ist es mit der Ersten Regel der Psychoanalyse. Der Patient bekommt beigebracht, seine freien Assoziationen, wie sie sich ihm ins Bewußtsein drängen und in den Mund kommen, nicht auszuwählen und zu redigieren. Nachdem sie dann ausgesprochen sind, kann man sie prüfen, diskutieren und kritisieren. Es ist dies ein Beispiel für die Art und Weise, wie »Das Erfahren« als kognitives Werkzeug zur Auffindung von Bestandteilen der Wahrheit dienen kann, denen mit anderen Mitteln nicht beizukommen ist.
4 Von einem gewissen Buch heißt es mit unbeabsichtigter Komik, es sei »eine ehrliche, mutige und sehr rigorose Untersuchung des schwierigen Problems der weiblichen Sexualität, von der wir so wenig wissen«. Könnte deutlicher gezeigt werden, daß hier das Wort »wissen« in einem ganz speziellen Sinne gebraucht ist, einem Sinne, den der Rezensent gewählt hat, der aber durchaus nicht der einzig mögliche ist? Im Sinne von Erfahrung kann man sich kaum etwas vorstellen, über das man besser Bescheid wüßte als über die weibliche Sexualität. Oder ist irgendeinem anderen Phänomen soviel Neugier, Spekulation, Theoretisieren, soviel sorgfältige und liebevolle Erforschung und persönliche Aufmerksamkeit zuteil geworden? Und würde eine verbale Beschreibung viel nützen, bevor man eigene Erfahrungen gemacht hat? Und trotzdem kann dieses Beispiel nicht nur vorzüglich vor Augen führen, daß Wissen aufgrund eigener Erfahrung mehr Wert hat als abstraktes Wissen, sondern auch wie begrenzt *bloßes* Erfahrungswissen sein kann. Die Feststellung des Rezensenten ist korrekt, soweit sie sich auf das gemeinsame öffentliche strukturierte, organisierte Wissen bezieht. Es gibt in der Tat wenig »fortgeschrittene wissenschaftliche Erkenntnisse« über die weibliche Sexualität, wenngleich sehr wohl die Möglichkeit dazu bestünde.
5 »Die wissenschaftliche Methode ist als Methode nicht mehr, als daß man mit seinem Verstand sein möglichstes tut, wobei alles erlaubt ist.« (BRIDGMAN, 1959)
6 Eine Organisation von ehemaligen Süchtigen zur Rauschgiftbekämpfung. (Anmerkung des Verlages)

7 Ist jede Therapie Selbsttherapie? Wollen sie damit auch weiterhin sich selbst behandeln? Ist es eine Methode, sich selbst Liebe und Verzeihung zuteil werden zu lassen? Die eigene Vergangenheit anzunehmen und zu assimilieren, sie in etwas Gutes umzuwandeln? Legt das nicht den Gedanken nahe, daß auch andere helfende Aktivitäten, wie die Psychotherapie, Erziehung oder Elternschaft vielleicht anhand dieses Paradigmas in einem neuen Licht zu sehen sein könnten? Und legt diese Möglichkeit nicht ihrerseits die wichtige Frage nahe: Bis zu welchem Grad ist jede personale und interpersonale Erkenntnis eine Erkenntnis durch Identifikation, das heißt durch Selbsterkenntnis? Inwieweit ist ein solcher Standpunkt nützlich?

8 Es gibt viele derartige Situationen. Die Drogensucht und der Alkoholismus sind nur zwei besonders bekannte Beispiele. Aber man hat auch gefunden, daß in vielen Situationen Neger mit Negern, Indianer mit Indianern, Juden mit Juden, Katholiken mit Katholiken besser zurechtkommen. Diese Verallgemeinerung gilt weitgehend, wenn sie auch manchmal im Verlauf des Prozesses eine Abschwächung erfährt, wie beispielsweise beim Umgang von Frauen mit Frauen, von Waisen mit Waisen, von Spastikern mit Spastikern, von Homosexuellen mit Homosexuellen usw.

9 Ist der Diplomat, der Doktor der Philosophie, der Doktor der Medizin, der Mann vom Fach der einzige, dem es gestattet ist, Weisheit, Klugheit, Einsicht zu besitzen, Entdeckungen zu machen und Menschen zu heilen? Muß erst ein Bischof seinen Segen geben, bevor es erlaubt ist, das Allerheiligste zu betreten, und darf nur er Sünden vergeben? Ist es wirklich vernünftig und praktisch, einen akademischen Grad für die Ausübung so vieler Berufe zu verlangen, anstatt nach tatsächlich vorhandener Bildung, nach Kenntnissen, Fertigkeiten, Fähigkeiten und Eignung für diesen Beruf Ausschau zu halten? Ist ein Unterrichtsraum wirklich der einzige oder der bestgeeignete Ort, sich Bildung anzueignen? Kann man alles in Büchern oder in Vorlesungen unterbringen? Kann man Wissen in allen Fällen mit schriftlichen Tests messen? Muß *jede* Mutter sich dem Urteil eines jeden Kinderpsychologen beugen? Fallen alle religiösen Erlebnisse in den Aufgabenbereich von Geistlichen? Muß man Vorlesungen besuchen wie »Einführung in kreatives Schreiben«, »Kreatives Schreiben II« und »Kreatives Schreiben für Fortgeschrittene«, bevor man ein Gedicht schreibt? Werde ich mich in meinem Wohnzimmer, wenn es ein Innenarchitekt mit Diplom fachmännisch ausgestattet hat, wohler fühlen, als wenn ich es selbst eingerichtet habe? Diese Fragen beziehen sich natürlich auf Extremfälle. Aber nur solange wie wir auf der Hut sind und argwöhnisch auf die Gefahren von Bürokratisierung, von politisch strukturierten Organisationen und von Kirchen achten, sind wir in der Lage, ihre Notwendigkeit nüchtern anzuerkennen. Und nur so lange, wie wir uns vor Augen halten, wie leicht ein Technologe zu einem Spezialisten für *Mittel* zum Zweck wird und darüber den Zweck vergißt, können wir uns seiner zu unserem Vorteil bedienen und die Gefahr einer »Diktatur der Experten« vermeiden.

Jemand hat die Technologie einmal definiert, als den »Trick, die Welt so einzurichten, daß man sie nicht mehr selbst zu erleben braucht«.

7. Abstrahieren und Theoretisieren

Nachdem ich mich nun über die Vorteile, die Notwendigkeiten und die Priorität des Erfahrungswissens gegenüber dem abstrakten Wissen verbreitet habe, möchte ich mich jetzt auch den Vorzügen, den Schönheiten und Notwendigkeiten des abstrakten Wissens zuwenden. Inzwischen dürfte klargeworden sein, worauf ich hinaus will. Es ist das dichotomisierte, rein abstrakte Wissen, was so gefährlich ist, es sind die Abstraktionen und Systeme, die der Erfahrung entgegengesetzt oder von ihr losgetrennt sind, anstatt auf sie aufzubauen und mit ihr integriert zu sein. Vielleicht darf ich es so ausdrücken: Abstraktes, vom Erfahrungswissen losgetrenntes Wissen ist falsch und gefährlich; aber auf das Erfahrungswissen aufgebautes und hierarchisch integriertes Wissen ist eine menschliche Lebensnotwendigkeit.

Abstraktheit beginnt mit dem Einordnen, mit allen Interpretationen und all den hierarchischen und gestalthaften Arrangements des Erfahrungswissens, die es dem Menschen mit seinen begrenzten Fähigkeiten ermöglichen, es umfassend zu begreifen, ohne davon überwältigt zu werden. Genau wie man sieben oder acht Einzelgegenstände sofort im Gedächtnis behalten kann, hat man festgestellt, daß man auch sechs oder sieben oder acht *Gruppen* von Einzelgegenständen unmittelbar wahrnehmen und in sich aufnehmen kann. Es ist dies für mich das denkbar einfachste Beispiel für die holistische Hierarchisierung vieler Gegenstände. Man braucht diese Gruppierungen nur immer umfassender zu machen, und es wird dem Menschen trotz seiner Beschränktheit schließlich möglich sein, die ganze Welt in einer einzigen einheitlichen Wahrnehmung zu umfassen. Das Gegenteil dazu wäre die völlige Anarchie, das totale Chaos, der gänzliche Mangel an Ordnung oder Gruppierung oder Beziehung zwischen all diesen Einzeldingen. So mag vielleicht in mancher Beziehung die Welt eines Neugeborenen aussehen oder in anderer Hinsicht die des überängstlichen Schizophrenen. Jedenfalls dürfte es kaum möglich sein, längere Zeit darin zu leben oder es auszuhalten (obgleich es für eine kurze Zeit vielleicht sogar Spaß machen kann). Dies gilt um so mehr, wenn wir uns die Notwendigkeit vor Augen halten, in der Welt pragmatisch zu leben, darin zu überleben, damit fertigzuwerden und mit ihr umzugehen. Alle Mittel-Zweck-Beziehungen und all die vielen differenzierenden Vorstellungen von Zwecken und Mitteln gehören ebenfalls in das Kapitel »Abstraktheit«. Eine rein konkrete Erfahrung differenziert eine Erfahrung in keiner Weise von einer anderen und ganz gewiß nicht hinsichtlich der relativen Bedeutung oder der relativen Hierarchie von Mitteln und Zwecken. Sämtliche Klassifizierungen unserer Erfahrungen mit der Wirklichkeit sind Abstraktionen, und das gleiche gilt auch für die Wahrnehmung von Ähnlichkeiten oder Unterschieden.

Mit anderen Worten, das Abstrahieren ist für das Leben selbst absolut notwendig. Und es ist auch notwendig für die vollste und höchste Entwicklung der menschlichen Natur. Zur Selbstverwirklichung gehört notwendigerweise das Abstrahierenkönnen. Man kann sich die menschliche Selbstverwirklichung überhaupt nicht vorstellen ohne ganze Systeme von Symbolen, Abstraktionen und Wörtern, das heißt ohne Sprache, Philosophie und Weltanschauung.

Mein Angriff gegen die von der Konkretheit dichotomisierte Abstraktheit ist keinesfalls zu verwechseln mit einem Angriff auf eine mit der Konkretheit und Erfahrung hierarchisch integrierte Abstraktheit. Wir sollten uns hier kurz die gegenwärtige Situation in der Philosophie vor Augen halten. KIERKEGAARD und NIETZSCHE, um nur zwei hervorragende Namen zu zitieren, haben nicht die Philosophie im allgemeinen angegriffen, sondern die großen abstrakten Systeme der Philosophie, die sich längst von ihrer Verankerung in der tatsächlichen, lebendigen Erfahrung losgetrennt hatten. Auch der Existenzialismus und die Phänomenologie lehnen großenteils diese riesigen verbalen, abstrakten und totalen A-Priori-Systeme der Philosophie ab. Es handelt sich um den Versuch, zum Leben selbst zurückzufinden, das heißt zur konkreten Erfahrung, auf die sich alle Abstraktionen gründen müssen, wenn sie lebendig bleiben wollen.

Vielleicht hilft es uns hier weiter, wenn wir einen Unterschied machen zwischen einer empirischen Verallgemeinerung oder Theorie und einer A-Priori-Verallgemeinerung oder -Theorie. Erstere bemüht sich lediglich, Erfahrungswissen zu organisieren und zu vereinheitlichen, so daß wir es mit unserem beschränkten menschlichen Gehirn erfassen können. Eine A-Priori-Theorie bemüht sich nicht darum. Man kann sie völlig im eigenen Kopf ausspinnen und braucht dazu keinerlei Bezugnahme auf Erfahrungswissen oder auf noch unerkannte Bereiche. Gewöhnlich wird sie als Gewißheit hingestellt. Tatsächlich begeht sie die große Sünde, die menschliche Unwissenheit zu leugnen. Der wahre Empiriker oder der empirisch eingestellte Laie ist sich stets darüber klar, was er weiß und was er nicht weiß, und weiß Bescheid über die relative Verläßlichkeit und die unterschiedlichen Validitätsniveaus dessen, was er weiß. Eine empirische Theorie ist in einem echten Sinne bescheiden. Die klassische, abstrakte A-Priori-Theorie hat es nicht nötig, bescheiden zu sein; sie kann ruhig arrogant sein und ist es auch oft. Man könnte auch sagen, die abstrakte Theorie und das abstrakte System werden funktional autonom in dem Sinne, daß sie sich von ihren empirischen Grundlagen, von den Erfahrungen, auf denen sie beruhen und die sie erklären oder deuten oder organisieren sollten, lossagen. Eine solche Theorie lebt dann ihr eigenes Leben als eigenständige, selbstgenügsame Theorie. Im Gegensatz dazu bleibt die empirische Theorie oder das empirische System mit den durch Erfahrung gewonnenen Tatsachen in Verbindung, die es zu einer handlichen, greifbaren Einheit und in enger Parallele zu diesen Tatsachen ordnet. Folglich kann sie auch Verschiebungen und Veränderungen standhalten und sich entsprechend leicht modifizieren, wenn neue Informationen zur Verfügung stehen. Das heißt, wenn es ihr darum geht, unser Wissen von der Realität zu interpretieren und zu ordnen, muß sie unbedingt sich verändern können, da ja auch unsere Erkenntnisse bezüglich der Realität sich ständig ändern; und sie muß anpassungsfähig und flexibel in dem Sinne sein, daß sie sich dieser Basis des sich ständig ändernden und zunehmenden Wissens anpassen kann. Es handelt sich hier um eine Art Rückkopplung zwischen Theorie und Tatsachen, um ein Feedback, das bei der funktional autonomen abstrakten Theorie oder einem ebensolchen System, welches sich selbständig gemacht hat, völlig fehlen kann.

Hier möchte ich noch auf den Unterschied zwischen GOLDSTEINS Reduktion auf das Konkrete (1939) und der von mir beschriebenen Reduktion auf das Abstrakte (MASLOW, in: Gegenwartsprobleme der Entwicklungspsychologie, 1963) hinweisen. Ich werde diesen beiden Beobachtungen meine Feststellung gegenüberstellen, daß sich selbst verwirklichende Menschen gleichermaßen einer umfassenden konkreten wie auch einer abstrakten Erkenntnis fähig sind.

Ja, ich kann noch einen Schritt weitergehen. In gewissem Sinne sehe ich in der Anerkennung der Überlegenheit und logischen Priorität der Erfahrung nur eine andere Version des Geistes des Empirismus. Einer der Anfänge der Wissenschaft, eine der Wurzeln, aus denen sie erwuchs, war der Entschluß, die Dinge nicht gutgläubig, vertrauensvoll, aus logischen Gründen oder aus Autoritätsgläubigkeit hinzunehmen, sondern sie selbst zu überprüfen und näher anzusehen. Die Erfahrung hat gezeigt, wie oft die Logik oder die Gewißheit a priori oder die Autorität des ARISTOTELES tatsächlich versagt haben. Es fällt nicht schwer, die Lehre daraus zu ziehen, daß man zuerst, vor allem anderen, die Natur mit eigenen Augen sehen, das heißt sie selbst erleben muß.

Ein vielleicht noch besseres Beispiel ist die Entwicklung der empirischen oder wissenschaftlichen Einstellung beim Kind. Ihm schärft man als wichtigstes ein: »Sehen wir es uns doch selbst einmal an«, oder »Geh und mach selbst die Augen auf«. Für das Kind steht das im Gegensatz zu seiner Gewohnheit, die Dinge gutgläubig hinzunehmen, ob es sie nun von Vater oder Mutter, ob es sie von seinem Lehrer oder aus einem Buch hat. Man kann das sehr schroff ausdrücken und sagen: »Traue niemand, sondern glaube nur, was du mit eigenen Augen siehst«. Oder man kann es auch milder formulieren: »Es ist immer gut, wenn man sich selber überzeugt, um ganz sicherzugehen. Es gibt individuelle Unterschiede in der Art, wie man die Dinge wahrnimmt; jemand anders sieht das vielleicht auf seine Weise, und du siehst es auf deine.« Auf diese Weise lehrt man das Kind, daß die eigenen Wahrnehmungen im allgemeinen die letzte Berufungsinstanz darstellen. Wenn die empirische Einstellung überhaupt eine Bedeutung besitzt, dann ist es zum mindesten folgende: Zunächst kommt das »Erkennen« aufgrund der eigenen Erfahrung; dann wird überprüft, ob eine Sinnestäuschung oder ein Irrtum im Bezug auf das empirische Wissen vorliegt; schließlich kommen die Abstraktionen, die Theorien, das heißt die orthodoxe Wissenschaft. Tatsächlich kann man in dem Begriff der Objektivität selbst (verstanden als die Notwendigkeit, Kenntnisse weiterzugeben und mit anderen zu teilen und ihnen erst dann zu trauen, wenn mindestens ein paar Menschen sie mit uns teilen) eine differenziertere Ableitung der primären empirischen Grundregel sehen, die lautet, daß man die Dinge anhand eigener Erfahrungen überprüfen muß. Der Grund hierfür ist, daß das Gemeinwissen eine Kontrolle unseres Berichts über unsere privaten Erfahrungen durch die Erfahrung anderer Menschen darstellt. Wenn einer in die Wüste geht und dort eine unerwartete Mine oder ein unerwartetes Tier entdeckt, so kann sein Erfahrungswissen sicher und valide sein, aber er kann kaum erwarten, daß die anderen ihm vorbehaltlos und aufs Wort glauben. Sie haben ihrerseits das Recht, sich durch Augenschein selbst zu überzeugen, das heißt, die letzte Validität ihres eigenen Erfahrungswissens zu erlangen. Dies ist genau das, was die Überprüfung durch das Gemeinwissen ist: eine Ausweitung des »Überzeuge dich mit eigenen Augen«.

Diese Betonung der Priorität der empirischen Theorie gegenüber der A-Priori-Theorie oder dem A-Priori-System und die sich daraus ergebende Betonung einer engen Parallelität der empirischen Theorie mit den Tatsachen, die sie zu einer Einheit zusammenfaßt, unterscheidet den empirisch eingestellten Menschen vom Doktrinär. So meint zum Beispiel MAX EASTMAN in seiner Selbstbiographie von sich selbst, er sei im Gegensatz zu den Intellektuellen der Sowjetunion »ein gewöhnlicher Empiriker, der im Sozialismus eine Hypothese gesehen habe, ein Experiment, das man ausprobieren mußte«. Die Sowjettheoretiker beunruhigten ihn, weil er bei ihnen »eine Atmosphäre von Theologie anstatt von Wissenschaft« verspürte. Ich habe die religiösen Establishments aus ähnlichen Gründen kritisiert (MASLOW, 1964). Da die meisten von ihnen den Anspruch erheben, eine Offenbarungsreligion zu vertreten, das heißt, sich auf die Vision ihrer Propheten von der vollkommenen, endgültigen und absoluten Wahrheit zu stützen, gibt es für sie offensichtlich nichts mehr zu lernen. Sie haben nicht das Bedürfnis nach Aufgeschlossenheit, Überprüfung, Erprobung, ja nicht einmal nach Verbesserungen (da ja alles bereits vollkommen ist).

Das ist in meinen Augen der denkbar größte Gegensatz zur empirischen Einstellung. Aber in abgemilderter Form ist diese Haltung weitverbreitet, und vielleicht könnte man sagen: bei der großen Masse der Menschheit fast ganz allgemein vorhanden. Und ich möchte nicht einmal alle professionellen Wissenschaftler davon ausnehmen. Die empirische Einstellung ist ihrem Wesen nach bescheiden, und viele oder die meisten Wissenschaftler sind nicht bescheiden, höchstens auf ihrem eigenen Spezialgebiet. Viele von ihnen neigen ebenso sehr wie gewisse Theologen dazu, von ihrem Laboratorium aus andere mit ihren A-Priori-Ansichten und Vorurteilen aller Art zu belehren, und sei es nur über das Wesen der Wissenschaft selbst. Zur Bescheidenheit, welche meiner Meinung nach ein kennzeichnendes Merkmal der empirischen und wissenschaftlichen Einstellung ist, gehört die Fähigkeit zuzugeben, daß man etwas nicht weiß und daß die Menschheit im allgemeinen über vieles nichts weiß. Wenn man das einräumt, so hat dies notwendigerweise zur Folge, daß man grundsätzlich willens und bereit ist, dazuzulernen. Es bedeutet, daß man für neue Erkenntnisse aufgeschlossen ist und sich nicht dagegen sperrt. Es bedeutet, daß man naiv sein kann anstatt allwissend. Und all das bedeutet natürlich, daß die Welt eines solchen Menschen sich ständig erweitert im Gegensatz zum statischen Universum eines Menschen, welcher bereits alles weiß.

Von unserem Ausgangspunkt aus, wo wir die einfache Feststellung machten, daß auch Erfahrungstatsachen ein Anrecht auf einen Platz im Bereich des Wissens und der Wissenschaft haben, haben wir nunmehr einen weiten Weg zurückgelegt. Aber ich glaube, daß es letzten Endes die empirische Einstellung und damit die Wissenschaft eher stärkt als schwächt, wenn man den Erfahrungstatsachen einen respektablen Platz einräumt. Der Zuständigkeitsbereich der Wissenschaft wird erweitert durch die Überzeugung, daß der menschliche Geist aus keinem Bereich des Lebens ausgeschlossen bleiben muß.

8. Umfassende und vereinfachende Wissenschaft

Die Einbeziehung subjektiver Erfahrungen in die dem Wissenschaftler erkennbare Realität (die wir als das Bedürfnis definiert haben, die ganze Wirklichkeit und nicht nur den mit anderen geteilten, öffentlichen Teil derselben zu erkennen) hat mindestens zwei Konsequenzen. Die eine besteht in der deutlichen Unterscheidung zwischen der Unmittelbarkeit des Erfahrungswissens und der Distanz des Wissens, das ich als »Beobachtungswissen« bezeichnet habe. Die andere Konsequenz ist die Vorstellung, daß die wissenschaftliche Arbeit zwei Richtungen oder Pole oder Ziele besitzt: Einmal geht es ihr um größte Vereinfachung und Verdichtung, und zum anderen ist ihr Ziel, möglichst alles zu umfassen und miteinzubeziehen.

Wenn es eine Erste Grundregel für die Wissenschaft gibt, so besteht diese meiner Meinung nach darin, daß man der gesamten Wirklichkeit, allem, was existiert, allem, was geschieht, einen Platz einräumen sollte, um es zu beschreiben. Vor allem anderen muß die Wissenschaft alles einbeziehen und all-umfassend sein. Sie muß selbst das in ihren Zuständigkeitsbereich aufnehmen, was sie nicht zu verstehen oder zu erklären vermag, das, wofür keine Theorie existiert, was man nicht messen, voraussagen, kontrollieren oder einordnen kann. Sie muß selbst das Widersprüchliche und Unlogische, das Mysteriöse, Vage, Zweideutige, Archaische, das Unbewußte und all die anderen Aspekte unseres Lebens akzeptieren, die schwer mitzuteilen sind. In ihrer besten Ausprägung ist sie für alles aufgeschlossen und schließt nichts aus; sie hat keine »Zulassungsbedingungen«.

Außerdem schließt sie alle Ebenen und Stufen des Wissens ein, auch das Unvollständige. Auch das Wissen hat seine Embryologie, es kann sich nicht auf seine erwachsenen und endgültigen Formen allein beschränken. Wissen von nur geringer Verläßlichkeit ist auch ein Bestandteil des Wissens. An diesem Punkt möchte ich jedoch vor allem die subjektiven Erfahrungen in diesen allumfassenden Bereich des Seins miteinbeziehen und dann gewisse radikale Konsequenzen daraus ziehen.

Ein derartiges Wissen ist natürlich leicht weniger zuverlässig, weniger mitteilbar, weniger meßbar und so weiter. Und natürlich geht die legitime Tendenz der Wissenschaft in Richtung auf mehr Allgemeingültigkeit und größere »Objektivität«. In dieser Richtung liegt die gemeinsame Überzeugung von der Richtigkeit, die wir alle suchen und genießen. Und im allgemeinen ist das auch die Richtung, in der am wahrscheinlichsten technische Fortschritte zu erreichen sind. Wenn ich nur einen äußeren Indikator zum Beispiel für Glück oder Angst oder einen Lackmuspapier-Test für das Subjektive entdecken könnte, wie glücklich wäre ich. Aber Glück und Angst existieren nun einmal, auch wenn es derartige objektive Tests dafür nicht gibt. Ihre Existenz leugnen zu wollen, kommt mir so töricht vor, daß ich mir nicht die Mühe machen möchte, darüber zu argumentieren. Jeder, der mir sagt, meine Emotionen und Wünsche existierten in Wirklichkeit gar nicht, sagt mir damit eigentlich, daß ich selbst nicht existiere.

Wenn der Durchbruch erst einmal vollzogen ist und Erfahrungsdaten als Bestandteil des Wissens und daher auch der (umfassend definierten) Wissenschaft anerkannt sind, sehen wir uns mit vielen tatsächlichen Problemen, Schwierigkeiten und Paradoxien konfrontiert. Einmal hat es den Anschein, daß wir philosophisch und wissenschaftlich mit der Erfahrung beginnen müssen. Für jeden von uns sind gerade gewisse subjektive Erfahrungen die sichersten, unbezweifelbarsten und am wenigsten fragwürdigen. Besonders trifft das zu, wenn ich schizophren bin. Dann können meine subjektiven Erfahrungen für mich zur einzig verläßlichen Realität werden. Aber ebenso wie der Schizophrene mit seiner subjektiven Welt allein nicht zufrieden ist und verzweifelte Anstrengungen unternimmt, zur Außenwelt durchzudringen, so versuchen wir ja alle von Geburt an, die außerpsychische Welt der »Realität« kennenzulernen und in ihr zu leben. Wir *müssen* sie auf allen Bedeutungsebenen des Wortes »kennenlernen«. Die innerpsychische Welt ist großenteils zu fluktuierend, zu veränderlich; sie bleibt nicht stehen. Allzuoft wissen wir nicht, was wir von ihr zu erwarten haben. Und natürlich wird sie von Vorkommnissen »außerhalb« beeinflußt.

Nicht nur die Welt der Natur, auch die gesellschaftliche Welt lockt uns heraus aus unserer privaten inneren Welt. Von Anfang an hängen wir an der Mutter, genau wie sie an uns hängt, und schon hier beginnt sich eine Art Wirklichkeit außerhalb des Ichs zu formen. So fangen wir an zu unterscheiden zwischen unseren subjektiven Erfahrungen, die wir mit anderen teilen, und denen, von denen wir entdecken, daß sie auf besondere Weise unsere eigenen sind. Und diese unsere Welt korreliert mit den gemeinsamen Erfahrungen, die wir schließlich als äußere Wirklichkeit bezeichnen lernen, eine Welt voller Ereignisse und Gegenstände, auf die wir beide, du und ich, hinweisen können, das heißt, die in dir und in mir gleichzeitig ähnliche Erfahrungen hervorrufen. Wir entdecken, daß diese Welt in verschiedenem Sinn unabhängig von unseren Wünschen und Befürchtungen und unabhängig davon, ob wir sie beachten oder nicht, existiert.

Wissenschaft oder Wissen ganz allgemein ist anzusehen als Kodifizierung, Klärung, Strukturierung und Organisierung aller dieser gemeinsamen Erfahrungen. Sie setzt uns in den Stand, sie zu erfassen und zu begreifen, indem sie sie in Zusammenhang bringt und vereinfacht. Diese monistische Tendenz, diesen Drang nach Einfachheit und Ökonomie, dieses Streben, eine einzige abschließende Formel aus einer Menge kleiner zu bilden, hat man schließlich mit Wissenschaft und Wissen gleichgesetzt.

Für die meisten Menschen besteht das Fernziel der Wissenschaft, ihr Endzweck und daher ihr ideales und eigentliches Wesen immer noch in ihren umfassenden »Gesetzen«, in eleganten und »einfachen« mathematischen Formeln, in reinen und abstrakten Begriffen und Modellen, in letzten und nicht mehr reduzierbaren Elementen und Variablen. Und so sind diese letzten Abstraktionen für diese Leute zur realsten Realität geworden. Diese Realität liegt *hinter* den Erscheinungen, und man schließt mehr auf sie, als daß man sie wahrnimmt. Die Pläne sind realer als die Gebäude, die Landkarten sind realer als das betreffende Gebiet.

Was ich hier einwerfen möchte, ist, daß dies nur die eine Richtung ist, in der die Wissenschaft sich entwickeln kann, eine Grenze, der sie zustrebt. Eine andere Richtung strebt danach, alles einzubeziehen, strebt nach Allheit und nach Akzeptierung aller konkreten Erfahrung, allen So-seins und nach dem ästhetischen Beigeschmack des vollen Reichtums eines jeden Dinges, ohne abstrahieren zu müssen. Ich möchte auch die Reduktion auf das Konkrete oder die Reduktion auf das Abstrakte vermeiden[1]. Zugleich möchte ich noch einmal daran erinnern, daß bei jeder Abstraktion etwas von der konkreten, erfahrbaren Realität verlorengeht. Und mit gleichem Nachdruck möchte ich daran erinnern, daß Abstraktionen notwendig sind, wenn wir eine totale Geistesverwirrung vermeiden und in der Welt leben wollen. Der Ausweg aus diesem Dilemma, den ich für mich selbst ausgearbeitet und probat gefunden habe, ist der, daß ich weiß, wann ich abstrahiere und wann ich konkretisiere, daß ich zu beidem in der Lage bin, daß mir beides Freude macht und daß ich die Vorteile und Nachteile von beidem kenne. Mit WHITEHEAD können wir auf diese Weise »die Einfachheit suchen und ihr mißtrauen«.

Erlebnisdaten als wissenschaftliche Daten anerkennen verursacht Probleme. Aber viele Probleme verschwinden auch, wenn man beide Welten anerkennt. Auf der einen Seite haben wir die traditionelle wissenschaftliche Welt, welche unsere vielfältigen Erfahrungen vereinheitlicht und organisiert, welche nach Einfachheit, Ökonomie, Sparsamkeit, Prägnanz und Einheit strebt. Auf der anderen Seite erkennen wir auch die Welt unserer subjektiven Erfahrungen an und geben zu, daß auch diese existieren, daß sie einen Teil der Wirklichkeit bilden, daß sie unser Interesse verdienen und daß sogar eine gewisse Möglichkeit besteht, sie zu verstehen und zu organisieren (und das ganz abgesehen von der Ersten Regel der Wissenschaft, die lautet, alles, was existiert, als real anzuerkennen und keinerlei Realität zu leugnen, selbst dann nicht, wenn wir sie nicht zu verstehen oder zu erklären oder anderen mitzuteilen vermögen).

Die Wissenschaft besitzt demnach zwei Richtungen oder Aufgaben und nicht nur eine einzige. Sie strebt nach Abstraktheit (Einheit, Sparsamkeit, Ökonomie, Einfachheit, Integration, Gesetzmäßigkeit und »Greifbarkeit«). Aber sie strebt zugleich danach, umfassend zu sein, sie möchte alles erfahren und alle diese Erfahrungen beschreiben, alles anerkennen, was existiert. In diesem Sinne können wir auch von den beiden Arten von Realität sprechen, von der so viele, zum Beispiel NORTHROP (1946), gesprochen haben[2]. Die Welt der Erfahrung existiert und umfaßt sämtliche Erfahrungen, das heißt die empirisch, phänomenologisch oder ästhetisch erfahrene Welt. Die andere Welt, die Welt der Physiker, Mathematiker und Chemiker, die Welt der Abstraktionen, der »Gesetze« und Formeln, der Systeme von Postulaten, ist eine Welt, die nicht unmittelbar erfahren wird, sondern vielmehr sich auf die Erfahrungswelt *gründet*, von ihr abgeleitet wird und auf die Bemühung hinausläuft, diese zu begreifen und ihren Sinn zu ergründen, hinter ihre Widersprüche zu blicken, sie zu ordnen und zu strukturieren.

Ist die abstrakte Welt des Physikers »realer« als die Welt des Phänomenologen? Weshalb sollten wir das annehmen? Jedenfalls ist das Gegenteil dieser Behauptung leichter zu vertreten. Was hier und jetzt existiert und was wir tatsächlich erfahren, ist ganz gewiß von einer unmittelbareren Realität als die Formel, das Symbol, das Zeichen, der Plan, das Wort, der Name, das Schema, das Modell, die Gleichung usw. Was hier und jetzt existiert, ist im selben Sinne realer als seine Ursprünge, seine mutmaßlichen Bestandteile oder Ursachen oder Vorläufer, es ist erfahrbar realer als alles, worauf es reduziert werden kann. Mindestens müssen wir die Definition der Realität ablehnen, wonach sie *nur* aus Abstraktionen der Wissenschaft bestünde.

Empirische und abstrakte Theorien

Dieses Kontinuum vom Umfassenden zum Einfachen kann uns zu einem besseren Verständnis des wichtigen Unterschiedes zwischen »empirischen Theorien« und »konstruierten« oder »abstrakten Theorien« verhelfen. In ersteren kommt das Bemühen der Wissenschaft, umfassend zu sein, zum Ausdruck (während sie gleichzeitig die Vielfalt der Erscheinungen organisiert und klassifiziert, um sie für die beschränkten menschlichen Wesen faßbarer zu machen). Es handelt sich dabei im wesentlichen mehr um das Bemühen, die Tatsachen zu ordnen, als sie zu erklären. Das klassische Beispiel hierfür ist das LINNÉsche System. Auch das ursprüngliche FREUDsche System ist meiner Meinung nach eine solche »empirische Theorie«. Sie scheint mir in erster Linie eine Taxonomie zu sein, man könnte fast sagen ein Ablagesystem, in welchem alle klinischen Entdeckungen unterzubringen sind.

Das abstrakte (oder konstruierte) System wird weit mehr durch seine Systemeigenschaften als durch seine Tatsachentreue bestimmt, wie dies bei der empirischen Theorie der Fall ist. Im Prinzip braucht es mit Tatsachen überhaupt nichts zu tun zu haben; es kann eine willkürliche Konstruktion sein, wie zum Beispiel die nichteuklidischen Geometrien. Eine in diesem Sinne gute Theorie ist in erster Linie mit der Beweisführung eines guten Mathematikers zu vergleichen. Sie ist möglichst prägnant und bewegt sich im Idealfall auf eine einzige Gleichung zu. Wie ein gutes logisches System gehorcht sie den Regeln, die sie sich selbst gegeben hat. Sie kann »nützlich« sein oder auch nicht, aber sie muß es nicht sein. Diese Art der »reinen« Theorie war oft vor der entsprechenden Tatsache da, wie ein für eine nichtexistente Phantasie-Spezies spielerisch entworfener Anzug, der sich dann später vielleicht für einen ganz anderen, unvorhergesehenen Zweck als brauchbar erwies, oder wie eine neue chemische Verbindung, die um ihrer selbst willen synthetisiert wurde und für die man dann anschließend Verwendungszwecke suchte und vielleicht auch fand. (»Ich habe ein Heilmittel entdeckt, aber ich weiß noch nicht für welche Krankheit.«)

Eine gute empirische Theorie kann eine schlampige abstrakte Theorie sein, voller Widersprüche in sich, kompliziert, inkohärent, mit sich überschneidenden (anstatt sich gegenseitig ausschließenden) Kategorien und mit unklaren, mehrdeutigen Definitionen. Es kommt ihr vor allem darauf an, alle Tatsachen, die irgendwie in ihren Zuständigkeitsbereich gehören, zu erfassen, selbst wenn das zur Schlampigkeit führt.

Eine gute abstrakte Theorie legt dagegen mehr Wert auf die wissenschaftliche Funktion der Vereinfachung und Sauberkeit.

Mit anderen Worten finden wir auch hier auf dem Gebiet der Theoriebildung die zweifache Aufgabe der Wissenschaft exemplifiziert. Auf der einen Seite muß sie beschreiben und die Dinge, »wie sie sind«, die wirkliche Welt, wie sie ist, verständlich oder nicht verständlich, sinnvoll oder nicht sinnvoll, erklärbar oder nicht erklärbar, anerkennen. Tatsachen müssen den Vorrang haben vor Theorien. Auf der anderen Seite strebt die Wissenschaft ständig nach Einfachheit, Einheit und Eleganz, nach dem Gedrängten, Prägnanten, nach abstrakten Formeln, um damit das Wesen der Wirklichkeit, ihre Skelettstruktur, das Letzte, worauf sie reduzierbar ist, zu beschreiben[3]. Letzten Endes tut die gute Theorie beides, oder sie versucht es doch wenigstens. Oder genauer gesagt, der gute *Theoretiker* tut beides und findet seine Befriedigung in beiden Arten des Erfolges, besonders wenn er sie gleichzeitig verbuchen kann.

Eine jede wissenschaftliche Theorie besitzt nicht nur spezielle System-Eigenschaften, welche die Merkmale einer »guten Theorie« sind, sondern auch empirische Determinanten. Das heißt, sie versucht sowohl eine gute Theorie zu sein als auch wahrheitsgetreu zu sein als Beschreibung und Organisation dessen, was existiert. Sie ist gewissenhaft gegenüber der Natur der Wirklichkeit und versucht, sie faßbarer zu machen, und dies im wesentlichen durch Vereinfachen und Abstrahieren.

Würde die zweifache Natur einer jeden wissenschaftlichen Theorie voll anerkannt, so hätten wir weit weniger Schwierigkeiten mit unfertigen empirischen Theorien wie der Psychoanalyse. Das FREUDsche System ist in erster Linie eine Beschreibung zahlreicher Erfahrungen. Es ist von einer »formalen« oder eleganten Theorie weit entfernt. Aber daß es nicht »formal« oder »hypothetisch-deduktiv« ist, ist von geringerem Belang als die Tatsache, daß es eine Menge klinischer Erfahrungen systematisch und korrekt beschreibt. Man sollte doch zunächst fragen, wie genau und erfahrungsgetreu eine Theorie ist, und nicht, wie elegant und abstrakt sie sich ausnimmt. Die meisten qualifizierten Personen – das heißt die mit genügend Erfahrung und Training – dürften mir wohl darin beipflichten, daß FREUDs klinische Beschreibungen größtenteils mit der Wirklichkeit übereinstimmen, das heißt, daß seine Sammlung von »Fakten« weitgehend wahr ist. Dies trifft zu, auch wenn man über gewisse spezifische Versuche, die er unternommen hat, im Großen zu theoretisieren und ein »System« zu konstruieren, streiten oder sie ablehnen kann.

Die erste Pflicht des Wissenschaftlers ist demnach, Tatsachen zu beschreiben. Falls diese mit der Forderung nach einem »guten System« in Konflikt geraten, dann weg mit dem System! Das Systematisieren und Theoretisieren muß hinter den Tatsachen zurückstehen. Um uns aber nicht den Kopf darüber zerbrechen zu müssen, was eine Tatsache ist, wollen wir lieber sagen, daß die erste Aufgabe des Wissenschaftlers ist, das, was existiert, wirklich selbst zu erfahren. Es ist erstaunlich, wie oft diese Binsenwahrheit übersehen wird.

Systemeigenschaften

Viel Verwirrung in der Welt der Wissenschaft könnte vermieden werden, wenn man sich klarmachte, daß »Systemeigenschaften«, das heißt Eigenschaften von theoretischen, abstrakten Denkstrukturen, nur der vereinfachenden Richtung des wissenschaftlichen Denkens zugehörig sind. Sie beziehen sich nicht auf die alles umfassende Welt der Erfahrung, in der die einzige wissenschaftliche Forderung darin besteht, das, was existiert, anzuerkennen. Ob diese Erfahrung sinnvoll ist oder nicht, mysteriös oder nicht, unlogisch oder widerspruchsvoll, spielt in der Welt der Erfahrung einfach keine Rolle. Auch ist es nicht erforderlich, daß die Erfahrung strukturiert, organisiert, gemessen, gewogen oder in irgendeiner Weise auf andere Erfahrungen ausgerichtet ist. Die ideale Einstellung ist im Gegenteil das unschuldige, völlig konzentrierte Erfahren der Besonderheit der jeweiligen Erfahrung. Jeder andere Prozeß oder jede andere Tätigkeit kann die volle Realität der Erfahrung nur beeinträchtigen und bedeutet daher eine Art Einmischung in die Wahrnehmung dieser Art von Wahrheit.

Das ideale Modell eines theoretischen oder abstrakten Systems ist ein mathematisches oder logisches System wie EUKLIDS Geometrie oder die für unseren Zweck besser geeignete LOBATSCHEWSKISCHE Geometrie oder eine der anderen nichteuklidischen Geometrien, weil sie von der Wirklichkeit, das heißt von Nicht-System-Determinanten unabhängiger sind. Hier können wir abseits von Wahrheit, Wirklichkeit und Veridikalität von einer Theorie als einer »guten« Theorie sprechen, weil sie ohne innere Widersprüche alles umfaßt, sparsam, ökonomisch, gedrängt und »elegant« ist. Je abstrakter eine solche Theorie ist, um so besser ist sie. Jede Variable oder jeder ablösbare Aspekt der Theorie trägt einen bestimmten Namen und nur eben diesen Namen, und sonst nichts hat diesen Namen. Außerdem kann man sie definieren. Man kann genau sagen, was sie ist und was sie nicht ist. Vollkommen ist sie dann, wenn in diesem System auf möglichst abstrakte Weise alles mit einer einzigen Formel erfaßt wird. Jede Behauptung oder Formel oder Gleichung hat eine einzige Bedeutung und kann keine andere haben (im Gegensatz zu einer Redewendung oder einem Gemälde), und sie vermittelt jedem, der sie sich ansieht, genau diese Bedeutung und keine andere. Offensichtlich ist die gute Theorie eine Verallgemeinerung. Das heißt, sie stellt einen Weg dar, riesige Mengen separater Beispiele, ja sogar eine unendlich große Anzahl davon, zu klassifizieren, zu organisieren, zu strukturieren und zu vereinfachen. Sie bezieht sich nicht auf eine spezielle Erfahrung oder auf ein Einzelding oder -objekt, sondern auf Kategorien oder Arten von Dingen oder Erfahrungen.

Das kann ein Spiel für sich sein, und oft genug hat man eine intellektuelle Übung daraus gemacht, die mit der Wirklichkeit nicht das geringste zu tun hatte. Man könnte eine Theorie aufstellen über eine bestimmte Klasse von Gegenständen oder Ereignissen oder über eine imaginäre Welt und dabei von völlig willkürlichen Definitionen ausgehen und mit völlig willkürlichen Operationen weitermachen und dann zu dem Spiel übergehen, daraus Schlüsse zu ziehen. In diese Art von System gehören viele unserer »wissenschaftlichen« Wörter und Begriffe. »Definition« und speziell »exakte oder rigorose Definition« gehört in die Welt der Abstraktionen, das heißt, sie ist eine Systemeigenschaft. Für ein erfahrenes So-sein ist sie völlig irrelevant. Sie ist einfach nicht darauf anwendbar. Die Erfahrung der roten Farbe oder des Schmerzes ist selbst ihre eigene Definition, das heißt ihre eigene empfundene Eigenschaft oder ihr So-sein. Es ist, was es ist. Es ist es selbst. Und so ist jeder Klassifizierungsprozeß stets eine Bezugnahme auf etwas, was über das So-sein einer Erfahrung hinausgeht. Das gilt tatsächlich für jeden beliebigen Abstrahierungsprozeß, der seiner Definition nach einen Einschnitt in das So-sein einer Erfahrung darstellt, der einen Teil davon herausnimmt und den Rest wegwirft. Im Gegensatz dazu nimmt eine vollkommen ausgekostete Erfahrung nichts weg, sondern alles herein.

Das gleiche gilt auch für die Begriffe »Gesetz« und »Ordnung« – die ebenfalls Systemeigenschaften sind, ebenso wie für »Voraussage« und »Kontrolle«. Jede »Reduktion« ist ein Geschehen innerhalb eines theoretischen Systems.

Erfahren und Rubrizieren

Meine Frau ist Künstlerin und ärgert sich, wenn ich als Wissenschaftler unbedingt klassifizieren will, und daraus habe ich schon vor langer Zeit einiges gelernt. So habe ich beispielsweise in unseren Unterhaltungen wie aus einer Art Tick heraus immer wieder nach dem Namen eines Vogels oder einer Blume oder eines Baumes gefragt, die mir gerade besonders gut gefielen. Es war, als ob ich mich mit der Bewunderung und dem Genuß daran nicht begnügte, sondern auch intellektuell daran beteiligt wäre. Und oft ersetzt oder verdrängt dieses »intellektuelle Etwas« ganz die genießende und kontemplative Freude an »dem, wie die Dinge sind«. Ich bezeichne diesen Klassifizierungsprozeß anstelle der realen Wahrnehmung und der wirklichen Erfahrung als »Rubrizieren« (MASLOW, 1954), worunter ich die Pathologisierung des »normalen« oder »gesunden« Bemühens verstehe, eine wirklich erfahrene Welt zu organisieren und zu vereinheitlichen.

Vielleicht kann auch der Leser von meinen Fehlern profitieren. Ich habe mich manchmal auch in einer Kunstgalerie beim »Rubrizieren« ertappt, wenn ich zuerst auf das Namensschildchen schaute und dann erst auf das Bild, und auch hier nicht wirklich wahrgenommen, sondern klassifiziert habe, indem ich zum Beispiel sagte: »O ja, ein Renoir! Recht typisch, nichts Ungewohntes oder Überraschendes, leicht zu erkennen, nichts Auffallendes, nicht nötig, sich intensiver damit zu beschäftigen (da ich ihn ja schon kenne), nichts Neues – was gibt es sonst noch hier zu sehen?« Und einmal, als ich mir das erstemal eine besonders schöne Zeichnung auch wirklich ansah und mich daran freute, war ich überrascht, als ich später feststellte, daß sie von GAINSBOROUGH stammte – ausgerechnet von diesem altmodischen GAINSBOROUGH! Ich glaube, wenn ich zuerst auf den Namen geblickt hätte, hätte ich die Zeichnung vielleicht gar nicht richtig gesehen; ich hätte sie a priori klassifiziert und in die Registratur eingeordnet, die ich in meinem Kopf mit mir herumtrug und in der es bereits entschieden war, daß mir GAINSBOROUGH nicht gefällt und daß es mir nicht der Mühe wert ist, ihn mir anzusehen.

Ich habe auch anläßlich einer unvergeßlichen Erleuchtung erfahren, daß ein Rotkehlchen oder ein Eichelhäher etwas Herrliches und Wunderbares ist wie alle Vögel. Selbst die gewöhnlichen Vögel sind genauso schön wie die seltenen. Das Urteil »gewöhnlich« liegt außerhalb der eigentlichen Erfahrung und hat mit dem Wesen dieser Erfahrung nichts zu tun. Ein solches Urteil kann dazu führen, daß man eine Erfahrung kurzerhand abtut und ihr keine Aufmerksamkeit schenkt; das heißt, man kann sich damit selbst blind machen. Jeder Sonnenuntergang, jede Eiche, jeder Säugling und jedes hübsche Mädchen ist ein phantastisches, unglaubliches, unvergleichliches Wunder, wenn man es zum ersten Mal sieht oder wenn man es so sieht, *als ob* es das erste Mal (oder das letzte Mal) wäre, so wie es jeder gute Künstler oder jeder, der zu erfahren versteht, sieht. Diese frische, nicht vertraute Erfahrung wird jedermann leichtfallen, wenn er gescheit genug ist sich klarzumachen, daß es mehr Spaß macht, in einer Welt der Wunder zu leben als in einer Welt der Aktenschränke, und daß auch ein vertrautes Wunder noch ein Wunder bleibt.

Die sich daraus ergebende (und zu beherzigende) Moral für den Laien wie für den Wissenschaftler lautet, daß das Nicht-voll-Erfahren eine Form der Blindheit ist, die keiner sich leisten kann, der ein Wissenschaftler werden möchte. Nicht nur beraubt ihn ein solches Verhalten vieler Freuden der Wissenschaft, es droht ihn auch zu einem schlechten Wissenschaftler zu machen.

Ein weiterer Segen, der mir aus meiner Einsicht in meine Rubriziererei erwuchs, war, daß ich das »Erfahren« nicht mehr zum »Organisieren – Integrieren« in Gegensatz zu setzen brauchte und ebenso wenig die ästhetische zur wissenschaftlichen Methode. Ich lernte, daß »wissenschaftliches Wissen« tatsächlich mein Erfahren bereichert, anstatt es zu beeinträchtigen, wenn ich es nur nicht als Ersatz für die Erfahrung benutzte. Wer gut unterrichtet seine Erfahrungen macht, hat oft mehr Freude daran als einer, der es ohne entsprechende Kenntnisse tut, wenn ersterer sich nur zu der Formel bekennt: »Erst sehen und dann wissen«. Wir können jetzt noch hinzufügen: »...und dann noch einmal hinsehen«, und wir werden sehen, wieviel besser dann unser Erkennen wird, wieviel erfreulicher, wieviel reicher, wieviel geheimnisvoller und ehrfurchteinflößend.

Glücklicherweise ist die »wirkliche Erfahrung« oft so genußreich, ja begeisternd, wenn sie holistisch genug, das heißt kosmisch und mystisch genug ist. Sie ist oft »genußreich«, selbst wenn sie schmerzlich und traurig ist. Jedenfalls ist sie meist genußreicher als das bloße Rubrizieren. Rubrizieren, das heißt Nichterfahrenes hin- und herschieben, klassifizieren und registrieren, ist eine armselige, blutlose Tätigkeit, die einen kaum glücklich und froh macht außer ganz unten in der Hierarchie der Freuden. Bestenfalls bringt es eine Art »Erleichterung« anstelle privater Freude. Wenn man sich dieser Art des »Wissens« verschreibt, ist man auf dem Wege, nicht nur blind, sondern auch unglücklich zu werden.

Anmerkungen

1 »...Die Wissenschaft sollte sich energisch gegen alles wehren, was ihren Bereich einschränkt oder was die Methoden oder Perspektiven ihres Strebens nach Wissen willkürlich einengt.
So Wertvolles der Behaviorismus auch geleistet hat, werden sich meines Erachtens doch mit der Zeit die leidigen Auswirkungen der Beschränkungen, die er uns auferlegt hat, zeigen. Sich auf die Betrachtung von äußerlich wahrnehmbaren Verhaltensweisen beschränken und die Betrachtung des ganzen Universums innerer Bedeutungen und Ziele, des inneren Erfahrungsstromes auszuschließen, heißt meiner Ansicht nach die Augen vor großen Bereichen schließen, mit denen wir konfrontiert sind, wenn wir die humane Welt betrachten...
Im Gegensatz dazu wird die Richtung, von der ich spreche, versuchen, *alle* Realitäten des psychologischen Bereichs einzubeziehen. Anstatt restriktiv und hemmend zu sein, wird sie den ganzen Bereich menschlicher Erfahrungen der wissenschaftlichen Forschung zugänglich machen.« (ROGERS, in: Journal of Humanistic Psychology, 1963, 80).
2 Aus verschiedenen Schriften NORTHROPS lassen sich zwei Gruppen von Formulierungen der beiden Arten des Wissens oder der Realität zusammenstellen. Einerseits postulierende Begriffe: die theoretische Komponente der Dinge, das theoretische Kontinuum, das theoretisch Erkannte, das wissenschaftlich Erkannte, das Hergeleitete, das theoretisch Hergeleitete, abgeleitete Tatsachen. Diesen Begriffen gegenübergestellt sind durch Betrachtung oder Intuition gewonnene Begriffe: die ästhetische Komponente der Dinge, das ästhetische Kontinuum, das rein tatsächlich Gegebene, flüchtige Sinneseindrücke, das empirisch Erkannte, das impressionistisch Erkannte, das unmittelbar Wahrgenommene, die empirisch unmittelbar wahrgenommene reine Tatsache, die rein empirische, unmittelbar erfahrene, reine Beobachtung, die sinnlichen Eigenschaften.
3 Sie erstrebt Landkarten, Schaubilder, Formeln, Schemata, Gleichungen, Diagramme, Lichtpausen, abstrakte Kunst, Röntgenbilder, Umrisse, gedrängte Darstellungen, kurze Übersichten, Zusammenfassungen, Symbole, Zeichen, Karikaturen, Skizzen, Modelle, Skelette, Pläne, Tabellen und Rezepte.

9. Bedeutung im Sinne des So-seins und abstrakte Bedeutung

Was mein eigenes Denken betrifft, so führten meine oben erwähnten Erwägungen dazu, daß ich mir über den Begriff »Bedeutung« klar wurde. Im allgemeinen sind wir – die Intellektuellen, die Philosophen, die Wissenschaftler – der Ansicht, daß »Bedeutung« integriert, koordiniert, klassifiziert und das Chaos, das Mannigfaltige und das bedeutungslos Viele organisiert. Es handelt sich um eine gestaltende, holistische Aktivität, um die Schaffung eines Ganzen. Dieses Ganze und seine Teile gewinnen damit eine Bedeutung, welche die Teile zuvor nicht besaßen. »Die Erfahrung zu bedeutungsvollen Modellen organisieren« impliziert, daß die Erfahrung an sich nicht bedeutsam ist, daß vielmehr der Organisierende die Bedeutung erst schafft oder den Dingen unterlegt oder verleiht, daß dieses Verleihen von Bedeutung ein aktiver und kein rezeptiver Prozeß ist, daß es sich um ein Geschenk des Erkennenden an das Erkannte handelt.

Mit anderen Worten gehört der Begriff des Bedeutungsgehaltes eher in den Bereich der Klassifizierung und Abstrahierung als in den Bereich der Erfahrung. Es handelt sich dabei um einen Aspekt des ökonomischen, auf Vereinfachung ausgehenden Wissens und der Wissenschaft in diesem Sinne und nicht um einen solchen des allesbeschreibenden, allumfassenden Wissens und einer dementsprechenden Wissenschaft. Häufig habe ich auch das Gefühl, daß es sich dabei um »etwas vom Menschen Geschaffenes« handelt, das heißt, daß vieles davon mit dem Menschen verschwinden würde. Und das wiederum führt mich dazu, den »vom Menschen geschaffenen Bedeutungsgehalt« mit der darin liegenden Konsequenz gleichzusetzen, daß die Dinge (die Realität, die Natur, der Kosmos) keinen inhärenten, ihnen selbst innewohnenden Bedeutungsgehalt besitzen und diesen erst verliehen bekommen müssen – und daß ein Gott das tun muß, falls der Mensch nicht dazu imstande ist.

Man kann dieser im letzten Grunde mechanistischen Weltauffassung auf zweierlei Weise begegnen. Einmal kann man sich so verhalten, wie das viele zeitgenössische Künstler, Komponisten, Drehbuchautoren, Dichter, Dramatiker und Romanschreiber (einschließlich gewisser Philosophen) getan haben; man kann sich mit übertriebenem Enthusiasmus zu dieser Auffassung bekennen, nachdem man sich zunächst davon abgestoßen und deprimiert gefühlt hatte, und kann von der letztlichen Absurdität und Bedeutungslosigkeit des Lebens reden; man kann es dem Zufall überlassen, wie und was man malt, schreibt oder komponiert, um den Bedeutungsgehalt der Dinge gleichsam aufzulösen, so als ob es sich *nur* um ein Klischee handelte, und man kann von der »Unbestimmtheit und Willkür einer jeden menschlichen Entscheidung« reden usw.[1] Für diese Leute erfolgt die Bedeutungsgebung letzten Endes gleichsam durch ein »es werde«, und dabei handelt es sich um einen willkürlichen Beschluß, der nicht aufgrund eines Prinzips oder aus einer Notwendigkeit heraus erfolgt, sondern aufgrund eines nicht voraussagbaren und okkasionalistischen Willensaktes. Das Leben wird so zu einer Reihe von »Happenings«, die an sich bedeutungslos und ohne eigenen inneren Wert sind. Ein solcher Mensch kann leicht zum totalen Skeptiker, Nihilisten und Relativisten werden und sich rein von seinen Impulsen treiben lassen, ohne sich zu überlegen, was richtig oder falsch, besser oder schlechter wäre. Mit anderen Worten, er wird zu einem Menschen ohne Wertbegriffe. Wenn der Lebenssaft in seinen Adern nicht kräftig pulsiert, wird er den Kopf hängen lassen und von Verzweiflung, Angst und Selbstmord reden. Es ist, als ob er sagte: »O. K., ich muß es hinnehmen. Das Leben hat keinen Sinn. Ich muß mich ganz und gar auf meine eigenen willkürlichen Entscheidungen verlassen. Ich darf nichts glauben und *an* nichts glauben als an diese blinden Wünsche, Launen und Impulse, für die es keine Rechtfertigung gibt und die völlig belanglos sind.« Natürlich ist das die extremste Form dieser Haltung, die mir begegnet ist, aber es handelt sich um die logische Konsequenz einer solchen Einstellung.

Aber man kann diese Entwicklung auch ganz anders sehen, nämlich als einen Bestandteil des *Zeitgeistes*, als einen Aspekt des jahrhundertealten Aufbegehrens gegen die großen abstrakten »Systeme« der Religion, der Wirtschaftslehre, der Philosophie, der Politik und selbst der Wissenschaft, die sich so weit von den realen menschlichen Bedürfnissen und Erfahrungen entfernt hatten, daß sie sich weitgehend unaufrichtig oder wie Rationalisierungen ausnahmen und es tatsächlich oft auch waren. Es dürfte darin eine Einstellung zum Ausdruck kommen, wie wir sie bei DOSTOJEWSKI und bei NIETZSCHE finden: »Wenn Gott tot ist, ist alles erlaubt.« Aus einem anderen Blickwinkel kann man darin auch eine Folge der gesamten traditionellen, extrahumanen Wertsysteme sehen, die nur einen Ausweg übriggelassen haben – den Weg zurück ins Selbst und zurück zur eigenen Erfahrung. Irgendwie zeugt es von unserem Bedürfnis nach einem Sinn und von der Verzweiflung, die uns befällt, wenn wir glauben, daß ein solcher Sinn nicht vorhanden sei.

In einem positiven Sinn können wir es als Rückkehr zur reinen Erfahrung bezeichnen, die der Anfang allen Denkens ist und zu der wir immer dann zurückkehren, wenn uns die Abstraktionen und Systeme im Stich lassen. Wir merken dann deutlicher, daß die letzte Bedeutung vieler Dinge ganz einfach in ihrem bloßen Dasein zu suchen ist. In der ganzen Geschichte der Menschheit haben viele, die sich gezwungen sahen zu zweifeln, versucht, wieder naiv zu werden, zu den Anfängen zurückzukehren, alles auf einer solideren und sichereren Basis neu zu überdenken, sich in Zeiten der Unruhe zu fragen, ob es etwas gibt, dessen sie wirklich sicher sein könnten. Es gibt Zeiten im Leben, wo das Zurechtflicken und Ausbessern einem wie eine hoffnungslose Aufgabe vorkommt und wo es leichter ist, das ganze Gebäude von Grund auf niederzureißen, um es von Grund auf neu zu errichten.

Fügen wir noch die allgemein menschliche Versuchung zum Dichotomisieren hinzu, sich für die eine *oder* die andere Seite zu entscheiden – und daher *entweder* die Einzelerfahrung in ihrer Besonderheit zu wählen (und auf jede Abstraktion als den eigentlichen Widersacher zu verzichten) *oder* sich für die Abstraktheit, das Gesetzmäßige und die Integration zu entscheiden (und auf das So-und-nicht-anders-Sein als den Feind der Gesetzmäßigkeit zu verzichten) – dann kann man diese extremen Einstellungen als pathologische Folge der Dichotomisierung erkennen. Man erkennt sie als töricht und unnötig, ja als Folge der kindischen Unfähigkeit, sich integrativ und inklusiv (ALLPORT, 1965 und in: Journal of Personality, 1962) oder synergetisch (MASLOW, 1965 und in: Journal of Individual Psychology, 1964) zu verhalten.

Wie wir bereits sahen, fällt es nicht schwer, die Vorzüge sowohl des So-seins wie der Abstraktion zu akzeptieren und sich daran zu freuen. Tatsächlich erfordert es die volle Gesundheit und Humanität, sich mit beidem auf guten Fuß zu stellen. Ich schlage daher vor, von zwei unterschiedlichen Arten der Bedeutung zu sprechen, die komplementär sind und sich nicht gegenseitig ausschließen. Ich möchte die eine Art als abstrakte Bedeutung und die andere als Bedeutung im Sinne des So-seins bezeichnen und möchte darlegen, daß die eine Art in den Bereich der Klassifizierungen und Abstraktionen und die andere in den Bereich der Erfahrung gehört. Ich ziehe diese Auffassung der anderen, ebenfalls möglichen vor, die meint, der Duft der Rose sei bedeutungslos und sinnlos, weil diese letzteren Worte für die meisten Menschen noch immer abschätzig und normativ sind und daher zu pathogenen Mißverständnissen führen könnten.

Diese beiden Arten des Bedeutungsgehalts erzeugen zwei Kommunikations- und Ausdrucksarten sowohl in der Sprache wie in der Kunst, im Film oder in der Poesie. Und auch diese zeigen uns wieder einmal, daß die Wissenschaft zwei Aufgaben hat. Die eine besteht in der vollen Anerkennung und Akzeptierung und im vollen Auskosten der konkreten, ungeschminkten Erfahrung. Die andere besteht in dem Bemühen, die Erfahrungen miteinander in Verbindung zu bringen, ihre Ähnlichkeiten und Unterschiede herauszufinden, ihre Regelmäßigkeiten und Interrelationen festzustellen, sie zu Systemen zu ordnen, die einfach zu formulieren sind und die damit viele Erfahrungen in eine Formel oder in ein »Gesetz« zusammenfassen können, welches alles einbegreift und für uns erfaßbar ist.

Aber diese beiden Aufgaben oder Ziele stehen miteinander in Interrelation und können nicht ohne Schaden voneinander getrennt werden. Auch können wir uns nicht für die eine unter Ausschluß der anderen entscheiden, weil wir dann eine verkrüppelte »Reduktion auf das Konkrete« und eine verkrüppelte »Reduktion auf das Abstrakte« erzeugen würden.

Zwei Arten der Verständlichkeit und Erklärung

Diese beiden Einstellungen zum Begriff »Bedeutungsgehalt« tragen auch dazu bei, den Sinn von Worten wie »Verstehen«, »Voraussagen« und »Erklären« klarzustellen. Der reine »Wissenschaftler« benutzt diese Worte – unbewußt – auf andere Weise als der ganz und gar intuitive Mensch. Für ersteren beruht ein größeres Verständnis gewöhnlich in einem Schritt auf das Einfache zu und ist geradezu gleichbedeutend damit. Es ist mehr monistisch und strebt nach mehr Einheitlichkeit, nach einer ökonomischen Reduktion des Komplexen und Chaotischen. »Verstehen« und »Erklären« liegen hinter dem Vielfältigen und Mannigfaltigen und helfen es verständlich machen. Sie bringen zum Beispiel Kohlköpfe und Könige in einem beides integrierenden System unter, sie suchen nach einem beides vereinigenden Zusammenhang, anstatt sie beide unvereinigt auf sich beruhen zu lassen und zu betrachten, ohne sich einzumischen.

Für einen solchen Menschen haben sowohl »Erklären« als auch »Verstehen« eine reduktive Wirkung in dem Sinne, daß sie die Anzahl der Variablen verringern, die zu erfassen sind, und auch in dem Sinne, daß die äußere Erscheinung des Mannigfaltigen weniger »real« ist als die einfachere erklärende Theorie, die hinter der Welt der Erscheinungen liegt. Es handelt sich um eine Art Ablehnung des Augenscheins und dient dazu, das Geheimnisvolle zu reduzieren.

Im Extremfall kann für einen solchen Menschen das, was nicht zu erklären ist, nicht wirklich oder wahr sein.

Für den mehr auf die eigene Erfahrung vertrauenden Typ gibt es dagegen noch eine andere Art des Verstehens, die mit der »Bedeutung des So-seins« parallel geht. Etwas verstehen heißt danach, etwas in seinem Eigenwert und seinem eigensten Wesen erfahren. Dieses Erfahren beispielsweise eines anderen Menschen oder eines Bildes kann tiefer, reicher und komplexer werden und trotzdem innerhalb des betreffenden Objektes bleiben, welches man besser zu verstehen versucht. Und so können wir das Verstehen durch Erfahrung von dem integrativen oder abstrakten Verstehen unterscheiden, welches einen aktiven Schritt in Richtung auf Vereinfachung, Ökonomie und Sparsamkeit bedeutet.

Weit entfernt davon, die Erfahrung zu vereinfachen und zusammenzufassen, und weit entfernt davon, ein Diagramm davon anzustreben (oder eine Röntgenaufnahme oder ein Schema oder eine mathematische Beschreibung), begnügt sich das Verstehen aufgrund lebendiger Erfahrung damit, *innerhalb* der Erfahrung zu verweilen, nicht darüber hinauszugehen, sie zu genießen und sie auf diese Weise auszukosten, zu schmecken und zu riechen. Es ist dieselbe Art des Verstehens, wie wir sie beim Bildhauer im Bezug auf seinen Ton oder Stein finden, es ist die Art, wie der Tischler das Holz, die Mutter ihr kleines Kind, der Schwimmer das Wasser oder wie Eheleute sich gegenseitig verstehen. Und letzten Endes ist diese Art des Verstehens dem Nichtbildhauer, dem Nichttischler, der Nichtmutter, dem Nichtschwimmer oder dem Nichtverheirateten nicht möglich, und mögen ihnen auch noch so viele andere Wissensquellen zur Verfügung stehen.

Das Wort »Erklärung«, so wie es von Wissenschaftlern normalerweise gebraucht wird, bedeutet nur Vereinfachung. Es scheint stets über die Erfahrung selbst hinauszuweisen und eine Theorie *darüber* zu präsentieren. Aber manche Künstler und Kritiker benutzen das Wort auch in einer Weise, die sich auf die eigene Erfahrung bezieht. Dies bringt einigen Nutzen, und wir sollten es uns wenigstens bewußt machen. Es geschieht in dem Sinne, daß etwas, das man erfährt, seine Erklärung in sich hat. Was bedeutet ein Blatt, eine Fuge, ein Sonnenuntergang, eine Blume, ein Mensch? Sie tragen ihre Bedeutung in sich, erklären sich selbst und beweisen sich selbst. Viele moderne Maler oder Komponisten und sogar Dichter lehnen die heute veraltete Forderung ab, daß Kunstwerke etwas jenseits ihrer selbst »bedeuten«, daß sie über sich hinausweisen und sich auf etwas außerhalb ihrer selbst beziehen, daß sie eine Botschaft zu erfüllen haben oder daß man sie im üblichen wissenschaftlichen Sinn der Vereinfachung »erklären« kann. Es sind eher in sich selbst beruhende Welten, die man betrachten und nicht durchschauen sollte. Sie sind nicht ein Schritt auf etwas anderes zu und auch keine Stationen auf dem Weg zu einer anderen Endstation. Sie sind keine Zeichen oder Symbole, die für etwas anderes stehen; sie stehen nur für sich selbst. Man kann sie auch nicht »definieren« in dem üblichen Sinne, daß man sie in eine Klasse oder in eine historische Folge oder in irgendeine andere Beziehung zur Welt außerhalb ihrer selbst einordnet. Die meisten Komponisten, viele Maler und sogar gewisse Dichter werden sich weigern, auch nur über ihre Werke zu reden oder sie zu »interpretieren«, sie werden sie höchstens auf eine rein willkürliche Weise kennzeichnen, oder sie werden einfach auf sie hindeuten und sagen: »Schaut!« und »Hört!«[2]

Und nichtsdestoweniger sprechen solche Leute auch tatsächlich davon, daß sie ein Beethoven-Quartett studieren (und das in dem Erfahrungssinn, daß sie sich *hinein*-versenken, daß sie es sich immer wieder vornehmen und es kontemplativ auf sich wirken lassen, daß sie seinen inneren Gehalt sozusagen noch schärfer unters Mikroskop nehmen, anstatt sich *darüber* zu informieren). Und dann sagen sie anschließend, sie hätten jetzt ein tieferes Verständnis dafür. Es gibt eine Schule der Literaturkritik mit ähnlichen Grundsätzen, deren Anhänger sich mehr auf eine gründliche Untersuchung des Werks selbst verlassen als auf seinen soziologischen, historischen, politischen oder ökonomischen Kontext. Diese Leute sind nicht, wie man vielleicht annehmen könnte, vor dem Unaussprechlichen verstummt. Sie haben im Gegenteil viel zu sagen, und sie benutzen tatsächlich auch die Worte »Bedeutung«, »Erklärung«, »Verständnis«, »Interpretation« und »Kommunikation«, wiewohl sie natürlich trotzdem bestrebt sind, streng innerhalb des Erfahrungsbereiches zu bleiben.

Meiner Ansicht nach kann die positive Anwendung solcher Begriffe in der Welt der Kunst auch bei dem Neuaufbau einer Philosophie der Wissenschaft behilflich sein, welche Erfahrungsdaten mit einbezieht, anstatt sie auszuschließen. Die Anhänger dieser Richtung sind mir lieber als jene, die nur von »Sinnlosigkeit« und »Absurdität« anstatt von der besonderen Bedeutung jeder Erfahrung reden, die sich anstelle einer verbalen Kommunikation auf das bloße Hindeuten beschränken, die jedes Bemühen, etwas zu erklären oder zu definieren, weit von sich weisen, die nur zuwarten können, bis ihnen die Erleuchtung kommt, ohne irgendwie nachhelfen zu können, und die sich praktisch darauf beschränken zu sagen: »Wenn ihr's nicht fühlt, ihr werdet's nicht erjagen.«

Die genannte positive Anwendung der Begriffe verspricht meiner Meinung nach einen verfeinerten und einsichtigeren Umgang mit Erfahrungsdaten und eine pragmatischere und fruchtbarere Handhabung derselben. Die Worte »absurd«, »sinnlos«, »unaussprechlich« und »unerklärbar« zeugen von einem Mangel an Mut, denn sie reden von einem Nichts, einer Null, einem Mangel anstatt von etwas Vorhandenem, mit dem man sich wissenschaftlich befassen kann. Die positive Anwendung wird auch durch die Tatsache gerechtfertigt, daß sie die Möglichkeit anerkennt, daß bestimmte Erfahrungen endgültig, valide und an sich wertvoll sein können. Diese Anwendungsart eignet sich für eine Psychologie des Seins, das heißt für eine Psychologie, die sich mit Zielsetzungen und mit Endstadien des Seins befaßt. Die negative Anwendung impliziert, daß man mit der klassischen Wissenschaft dabei beharrt, daß Wissenschaft wertfrei sein muß und mit Zwecken nichts zu tun hat, sondern nur mit den Mitteln zu Zwecken (die irgendwie willkürlich gegeben sind).

Die Bedeutung des So-Seins im Leben

Viele Grunderfahrungen im Leben, vielleicht sogar letzten Endes alle Erfahrungen, sind »unlöslich«. Das heißt, es ist unmöglich, sie zu verstehen. Über ihr eigenes So-Sein hinaus kann man keinen Sinn in ihnen entdecken. Man kann sie nicht rational angehen; sie sind einfach da. Man kann kaum mehr damit anfangen, als daß man einfach ihre Existenz erkennt, daß man sie anerkennt und sich – wenn möglich – an ihrem Reichtum und ihrem Geheimnis freut, während man sich gleichzeitig sagt, daß sie selbst großenteils die Antwort auf die Frage »Was ist die Bedeutung des Lebens?« darstellen.

Das Leben trägt teilweise seine eigene Bedeutung in sich. Das heißt, die bloße Erfahrung zu leben, zu gehen, zu sehen, zu schmecken und zu riechen, unsere sinnlichen und emotionalen Erfahrungen, und was sonst noch alles dazu gehört, hilft mit, das Leben lebenswert zu machen. Wenn man all das nicht mehr positiv genießt, ist das Leben selbst in Frage gestellt, und es kommt möglicherweise zu Langeweile, Überdruß, Depression und Selbstmord. Dann sagen wir: »Das Leben ist sinnlos«, oder wir fragen: »Was hat das Leben für einen Sinn?«, oder wir klagen: »Das Leben ist nicht mehr lebenswert!« Auch aus diesem Grunde möchte ich lieber von der jeweiligen besonderen Bedeutung meiner Erfahrungen sprechen als ihre Sinnlosigkeit einräumen.

Erklärung nach Gesetzmäßigkeiten und Verstehen des jeweiligen So-Seins

Die Unterscheidung zwischen der jeweiligen besonderen Bedeutung und der abstrakten Bedeutung, zwischen dem Verstehen des So-Seins und dem abstrakten Verständnis, zwischen der Erklärung des So-Seins und der vereinfachenden Erklärung hat mich ebenfalls etwas gelehrt.

Etwa vor fünfzehn Jahren habe ich begonnen, die Motivationen von charakterologisch unterschiedlichen Typen von Wissenschaftlern zu untersuchen. Ich bat sie einfach darum, mir möglichst ausführlich folgende beiden Fragen zu beantworten: »Weshalb haben Sie sich ausgerechnet Ihre Art von Arbeit, Ihr Betätigungsfeld, Ihr Problem ausgesucht?« und ferner: »Welche Art von Befriedigung finden Sie in erster Linie in Ihrer Arbeit (Genugtuung, Vergnügen, neuen Schwung, Grenzerfahrungen, höchstes Glück)? Was läßt Sie dabei bleiben? Weshalb lieben Sie Ihre Arbeit?« Der Unterschied zwischen diesen beiden Fragen gleicht dem zwischen den Fragen »Warum haben Sie sich verliebt?« und »Warum halten Sie an Ihrer Ehe fest?« Aus verschiedenen Gründen mußte ich von der Weiterführung dieser Untersuchung Abstand nehmen, nachdem ich vielleicht ein Dutzend Wissenschaftler, die auf sehr verschiedenen Gebieten tätig waren, interviewt hatte. Aber schon bei diesen wenigen hat mich die Vielfalt der versteckten Motive beeindruckt, die die Wissenschaftler zu ihrer Arbeit drängten und die sie an ihr festhalten ließen. Wie bei anderen Menschen auch, waren ihre Weltanschauung, ihre Freude und Befriedigung, ihre Vorlieben und Abneigungen, ihre Berufswahl und ihr Arbeitsstil teilweise Ausdruck ihres »Charakters«.

Es ging mir genau wie so vielen anderen Forschern, ich war wieder einmal versucht, zwischen kontrastierenden Typen zu unterscheiden, die man mit so vielen Namen bezeichnet hat, beispielsweise mit unnachgiebig und sensibel, apollinisch und dionysisch, anal und oral, zwangsneurotisch und hysterisch, maskulin und feminin, beherrscht und impulsiv, dominierend und rezeptiv, argwöhnisch und vertrauensselig usw. Eine Zeitlang habe ich die Bezeichnungen X-Charakter und Y-Charakter benutzt und darunter die gemeinsamen Elemente aller dieser Antonymenpaare verstanden. Später bediente ich mich der Worte »kühl« und »warm«, da keine dieser Bezeichnungen abschätzig oder beleidigend klingt und weil ich damals außerdem der Ansicht war, daß bei dem heutigen Stande unseres Wissens die »physiognomische Qualität« dieser Wörter besser sei als die von genauer definierten Wörtern. Aus den gleichen Gründen habe ich auch die »blau-grünen« Personen (am Ende des Spektrums) den »rot-orange-gelben« gegenübergestellt. Schließlich habe ich das Problem beiseite geschoben, obgleich das Gefühl mich bis heute nicht verlassen hat, daß ich kurz vor einer großen Erleuchtung stand. Das Dumme daran ist nur, daß mich das Problem seit fünfzehn Jahren quält, ohne daß ich einer Erleuchtung näher gekommen wäre.

Einen Eindruck, dem ich zunächst nur mit aller Vorsicht gegenüberstand, der mir aber im Laufe der Jahre immer überzeugender wurde, möchte ich hier zum Zweck einer sorgfältigeren Überprüfung darlegen. Menschen, die mir »kühl« oder »blau-grün« oder »unnachgiebig« in ihrem Charakter und ihren Ansichten vorkamen, schienen mir dazu zu neigen, die Feststellung von Regelmäßigkeiten, Sicherheit und Exaktheit als Ziele ihrer wissenschaftlichen Arbeit anzusehen. Sie sprachen von »Erklärung« und meinten damit offensichtlich die Tendenz zur Sparsamkeit, zur Ökonomie, zum Einfachen und Monistischen. Das Reduzieren, das heißt die Verminderung der Zahl der Variablen, bedeutete für sie den Augenblick des Triumphes und gab ihnen das Gefühl einer großen Leistung. Im Gegensatz dazu hatte ich das Gefühl, daß die »warmen« Menschen, die »rot-orange-gelben«, die intuitiven (die dem Dichter, Maler, Musiker näher stehen als dem Ingenieur und Technologen), die »sensiblen« und »weichen« Wissenschaftler mehr die Neigung zeigten, begeistert vom Augenblick des »Verstehens« als dem Höhepunkt und dem höchsten Lohn der Forschung zu reden, das heißt von dem Verstehen des So-Seins in seiner Besonderheit. Kurz gesagt, es hat den Anschein, als ob die Verteilung auf dem charakterologischen Kontinuum von »unnachgiebig« bis »sensibel« einem Kontinuum mit »gesetzmäßiger Erklärung« am einen Ende und »Verstehen in seinem So-Sein« am anderen Ende parallel liefe[3].

Dies legt die Hypothese nahe, daß »abstraktes Wissen« und »Erfahrungswissen« die beiden gegensätzlichen Ziele (für die reinen oder extremen Typen) darstellen.

Anmerkungen

1 Als ein Interviewer ALAIN ROBBE-GRILLET, dem Verfasser des Filmmanuskripts »Letztes Jahr in Marienbad«, gestand, daß er das Stück nicht ganz begriffen habe, lachte der Autor und sagte: »Moi non plus.« Heute ist das gewiß keine ungewöhnliche Reaktion mehr. Manchmal habe ich geradezu das Gefühl, daß es »in« ist, ja daß man sogar stolz darauf ist, wenn man bekennen kann, daß man seinen künstlerischen Erzeugnissen keinen bewußten Sinn beigelegt hat, und sogar zu verstehen gibt, daß schon die Frage danach antiquiert ist. Dieses bewußte Bemühen, auf eine Sinngebung zu verzichten oder sie zu zerstören, erscheint manchmal symbolisch für die Zerstörung des Establishments, der Autorität und der Traditionen und Konventionen (von denen man als selbstverständlich annimmt, daß sie abwegig sind). Bewußt oder unbewußt beabsichtigt man damit einen Angriff auf die Heuchelei, man bricht eine Lanze für Freiheit und Echtheit. Es ist, als ob man eine Lüge aus der Welt schaffen wollte. Diese Art einer offensichtlichen Dichotomisierung macht leicht einer hierarchisch-integrativen Haltung Platz.

2 Als T. S. ELIOT einmal gefragt wurde: »Bitte, was wollen Sie mit dem Satz sagen ›Gnädige Frau, drei weiße Leoparden saßen unter einem Wacholderbaum‹?«, antwortete er: »Ich meinte damit: ›Gnädige Frau, drei weiße Leoparden saßen unter einem Wacholderbaum‹...« (STEPHEN SPENDER: »Remembering Eliot«, in: Encounter XXIV, April 1965, 4). Ähnliches wird auch von PICASSO berichtet: »Jeder will die Kunst verstehen. Warum will man eigentlich nicht auch das Lied eines Vogels verstehen? Warum liebt jemand die Nacht, die Blumen, alles um ihn herum, ohne den Versuch zu machen, es zu verstehen? – Aber was das Malen angeht, da müssen die Leute unbedingt alles verstehen.«

3 Bei den sehr kreativen oder bedeutenden Wissenschaftlern hatte ich das Gefühl, daß sie ihrer Gewohnheit entsprechend beide Eigenschaften integrierten, anstatt die eine zugunsten der anderen aufzugeben. Trotzdem fand ich es angebracht, diese typologische Unterscheidung zu treffen, und auf diesem Standpunkt standen auch einige, mit denen ich mich darüber unterhielt, und einige, deren persönliche Berichte ich gelesen habe. Die Frage für sie ist, wann man unnachgiebig und wann man nachgiebig zu sein hat, und nicht, welches von beidem man zu sein hat, hart oder weich. Auf dem Gebiet der Psychologie habe ich nach wie vor den Eindruck, daß man eine solche polare Unterscheidung zwischen den »typischen« Experimentalpsychologen (die schlechte Kliniker sind) und den »typischen« klinischen Psychologen (die schlechte Forscher sind) machen könnte, wenn auch die eine kleine Untersuchung, die ich darüber zu Ende führen konnte, diese Vermutung nicht stark stützt (MORANT/MASLOW, in: Journal of Clinical Psychology, 1065).

10. Taoistische Wissenschaft und kontrollierende Wissenschaft

Die offizielle Experimentalwissenschaft neigt ihrem Wesen nach dazu sich einzumischen, einzugreifen, aktiv zu arrangieren, ja sogar die Dinge zu manipulieren und sie auseinanderzunehmen. Trotzdem steht sie in dem Ruf, kühl und neutral zu sein, sich nicht einzumischen und das Wesen dessen, was sie erforscht, nicht zu verändern. Wir wissen freilich, daß das oft nicht so ist. Einmal hat die klassische Wissenschaft aufgrund ihrer unbewußten Voreingenommenheit für den Atomismus sehr oft angenommen, man müsse auseinandernehmen, um Wissen zu erlangen. Auch wenn das heute nicht mehr so oft der Fall ist, stellt es doch immer noch einen nachdrücklich vertretenen Standpunkt dar. Etwas subtiler ausgedrückt, ist die Technik des kontrollierten Experimentierens genau eben dies – eine Kontrolle. Das heißt, sie manipuliert aktiv, sie plant, arrangiert das Experiment und arrangiert das Ergebnis.

Ich möchte damit keineswegs sagen, daß das unbedingt schlecht sein müßte oder nicht notwendig wäre. Ich versuche nur zu zeigen, daß eine sich einmischende Wissenschaft nicht synonym mit Wissenschaft an sich ist; es sind noch andere Strategien möglich. Dem Wissenschaftler stehen auch noch andere Methoden zur Verfügung, und es gibt noch andere Erkenntniswege. Der Weg, den ich hier jetzt beschreiben möchte, ist der taoistische Weg, etwas über die Natur der Dinge zu erfahren – und zwar *nicht*, wie noch einmal ausdrücklich betont sei, als eine exklusive Methode oder ein Allheilmittel oder als Rivale der aktiven Wissenschaft. Ein guter Wissenschaftler, dem zwei Methoden (je nach Bedarf) zur Verfügung stehen, kann mehr ausrichten als ein guter Wissenschaftler, dem nur eine Methode zugänglich ist.

Vielleicht drücke ich mich ein wenig unexakt aus, wenn ich die taoistische Rezeptivität als eine Technik bezeichne, da sie in der Hauptsache darauf hinausläuft, daß man imstande ist, die Hände wegzulassen, den Mund zu halten, geduldig zu sein, zuzuwarten und sich aufnahmewillig und passiv zu verhalten. Sie legt Wert auf sorgfältige Beobachtung, die sich nicht einmischt. Es handelt sich daher mehr um eine Haltung der Natur gegenüber als um eine Technik im üblichen Sinne (Maslow, in: Daedalus, 1961). Vielleicht sollte man sie geradezu als Antitechnik bezeichnen. Wenn ich diese Haltung meinen wissenschaftlichen Freunden beschreibe, dann rümpfen sie oft die Nase und sagen: »Ach so, simple, beschreibende Wissenschaft!« Aber dann bin ich mir keineswegs sicher, ob sie mich wirklich verstanden haben.

Eine wirkliche Aufnahmefähigkeit im taoistischen Sinne ist nur schwer zu erlangen. Zuhören können – wirklich mit ganzer Seele, passiv und sich selbst vergessend zuhören können –, ohne etwas vorauszusetzen, ohne zu klassifizieren, ohne etwas zu verbessern oder anzufechten, ohne zu bewerten, zuzustimmen oder abzulehnen, ohne sich auf ein Rededuell einzulassen, ohne sich seine Erwiderung im voraus zurechtzulegen, ohne anzufangen, zu Teilen des Gesagten frei zu assoziieren und auf diese Weise das Spätergesagte überhaupt nicht mehr zu hören – solches Zuhörenkönnen ist selten. Kinder sind eher in der Lage als ihre Eltern, hingegeben und selbstvergessen hinzusehen und zuzuhören. Kurt Wolff hat diese Haltung in seinem Artikel als »Hingabe« bezeichnet (in: Journal of Humanistic Psychology, 1962), und seine Ausführungen sind so kompliziert und schwer verständlich, daß sie einen nicht auf den Gedanken kommen lassen, daß Hingabe leicht sein könnte. Jemand auffordern, aufnahmefähig und taoistisch zu sein oder »sich hinzugeben«, ist ungefähr so, wie wenn man einem verkrampften Menschen sagt, er solle sich entspannen. Er möchte das ja gern tun, aber er weiß nicht wie. Heiterkeit, Gelassenheit, Ruhe, Stille, Frieden, Entspannung – Wörter wie diese können vielleicht deutlicher machen, was ich meine, wiewohl sie auch die Sache nicht ganz treffen. Jedenfalls besagen sie, daß Angst, Spannung, Zorn und Ungeduld

Widersacher der Aufnahmefähigkeit und des Sich-nicht-Einmischens sind, daß man fähig sein muß, Respekt vor dem zu haben, was man untersucht oder worüber man etwas erfahren möchte. Man muß imstande sein, zuzulassen, daß es es selbst bleibt, man muß sich ihm beugen, ja man muß es billigen, daß es es selbst ist, und es als lohnend, ja selbst als erfreulich empfinden, zusehen zu dürfen, wie es es selbst ist, das heißt, wie es sein eigenes inneres Wesen entfaltet, ungestört durch das Wesen des Beobachters, und ohne daß dieser störend eingreift. Von vielen Dingen in der Welt kann man sagen, daß sie scheu sind, wie ein Tier oder ein Kind scheu ist, und daß deshalb nur der bescheiden zurücktretende Beobachter die Geheimnisse wird sehen dürfen.

Schriftsteller aus dem Osten haben den Nachdruck mehr darauf gelegt, daß der Beobachter sich mit der Natur, die er untersucht, in Harmonie befinden sollte. Hier liegt die Betonung etwas anders, denn es wird vorausgesetzt, daß der Beobachter selbst Teil der Natur ist, die er beobachtet. Er paßt hinein, er gehört dazu, er ist in ihr zu Hause. Er spielt mit, anstatt nur Zuschauer des Dioramas zu sein. In gewissem Sinne studiert er seine Mutter, während er in ihren Armen liegt. Zerstören, verändern, manipulieren und kontrollieren gelten daher unbedingt als arrogant und sind fehl am Platz. Die Beherrschung der Natur ist für den Wissenschaftler nicht die einzig mögliche Beziehung zu ihr.

Wir im Westen erkennen oft eine rezeptive, nicht eingreifende Haltung in gewissen Lebensbereichen an, und so können wir wenigstens verstehen, was hier gemeint ist und wie es einem zumute ist, wenn man einfach beobachtet und rezeptiv die Dinge absorbiert. Beispiele, die mir hier zuerst einfallen, sind das Betrachten von Kunstwerken und das Anhören von Musik. In diesen Bereichen greifen wir nicht ein, mischen wir uns nicht ein. Wir genießen es, einfach aufzunehmen, indem wir uns zum Beispiel der Musik überlassen und mit ihr eins werden, der wir uns hingeben und die wir sie selbst sein lassen. Wir sind auch fähig, die Wärme zu absorbieren, die wir von der Sonne oder die wir in einem warmen Bad verspüren, ohne etwas dazu zu tun. Manche unter uns sind gute Patienten und fähig, sich auf nette Weise den Anordnungen der Ärzte und Krankenschwestern zu fügen. Von den Frauen nimmt man an, daß sie beim Geschlechtsakt, bei der Geburt eines Kindes, bei ihren Mutterpflichten nachgiebig und hingebungsvoll sind und daß sie sich beim Tanzen führen lassen. Die meisten unter uns können angesichts eines behaglichen Feuers oder eines schönen Flusses oder Waldes von einer beglückenden Passivität sein. Und offensichtlich ist eine herrische Haltung nicht der richtige Weg, sich in einer fremden Gesellschaft oder bei einem therapeutischen Patienten beliebt zu machen.

Aus irgendwelchen Gründen ist freilich in den Lehrbüchern nicht viel die Rede von der rezeptiven Strategie des Erkennens, und sie steht als wissenschaftliche Technik nicht hoch im Kurs. Das ist merkwürdig, denn es gibt viele Wissensgebiete, bei denen eine solche Haltung von größter Wichtigkeit ist. Ich denke hier besonders an den Ethnologen, den klinischen Psychologen, den Verhaltensforscher und den Ökologen – aber die rezeptive Strategie ist im Prinzip in allen Bereichen von Nutzen.

Rezeptivität gegenüber der Struktur

Wenn wir zwischen So-Sein und Abstraktheit unterscheiden und dann beide miteinander integrieren, so sehen wir uns wieder mit dem alten Problem der Realität der Universalien und der Gesetze konfrontiert. Sind sie nur Menschenwerk, vom Menschen für seinen eigenen Bedarf erfunden? Oder hat man sie nur entdeckt und nicht geschaffen? Sind sie eine, wenn auch noch so vage Wahrnehmung von etwas da draußen, das vor dem Menschen existierte? Ohne hier eine definitive Antwort versuchen zu wollen, kann ich vielleicht doch etwas zur Klärung der Frage beitragen.

Zunächst sollte die dichotome Entweder-Oder-Formulierung der Frage automatisch unseren Argwohn wecken. Könnte es sich nicht vielleicht doch mehr um eine Sache des Grades handeln? Die Unterscheidung zwischen So-Sein und Abstraktion legt diesen Gedanken nahe. Es stimmt, daß die Wahrnehmung des So-Seins weit taoistischer, rezeptiver und passiver ist als das Erarbeiten von Integration und Abstraktionen. Das bedeutet jedoch nicht notwendigerweise, wie viele meinten, daß die Wahrnehmung der Universalien *nur* eine aktive Aufgabe nach Art des Schöpfungsspruchs »es werde« sei. Es kann auch eine rezeptive Aufgeschlossenheit sein, eine sich nicht einmischen wollende Bereitschaft, die die Dinge sie selbst sein läßt, eine Fähigkeit, geduldig zu warten, bis die innere Struktur der wahrgenommenen Gegenstände sich uns enthüllt, wobei es sich mehr um das Auffinden einer Ordnung als um ein Ordnen handelt.

Die bekannteste Operation dieser Art ist Freuds Entdeckung (und Empfehlung) der »freiflutenden Aufmerksamkeit«. Wenn man versucht, einen therapeutischen Patienten zu verstehen – oder ganz einfach einen beliebigen Menschen zu verstehen – stellt es sich heraus, daß es auf die Dauer erfolgversprechender ist, die aktive Konzentration und das Bemühen, schnell zu diesem Verständnis zu kommen, aufzugeben. Die Gefahr liegt hierbei in einer übereilten Erklärung oder Theorie, bei der überdies die Gefahr besteht, daß es sich dabei zu sehr um die eigene Konstruktion oder Schöpfung handelt. Sich abmühen, sich konzentrieren, die Aufmerksamkeit auf einen bestimmten Punkt lenken stellt nicht den besten Weg dar, auf der vorbewußten oder unbewußten Ebene dem Primärprozeß auf die Spur zu kommen. Man nimmt auf diese Weise nur Sekundärprozesse wahr und kann damit tatsächlich Primärprozeß-Daten nur verbergen oder hinauswerfen. Die dringende Empfehlung des Psychoanalytikers lautet: »Laßt das Unbewußte zum Unbewußten sprechen (und ihm zuhören)«.

Ähnliches gilt für den Ethnologen, der eine Kultur in ihrer ganzen Komplexität zu verstehen sucht. Auch hier ist die voreilige Theorie gefährlich, denn sie kann es unmöglich machen, hinterher etwas wahrzunehmen, was dem voreiligen Konstrukt widerspricht. Besser ist es, geduldig und aufnahmebereit zu sein, sich den Tatsachen

»hinzugeben« und sie auf ihre Weise ihren richtigen Platz einnehmen zu lassen. Das gleiche gilt für die Verhaltenslehre, für die Ökologie und für den Feldbiologen. Und im Prinzip gilt es für alle, die mit großen Mengen von Fakten irgendwelcher Art zu tun haben. Man lernt, nicht nur aktiv, sondern auch passiv zu sein. Man ordnet und ordnet wieder um und spielt mit den Fakten, man betrachtet Tabellen mit Muße, auf spielerische, verträumte Weise, ohne Eile, wieder und wieder. Man »überschläft es« und überläßt die ganze Geschichte dem Unbewußten. Und die Geschichte der wissenschaftlichen Entdeckungen zeigt, daß diese Methode oft genug gut funktioniert.

Kurz gesagt, die Konstruktion von Theorien und Gesetzen ist oft eher eine *Entdeckung* derselben. Es scheint ein Wechselspiel und ein Zusammenspiel von Aktivität und Rezeptivität zu existieren, und es ist offenbar das beste, wenn jeder, der nach Wissen strebt – ob Laie oder Fachmann – in der Lage ist, sowohl aktiv als auch rezeptiv zu sein, je nachdem wie es die jeweilige Situation verlangt.

Kontemplation

Was aber *kann* man mit dem »wie die Dinge nun einmal sind«, mit dem reinen So-Sein der Welt und der Dinge in ihr anfangen – angenommen natürlich, daß man sich nicht vor dem allen fürchtet (wie viele das tun)? Beinahe das einzige, was man tun kann, wenn man passiv rezeptiv ist und alles voll Verwunderung anerkennt, ist, alles zu betrachten, zu schmecken, sich darüber zu wundern, sich davon faszinieren zu lassen – voller Hoffnung und Freude. Das heißt, was zu tun ist, ist, nichts zu tun. Es ist das etwa die Art, wie Kinder die konkrete Welt erleben, aufmerksam, hingegeben, fasziniert, mit großen Augen, verzaubert. Auch bei Grenzerfahrungen und bei trostlosen Erlebnissen kann es zu einem ähnlich gebannten Hinblicken auf die Welt kommen. Auch wenn wir dem Tod ins Auge blicken oder noch einmal davongekommen sind oder wenn die Liebe uns für die Welt aufgeschlossen macht und sie uns erschließt oder wenn die psychedelischen Drogen ihre besten Wirkungen auf uns ausüben oder wenn ein Dichter oder ein Maler es fertigbringt, uns die Welt neu erleben zu lassen – das alles sind Wege zur Wahrnehmung des So-Seins und der Wirklichkeit der Dinge. Und all das tut sich zusammen, uns zu lehren, daß dies nicht nur angsteinflößend sein muß, wie so viele vermuten, sondern daß es auch von einer tiefen Schönheit und Anmut sein kann.

Im Augenblick wenigstens müssen wir im Bezug auf die Vielfalt der Dinge nichts *tun;* wir können sie nur rezeptiv erleben, taoistisch, kontemplativ. Sie braucht nicht von Anfang an erklärt und klassifiziert zu werden, und man braucht nicht darüber zu theoretisieren, ja man muß sie (außer in ihrem eigenen Sinne) nicht einmal verstehen.

Wir sollten uns erinnern, daß manche behaupten, sie befänden sich in solchen Augenblicken der Wirklichkeit am nächsten. Sie sagen uns, wenn wir die Wirklichkeit in ihrer ganzen Nacktheit erleben wollten, so sei das der Weg dazu. Sie warnen uns, wenn wir anfingen zu organisieren, zu klassifizieren, zu simplifizieren, zu abstrahieren und zu konzeptualisieren, so fingen wir bereits an, uns von der Wirklichkeit, so wie sie ist, wegzubewegen, indem wir statt ihrer unsere eigenen Konstruktionen und Erfindungen, unsere eigenen vorgefaßten Meinungen wahrnähmen. Es seien dies unsere häuslichen Vorkehrungen, die wir träfen, um zu unserer eigenen Annehmlichkeit Ordnung in eine unordentliche und chaotische Welt zu bringen.

Eine solche Haltung ist das direkte Gegenteil der üblichen wissenschaftlichen Einstellung, der entsprechend zum Beispiel für EDDINGTON der Tisch, den er sah und berührte, weniger real war als der Tisch als physikalischer Begriff. Die meisten Physiker sind der Ansicht, sie kämen der Wirklichkeit immer näher, je mehr sie die Welt der sinnlichen Qualitäten hinter sich lassen. Aber zweifellos haben sie es mit einer Wirklichkeit zu tun, die sich von der unterscheidet, in der ihre Frauen und Kinder leben. Ist man auf Vereinfachung aus, so löst sich *diese* Wirklichkeit auf.

Wir brauchen uns nicht zum Schiedsrichter in diesem Meinungsstreit zu machen, da wir bereits übereingekommen sind, daß die Wissenschaft die beiden Pole hat: einmal das Konkrete zu erleben und zu begreifen und zum anderen das Durcheinander des Konkreten in erfaßbare Abstraktionen zu organisieren. Allerdings ist es so, daß man heutzutage das erstere besonders betonen muß, während das beim zweiten nicht nötig ist. Die Wissenschaftler sehen sich selbst in der Regel nicht als rezeptive Betrachter, doch sollten sie das tun, wenn sie nicht riskieren wollen, den festen Boden der Erfahrungswirklichkeit, auf dem alles Wissen und alle Wissenschaft beginnt, unter den Füßen zu verlieren.

Das Wort und den Begriff »Kontemplation« kann man demnach verstehen als eine Form des nichtaktiven, sich nicht einmischenden Miterlebens und Genießens. Das heißt, man kann es mit der taoistischen, sich nicht einmischenden Aufgeschlossenheit für die Erfahrung gleichsetzen. In einem solchen Augenblick kommt die Erfahrung von selbst, anstatt herbeigeführt zu werden. Da ihr das die Möglichkeit gibt, sie selbst zu sein und vom Beobachter nur minimal verzerrt zu werden, ist es in vielen Fällen ein Weg zu einer zuverlässigeren und wirklichkeitsnäheren Erkenntnis.

11. Interpersonales (Ich-Du-)Wissen als Paradigma für die Wissenschaft

Historisch gesehen hat sich die Wissenschaft zunächst mit physikalischen, unpersönlichen, unbelebten Dingen – mit Planeten und fallenden Gegenständen – und mit der gleichfalls unpersönlichen Mathematik beschäftigt. Sie hat dann später lebendige Dinge im gleichen Geist untersucht, und schließlich hat sie etwa vor hundert Jahren allmählich auch den Menschen ins Laboratorium geholt, um ihn auf die gleiche Weise zu untersuchen, die sich bereits als so erfolgreich erwiesen hatte. Man war entschlossen, ihn als Objekt leidenschaftslos, neutral, quantitativ, in kontrollierten experimentellen Situationen zu studieren. Die Wahl des »Problems« richtete sich gewöhnlich danach, was sich auf diese Weise behandeln ließ. (Natürlich entwickelte sich bei den Psychiatern in der Klinik aus einer völlig anderen Tradition heraus und nach andersartigen Gesetzen, Regeln und Methoden gleichzeitig eine ganz andere Art der Psychologie.)

Das »wissenschaftliche« Studium des Menschen war lediglich eine schwierigere, aufreibendere Anwendung der Methodologie von Physik, Astronomie, Biologie und so weiter an einem irritierend ungeeigneten Objekt. Der Mensch war sozusagen ein Spezialfall, ein peripheres Beispiel am Rande der unpersönlichen, wissenschaftlichen Methode. Ich möchte vorschlagen, daß wir anstelle dieses unpersönlichen Ausgangspunktes die menschliche Persönlichkeit als Ausgangspunkt nehmen und sie in die Mitte stellen. Versuchen wir, die Persönlichkeit als Modellfall zu erkennen, von dem ausgehend wir Paradigmen oder Modelle der Methodologie, der Begriffsbildung und Weltanschauung, der Philosophie und Wissenschaftstheorie schaffen.

Welches sind die (unmittelbaren) Folgen, wenn man als der Weisheit letzten Schluß das nimmt, was sich in der Ich-Du-Beziehung, in den interpersonalen Agape-Liebesbeziehungen zwischen zwei Menschen ereignet? Stellen wir uns dieses Wissen als »normal«, »grundlegend«, routinemäßig vor, als unseren Grundmaßstab, nach dem wir beurteilen, wie »wissensträchtig« jedes Stück Wissen ist. Beispiele (die allerdings nicht in jedem Fall reziprok sind) sind etwa die Art, wie ein Freund den anderen kennt, wie zwei Menschen sich lieben, wie die Eltern ihr Kind kennen oder ein Kind seine Eltern, wie ein Bruder seinen Bruder kennt, ein Therapeut seinen Patienten und so weiter. Für solche Beziehungen ist kennzeichnend, daß der Wissende in das, was er weiß, einbezogen ist. Er steht ihm nicht fern – er ist ihm nah. Er steht ihm nicht kühl gegenüber – er bringt ihm Wärme entgegen. Er ist nicht unemotional – er ist emotional. Er besitzt Einfühlungsvermögen, Intuition im Bezug auf das Objekt seines Wissens, das heißt, er identifiziert sich mit ihm, er fühlt sich ihm gleich und bis zu einem gewissen Grade irgendwie mit ihm identisch. Es liegt ihm am Herzen.

Eine gute Mutter hat oft mit ihrem Kind eine bessere Kommunikation als ein Kinderarzt oder ein Psychologe. Wenn diese Doktoren vernünftig sind, benutzen sie sie als Interpreten oder Übersetzer, und oft fragen sie sie: »Was möchte es da sagen?« Langjährige Freunde, besonders Eheleute, verstehen einander, wissen im voraus, wie der andere sich verhalten wird, und verkehren miteinander in einer Weise, die für den Zuschauer völlig unverständlich sein kann.

Das Endziel, die Vollendung, zu der sich ein solches interpersonales Wissen hinbewegt, ist, durch diese Intimität zu der mystischen Vereinigung zu gelangen, in der zwei Menschen auf eine Weise eins werden, wie sie von Mystikern, Zen-Buddhisten, Menschen mit Grenzerfahrungen, Liebenden, Ästhetikern usw. beschrieben worden ist. In diesem Erlebnis der Verschmelzung gelangt man zur Erkenntnis des anderen, indem man selbst der andere wird, das heißt, man gelangt zu einem aus innerer Erfahrung entspringenden Wissen. Ich kenne ihn, weil ich mich selbst kenne und weil er jetzt zu einem Teil meiner selbst geworden ist. Die Vereinigung mit dem

Objekt der Erkenntnis ermöglicht ein Erfahrungswissen. Und da dieses Wissen aus eigener Erfahrung für viele menschliche Zwecke die beste Art des Wissens ist, ist das Bestreben, sich mit dem anderen zu vereinigen, eine gute Art, ihn zu erkennen. Und da das aufrichtige Bestreben, mit einem anderen Menschen eins zu werden, ganz gewiß darauf hinausläuft, daß er einem am Herzen liegt und daß man ihn sogar liebt, gelangen wir zu einem »Gesetz« des Lernens und Erkennens, welches lautet: »Wollt ihr etwas erkennen? Dann liebt es!«[1]

Weniger extrem als das mystische Einswerden ist die therapeutische Wachstumsbeziehung. Ich beschränke mich hier auf alle taoistischen und nicht-direktiven Therapien, die einen Einblick gewähren, wie die FREUDsche, die ROGERSsche und die existenzielle Therapie. Es ist viel geschrieben worden über Übertragung, Begegnung, bedingungsloses positives Interesse und ähnliches, aber all dem ist gemeinsam, daß man sich ausdrücklich klar ist über die Notwendigkeit einer besonderen Art von Beziehung, welche die Angst zerstreut und es dem, der die therapeutische Behandlung erfährt, ermöglicht, sich selbst richtiger zu sehen und so seine von ihm selbst gebilligten und mißbilligten Seiten unter Kontrolle zu bekommen.

Wir wollen nachstehend diese therapeutische und Wachstums-Beziehung zunächst als Methode, Wissen zu erlangen, untersuchen. Dabei wollen wir dieses kognitive Instrument einem Mikroskop oder Teleskop gegenüberstellen.

Das Mikroskop oder Teleskop (Zuschauerwissen)	**Die therapeutische Beziehung** (Wissen durch zwischenmenschliche Beziehung)
Impliziert die Trennung von Subjekt und Objekt (die sogenannte Cartesianische Trennung). Diese Trennung und Distanzierung wird als gut, nützlich und zweckdienlich angesehen.	Bemüht sich, diese Trennung und »Distanzierung« sowohl von seiten des Therapeuten als auch von seiten des Patienten abzubauen, wobei beide dies auf unterschiedliche Weise versuchen, jedoch das gleiche Ziel verfolgen, nämlich daß der Patient (mehr noch als der Therapeut) zu einem besseren Verständnis gelangt.

Das Ideal ist eine völlige Distanzierung nach Art des unbeteiligten Beobachters, wobei jeder den anderen als etwas völlig anderes behandelt. Keine Identifikation, sondern sich voneinander absetzen, sich voneinander lösen.	Das Ideal ist eine Fusion, ein Ineinanderübergehen, ein Ineinanderaufgehen.
Der Beobachter ist ein Außenstehender, ein Fremder, ein Nichtteilhabender.	Der Beobachter ist Teilhabender und Beobachter gleichzeitig.
Weniger aufeinander zugehen (Reafferenz), weniger Kontakt miteinander. Es ist meine Ansicht von einem Tisch oder einer Skulptur. Distanzierung und geringere Identifizierung.	Mehr Reafferenz, mehr Kontakt miteinander. Es ist wie die Ansicht eines Tischlers über den Tisch, den er selber gemacht hat, wie die Ansicht eines Bildhauers über seine Skulptur. Weniger Distanzierung und stärkere Identifizierung.
Versuch unabhängig zu sein und die Beziehung zu vermeiden (um in der Lage zu sein, ein neutrales Urteil abzugeben).	Versuch mit dem anderen in Beziehung zu treten und ihm näherzukommen.
Der Unterschied zwischen dem erfahrenden Ich und dem sich selbst beobachtenden Ich wird nicht wahrgenommen und ist überflüssig. Selbsterkenntnis im kognitiven Prozeß ist nicht erforderlich.	Betonung des Wechselspiels zwischen dem erfahrenden Ich und dem sich selbst beobachtenden Ich in ihrer fruchtbaren Abhängigkeit und Unabhängigkeit. Selbsterkenntnis ist ein wesentlicher Bestandteil des kognitiven Prozesses.
Das Wesen und die Einzigartigkeit des Beobachters stellt kein Problem dar. Ein kompetenter Beobachter ist genauso gut wie ein anderer und wird zu den gleichen Erkenntnissen gelangen.	Das Wesen des Erkennenden ist ein *sine qua non* für das Wesen des Erkannten. Die nach Wissen Suchenden sind nicht ohne weiteres gegeneinander austauschbar.
Vom Beobachter wird nicht angenommen, daß er wesentliche Wahrheiten selbst schafft. Er entdeckt sie, beweist sie oder nimmt sie wahr.	Der Beobachter erzeugt die Wahrheit teilweise selbst, dadurch daß das ist, was er ist und wer er ist, und das tut, was er tut.
Laissez-faire (unbeteiligte) Erkenntnis.	Letztlich (taoistische) sich nicht einmischende Erkenntnis, die der Anteilnahme entspringt.
Ich-Es-Wissen (nach *Buber*) Mehr geistige Aktivität, Theoretisieren, Hypothetisieren, Vermuten, Klassifizieren.	Ich-Du-Wissen (nach *Buber*) Größere Rezeptivität, größere Bereitschaft nur zu erfahren, bevor man den Sekundärprozessen das weitere überläßt.
Aktive Aufmerksamkeit, bewußte Konzentration. Zielstrebigkeit.	Freiflutende Aufmerksamkeit, Geduld, Zuwarten. Primärprozeß, vorbewußt, unbewußt.

Völlig bewußt, rational, verbal.	Primärprozeß, vorbewußt, unbewußt, präverbal.
Distanzierte Beobachtung, Neutralität und Objektivität des innerlich Unbeteiligten, Unbeteiligtheit des *Laissez-faire*. Wie der wahrgenommene Gegenstand seinem inneren Wesen nach beschaffen ist, ist gleichgültig.	Distanz und Objektivität des Nicht-eingreifen-Wollens, der inneren Anteilnahme des Miterlebens, Bereitschaft, den Betreffenden er selbst sein zu lassen. Erkenntnis des Seins des anderen (S-Erkenntnis). Keine Illusionen über die betreffende Person, realistische Wahrnehmung, kein Ableugnen, keine Notwendigkeit, das Wahrgenommene zu verbessern, keine A-Priori-Anforderungen daran. Anerkennen seines So-Seins. Die Hände weglassen, weil man es so, wie es ist, liebt, weil man will, daß es es selbst bleibt, und nicht will, daß es anders ist, als es ist.
Das Wahrgenommene wird wahrgenommen. Das histologische Präparat, das Mikroskop und der Biologe wirken unabhängig voneinander, jedes auf seine Art. Sie sind voneinander geschieden. Weder das Mikroskop noch das Präparat verlieben sich in den Biologen.	Das wahrgenommene Objekt reagiert zurück. Es ist dankbar, verstanden zu werden. Es verlangt danach, richtig wahrgenommen zu werden. Es projiziert Phantasien und Hoffnungen auf den Wahrnehmenden; es versieht diesen mit einem Heiligenschein. Der Wahrgenommene liebt den Wahrnehmenden und kann sich an ihn anklammern. Oder er kann ihn hassen oder ihm ambivalent gegenüberstehen. Als Person hat er selbst zu dem »kognitiven Werkzeug« etwas zu sagen. Die Person in ihm kann den »Erkennenden« verändern (Gegenübertragung usw.).

Personen richtig zu erkennen, wird dadurch noch komplizierter, daß so viel in ihrem motivationalen Leben zwischenmenschlicher Natur ist. Unsere Grundbedürfnisse werden in der Regel durch andere Menschen befriedigt oder frustriert. Wenn wir einen anderen Menschen zu verstehen versuchen, ist es besser, wenn dieser sich von uns nicht bedroht fühlt, wenn er das Gefühl hat, daß wir ihn anerkennen, verstehen und gern haben, vielleicht sogar lieben, wenn er fühlt, daß wir ihn respektieren und seine Freiheit, er selbst zu sein, nicht bedrohen. Wenn wir ihn dagegen nicht leiden können oder nicht respektieren, wenn wir ihn verachten oder ablehnen, wenn wir auf ihn herunterblicken oder ihn »rubrizieren«, das heißt, wenn wir uns weigern, ihn als Individuum zu sehen (Maslow, 1962, Kap. 9), so wird er viel von sich vor uns verschließen und sich uns nicht offen zu erkennen geben. (Das entspricht etwa dem, daß ich Ihnen die Fotos meiner Kinder zeigen werde, sofern Sie Kinder lieben; wenn Sie aber Kinder nicht mögen, werde ich auch nicht den Wunsch verspüren, sie Ihnen zu zeigen.) Es kann sogar sein, daß der Betreffende voll versteckter Bosheit uns absichtlich falsche Informationen gibt. Das passiert den Ethnologen, Psychotherapeuten, Soziologen, Meinungsforschern, Kinderpsychologen und vielen anderen oft genug.

Diese Feststellungen werden gestützt durch eine ausgedehnte Forschungsliteratur, zum Beispiel über Interviews, über die Techniken der Psychotherapie, über ethnologische Methoden, über Meinungsforschung, über das Verstandenwerden, über zwischenmenschliche Wahrnehmung, über zwischenmenschliche Beziehungen zwischen Starken und Schwachen und so weiter. Aber im Augenblick kann ich mich nicht erinnern, daß diese Forschungsergebnisse auch auf das wissenschaftstheoretische Problem angewandt worden wären, sich verläßliches und der Wirklichkeit tatsächlich entsprechendes Wissen »anzueignen«. Ich habe den Verdacht, daß nur wenige Forscher, die auf diesem Gebiet tätig sind, sich dieser speziellen Anwendungsmöglichkeit ihrer Ergebnisse tatsächlich bewußt sind oder daß sie sich ihrer vielleicht bewußt *sind,* aber abgeschreckt werden durch die sich daraus ergebenden Implikationen. Das ist verständlich. Wir haben immer und immer wieder gelernt, daß *der* Weg zu verläßlichem Wissen stets der gleiche ist, ob man nun Moleküle oder Menschen studieren will. Und jetzt sagt man uns auf einmal, daß es für diese beiden Arten der Forschung vielleicht doch verschiedene Wege gibt. Gelegentlich gibt man uns sogar zu verstehen, daß vielleicht die Technik zur Erforschung menschlicher Wesen eines Tages dahingehend erweitert werden könnte, daß sie die Erforschung der Moleküle *miteinschließt,* so daß wir vielleicht wiederum zu einer monistischen Epistemologie gelangen können – wenn auch mit einem unterschiedlichen Zentrum.

Etwas Ähnliches, nämlich der Erwerb von Wissen durch die Intimität einer zwischenmenschlichen Beziehung zwischen dem Erkennenden und dem Erkannten, vollzieht sich, wenn auch vielleicht in geringerem Grade, auch auf anderen Wissensgebieten. Dabei fällt uns sofort die Verhaltensforschung ein. Aber auch alles von den Ärzten »klinisch« erworbene Wissen weist einige dieser Merkmale auf. Das gleiche gilt für die soziale Anthropologie, und ebenso gilt es für viele Zweige der Soziologie, der Politologie, der Wirtschaftswissenschaft, der Geschichte und vielleicht sogar für die Gesamtheit der Sozialwissenschaften. Vielleicht könnten wir noch alle oder zumindest viele Zweige der Sprachwissenschaften hinzufügen.

Aber ich möchte noch auf etwas Wichtigeres hinweisen. Es ist nicht notwendig, daß wir uns für die eine oder andere Seite »entscheiden« oder einseitig für sie Partei ergreifen. Richtig ist, daß wir eine Hierarchie der Wissenschaften oder sämtlicher Wissensgebiete aufstellen könnten, die vom stärksten bis zum geringsten Grade des Teilhabens an einer Beziehung reicht. Ich möchte jedoch die noch radikalere Frage stellen: »Kann man nicht *alle* Wissenschaften, *alles* Wissen als Ergebnis einer zwischenmenschlichen Beziehung der Liebe oder der Anteilnahme zwischen dem Erkennenden und dem Erkannten auffassen? Welche Vorteile brächte es uns, wenn wir diese Wissenschaftstheorie derjenigen an die Seite stellten, die heute in der »objektiven Wissenschaft« herrscht? Können wir uns nicht gleichzeitig beider bedienen?

Ich persönlich habe das Gefühl, daß wir beide Wissenschaftstheorien je nachdem, wie es die Situation erfordert, benutzen können und benutzen sollten. Ich bin nicht der Meinung, daß sie sich gegenseitig widersprechen, sondern glaube, daß sie einander bereichern. Es gibt keinen Grund, weshalb nicht jeder, der zu *irgendeiner* Erkenntnis gelangen will, nicht beide Waffen in seiner Rüstkammer haben sollte. Wir müssen mit der Möglichkeit rechnen, daß selbst der Astronom, der Geologe oder der Chemiker unter Umständen selbst das am wenigsten Persönliche vollständiger wahrnehmen könnten. Ich meine hier die Möglichkeit der bewußten, verbalisierten und formulierten Wahrnehmung, denn ich bin überzeugt, daß einige Astronomen, Chemiker usw. bereits unausgesprochen zu ihren »Problemen« in einer Beziehung stehen, die der eines Liebenden zu dem geliebten Menschen analog ist.

Die »Liebe zum« Forschungsgegenstand

Die Bedeutung der »Liebe zum« Gegenstand, den man zu erkennen, zu verstehen und kritisch zu würdigen sucht, muß in ihrer Vielfalt klarer gesehen werden. Zum mindesten ist darunter ein »Interesse am« Gegenstand der Untersuchung zu verstehen. Es ist schwer, etwas zu sehen oder zu hören, was einem völlig uninteressant oder langweilig vorkommt; ebenso schwer ist es, darüber nachzudenken, sich daran zu erinnern, daran zu bleiben und nicht davon abzulassen. Sämtliche defensiven und resistiven Kräfte in einem Menschen können mobilisiert werden, wenn er durch äußeren Druck gezwungen wird, etwas zu untersuchen, was ihn in keiner Weise interessiert. Man vergißt es, man denkt an andere Dinge, die Gedanken schweifen ab, Müdigkeit setzt ein, und die Intelligenz scheint nachzulassen. Kurz gesagt, man wird höchstwahrscheinlich schlechte Arbeit leisten, wenn man nicht wenigstens ein minimales Interesse an der betreffenden Aufgabe hat und sich zu ihr hingezogen fühlt. Wenigstens eine geringe Leidenschaft (oder Libidinisierung) dürfte unerläßlich sein.

Natürlich ist es möglich, seine Pflicht zu tun; und sogar ein Kind wird in der Schule viele Aufgaben erfüllen, für die es sich nicht oder allenfalls nur dem Lehrer zuliebe interessiert. Aber solche Kinder werfen andere Probleme auf, die zu tief gehen, als daß wir sie hier erörtern könnten, wie Charaktertraining, Stärkung der Autonomie, Gefahr bloßer Fügsamkeit. Ich erwähne sie nur, weil ich nicht in die Schwarz-weiß-Dichotomie verfallen möchte, die hier so naheliegt. Jedenfalls kann man die schlichte Feststellung kaum in Frage stellen, daß man, um jemand auf optimale Weise kennenzulernen, wahrzunehmen, zu verstehen und sich an ihn zu erinnern, sich für ihn interessieren sollte, daß man an ihm Anteil nehmen und für ihn »ein bißchen Liebe« empfinden sollte oder daß man doch wenigstens von ihm ein wenig fasziniert sein oder sich zu ihm hingezogen fühlen sollte.

Was den Wissenschaftler betrifft, so weiß er, daß das für ihn zutrifft, und wenn aus keinem anderen Grunde, als daß die wissenschaftliche Forschung in besonderem Maße Geduld, Hartnäckigkeit, Stehvermögen, eine unermüdliche Konzentration auf die Aufgabe, die Kraft, unvermeidliche Enttäuschungen zu überwinden, usw. verlangt. Aber das ist noch das wenigste. Was für einen wirklich dauernden Erfolg notwendig ist, ist Leidenschaft, Faszination, Besessenheit. Der fruchtbare Wissenschaftler spricht über »sein Problem« etwa in der gleichen Art, wie er über die Frau spricht, die er liebt, nämlich als Ziel mehr denn als Mittel zur Erreichung anderer Ziele. Daß er sich über alle Ablenkungen hinwegsetzt und sich ganz an seine Arbeit verliert, führt dazu, daß er sich nicht verzettelt. Seine gesamte Intelligenz steht dann für den einen Zweck, dem er sich ganz hingibt, zur Verfügung. Er gibt ihm alles, was ihm gegeben wurde[2].

Es ist sinnvoll, das als einen Akt der Liebe zu bezeichnen, und diese Bezeichnung hat verschiedene deutlich erkennbare Vorteile. Es ist auch logisch, wenn man von einem Menschen, der seine Arbeit und sein Problem liebt, eine bessere Arbeit erwartet. Daher bin ich der Meinung, daß es uns – selbst als Wissenschaftler im strengsten Sinne des Wortes – weiterhelfen würde, wenn wir das Paradigma »Erkenntnis durch Liebe« sorgfältig studieren würden, wie wir es in seiner reinsten Form bei Liebenden oder in der Eltern-Kind-Beziehung sehen können oder wie wir es – angemessen in eine naturalistische Terminologie übersetzt – in der theologischen und mystischen Literatur finden.

Das Machen der Wahrheit
in der zwischenmenschlichen Beziehung

Das Bild von der Wahrheit und der Realität, das wir von der klassischen Wissenschaft des Unpersönlichen ererbt haben, ist, daß sie »dort draußen« vollkommen, vollständig, verborgen, aber nicht unaufdeckbar vorhanden ist. Zunächst war man der Ansicht, daß der Beobachter einfach nur beobachtet. Später faßte man es dann so auf, daß der Beobachter eine Brille trägt, die die Dinge verzerrt, die er aber niemals absetzen kann. Neuerdings haben die Physiker und Psychologen gelernt, daß der Akt der Beobachtung selbst ein Formen, ein Verändern, ein Eindringen in das beobachtete Phänomen ist. Kurz, der Beobachter schafft die Realität, das heißt die Wahrheit, teilweise selbst. Die Realität scheint damit eine Art Legierung zwischen Beobachter und Beobachtetem zu sein, eine Art von gemeinsamem Produkt, eine Transaktion. Man denke zum Beispiel nur an die vielen neueren Untersuchungen über Reafferenz oder über die Auswirkungen der Beobachter-Erwartung, um nur zwei bekannte Forschungsgebiete zu erwähnen.

Ich meine hier mehr als nur die »persönliche Gleichung« des Astronomen oder selbst als HEISENBERGS Unbestimmtheits-Relation. Ich meine vielmehr die Unmöglichkeit herauszufinden, wie beispielsweise eine vorliterarische Kultur »wirklich« aussehen würde, ohne Verzerrung durch den beobachtenden Ethnologen. Oder um ein Beispiel anzuführen, mit dem ich erst kürzlich zu tun hatte: Wie kann man die bekanntlich dämpfende Wirkung eines außenstehenden Beobachters aus dem »wahren« Verhalten einer Straßenmissionsgruppe eliminieren? Als ich noch ins College ging, kursierte dort die vermutlich apokryphe Geschichte, daß die Mitglieder einer Studentengruppe zum Spaß ein hausbackenes, schüchternes Mädchen mit Aufmerksamkeiten überschüttet hätten; die Geschichte lief darauf hinaus, daß das Mauerblümchen hierdurch zu einem seiner weiblichen Reize bewußten jungen Mädchen wurde und daß die jungen Leute sich in ihr eigenes Geschöpf verliebten.

Emotion und Wahrheit

Ich zitiere aus WATSONS »The Study of Human Nature«: »Wenn zwei sich streiten, kann ich nicht finden, daß die Wahrheit in der Sache immer auf Seiten des gelasseneren Gegners ist. Leidenschaft kann auch die Ausdruckskraft der Streitenden vergrößern und so mit der Zeit sie zu tieferen Regionen der Wahrheit hinführen« (WATSON, 1953, 187–188). »Es steht außer Frage, daß *gewisse* Arten der Emotion unser Urteil völlig verzerren. Aber ich möchte den extremen Rationalisten fragen: Hätten wir überhaupt eine Wissenschaft, wenn die Wahrheit den Wahrheitssucher nicht zu einer leidenschaftlichen Hingabe inspirierte?« (WATSON, 1953, 188)

Hierin kommt die wachsende Unzufriedenheit unter den Psychologen mit der alten und weitverbreiteten Auffassung zum Ausdruck, daß Emotionen *nur* verzerrten, daß sie der Feind einer wirklichkeitsgetreuen Wahrnehmung und eines guten Urteils seien, daß sie das Gegenteil von Scharfsinn seien und daß Emotionen und Wahrheit sich daher gegenseitig ausschließen und sich ausschließen müssen. Eine humanistische Einstellung zur Wissenschaft erzeugt eine andere Haltung, daß nämlich die Emotion mit Erkenntnis synergetisch und eine Hilfe bei der Wahrheitsfindung sein kann.

Fusionswissen

Diese Liebesbeziehungen, die in das mystische Erlebnis des Einswerdens mit der Welt übergehen können, weisen uns (über das Wissen durch Liebe zum Gegenstand *hinaus*) auf unser letztes Ziel hin: das Wissen durch Verschmelzung mit dem Gegenstand, durch Einswerden mit ihm. Darunter kann man zu theoretischen Zwecken ein Erfahrungswissen verstehen, ein Wissen von innen heraus, das man dadurch erwirbt, daß man *ist*, was man erkennt. Wenigstens ist das die ideale Grenze, der sich ein solches Wissen nähert oder zu nähern sucht.

Das alles ist nicht so weit hergeholt, wie es klingen mag. Eine anerkannte Methode, die Schizophrenie zu studieren, ist, daß man vorübergehend selber durch Einnahme geeigneter Drogen schizophren zu sein sucht oder daß man schizophren gewesen und davon geheilt worden ist. Man kann sich dann leichter mit den Schizophrenen identifizieren. Einer der beliebtesten und geachtetsten neobehavioristischen Ratten-Psychologen, EDWARD TOLMAN, hat einmal im Gegensatz zu seinen eigenen offiziellen Theorien eingeräumt, wenn er voraussagen wolle, was eine Ratte tun werde, versuche er, sich mit der Ratte zu identifizieren und wie eine solche zu empfinden und sich dann zu fragen: »Was würde ich jetzt tun?« Vieles, was wir über die Kommunisten wissen, haben wir von ehemaligen Kommunisten erfahren, die sich noch daran erinnern konnten, wie einem zumute ist, wenn man Kommunist ist. Das gleiche würde für die Anhänger von JOHN BIRCH[3] gelten, und ich warte begierig auf einen retrospektiven Bericht, wie man sich als ein JOHN BIRCH fühlt.

Ein anderes Beispiel nach dem gleichen Muster, wenn auch auf einem anderen Gebiet, ist das des Ethnologen. Man kann über einen Stamm, der einem nicht sympathisch ist oder dem man selbst nicht sympathisch ist, viel lernen; aber dem, was man unter diesen Umständen erfahren kann, sind deutliche Grenzen gesetzt. Um seine Indianer zu kennen, muß man bis zu einem gewissen Grade mit ihrer Kultur eins werden. Wenn man zum Blackfoot-Indianer »wird«, kann man viele Fragen einfach durch Selbstbeobachtung beantworten.

Selbst bei einer extrem unpersönlichen Einstellung kann man beim Blick durch ein Teleskop zwischen zwei verschiedenen Empfindungen unterscheiden. Man kann durch das Teleskop den Mond betrachten und wie der Schneider *Peeping Tom*[4] (als Zuschauer, Außenseiter) durch das Schlüsselloch auf das Fremde, das Andere, das Weitentfernte (was wir nicht sind und nie sein können) blicken. Oder man kann sich vergessen und gefangengenommen, fasziniert und mitten drin sein in dem, was man sich anschaut, mitten *in* jener

Welt, anstatt nur von draußen hineinzusehen. Ein ähnlicher Unterschied besteht zwischen einem Familienmitglied und einer Waise draußen auf der dunklen, kalten Straße, die sehnsüchtig durchs Fenster auf das gemütliche Familienleben hineinblickt. COLIN WILSONS Bücher sind voller Beispiele von Außenseitern und sehnsüchtigen heimlichen Beobachtern (vgl. WILSON, 1964).

Ähnlich kann man sich innerhalb der mikroskopischen Welt befinden, oder man kann von draußen durchs Mikroskop auf den Objektträger blicken, wo man dann ein draußen befindliches Objekt sieht. Man kann sich eine Orgelmusik verständnisvoll anhören und sich ruhig überlegen, wie gut sie ist und ob sie das Geld wert ist, das man für die Eintrittskarte bezahlt hat. Oder man kann plötzlich davon ergriffen werden und selbst Musik werden und sie durch sein Inneres pulsieren fühlen, so daß man sich nicht an einem fremden Ort befindet. Wenn man tanzt und der Rhythmus einen »packt«, kann man hineingleiten und sich im Rhythmus mitten drin befinden. Man kann sich mit dem Rhythmus identifizieren. Man kann zum willigen Instrument werden.

Zwei Arten der Objektivität

Der Ausdruck »wissenschaftliche Objektivität« ist in der Tat von den Wissenschaftstheoretikern, die sich an der Physik orientieren, in Beschlag genommen und den Zwecken ihrer mechanomorphen Weltanschauung untergeordnet worden. Sicherlich war es für die Astronomen und Physiker eine Notwendigkeit, daß sie sich die Freiheit sicherten, das zu sehen, was sich ihren Augen darbot, anstatt sich die Wahrheit a priori von der Kirche oder dem Staat vorschreiben zu lassen. Das ist der Kern des Begriffes »wertfreie Wissenschaft«. Aber es ist diese heute von vielen unkritisch übernommene Verallgemeinerung, die so viele Wissenschaftler der Human- und Sozialwissenschaften verkrüppelt hat.

Natürlich sind diese Wissenschaftler heute bereit, die Werte anderer Menschen zu untersuchen, von denen sich der Forscher vermutlich auch distanzieren kann und die er so ohne alle Emotionen untersuchen kann wie die »Werte« von Ameisen oder Bäumen. Das heißt, man kann sie als »Tatsachen« behandeln, und auf diese Weise lassen sie sich ohne weiteres mit allen Methoden und Konzepten der klassischen unpersönlichen Wissenschaft angehen. Aber nicht darum geht es wirklich.

Worauf diese »wissenschaftliche Objektivität« hinauswill, ist klar: Sie dient dazu, sich dagegen abzusichern, daß in das Wahrgenommene menschliche oder übernatürliche Motive oder Emotionen oder vorgefaßte Meinungen hineinprojiziert werden, die nicht in der Tatsache »vorhanden« sind und daher auch nicht darin gesehen werden sollten. Man beachte, daß diese notwendige Regel der Wissenschaft, »nur zu sehen, was tatsächlich vorhanden ist« (die damit ihren Anfang nahm, daß man in unbelebten Gegenständen oder in Tieren *nicht* mehr den »göttlichen Plan« oder die Lehren des Aristoteles oder menschliche Zwecke sah), heute primär einen Versuch darstellt, sich dagegen abzusichern, daß der Wissenschaftler seine *eigenen* Werte oder Hoffnungen oder Wünsche hineinprojiziert.

Obwohl das nie vollständig möglich ist, kann man es doch bis zu einem gewissen Grad erreichen. Die normale wissenschaftliche Ausbildung und die normalen wissenschaftlichen Methoden stellen Bemühungen dar, diesem letztlich unerreichbaren Endziel immer näher und näher zu kommen. Es besteht kein Zweifel darüber, daß dieser Versuch auch in einem gewissen Ausmaß von Erfolg gekrönt ist. Jemand, der als ein guter Wissenschaftler gilt, zeichnet sich dadurch aus, daß er besser befähigt ist, auch das wahrzunehmen, was ihm mißfällt, und daß er immer skeptisch ist, wenn er etwas wahrnimmt, was ihm besonders gut in den Kram paßt.

Die Frage ist nur, wie weit es möglich ist, dieses Ziel zu erreichen. Welches ist der beste Weg, etwas so zu sehen, wie es wirklich ist, am wenigsten verunreinigt durch unsere eigenen Hoffnungen, Ängste, Wünsche und Ziele? Und was noch wichtiger ist: Gibt es nur einen Weg zu diesem Ziel? Gibt es noch einen anderen Weg zur

»Objektivität«, das heißt dahin, die Dinge so zu sehen, wie sie wirklich sind?

Im klassischen Sinn hat man »wissenschaftliche Objektivität« am erfolgreichsten erreicht, wenn ihr Gegenstand menschlichen Bestrebungen, Hoffnungen und Wünschen am fernsten lag. Es ist leicht, sich unbeteiligt, frei, ohne getrübten Blick und neutral zu fühlen, wenn man das Wesen der Steine, der Hitze oder des elektrischen Stromes untersucht. Man identifiziert sich nicht mit einem Mond. Er liegt einem nicht am Herzen wie etwa das eigene Kind. Man kann Sauerstoff oder Wasserstoff gegenüber leicht eine *Laissez-faire*-Haltung einnehmen und mit einer distanzierten Wißbegier an sie herangehen, taoistisch rezeptiv sein und die Dinge sie selbst sein lassen. Rund heraus gesagt, es ist leicht, neutral und objektiv, fair und gerecht zu sein, wenn einem nichts daran liegt, was herauskommt, wenn man sich nicht damit identifizieren oder damit sympathisieren, wenn man etwas nicht lieben oder hassen kann.

Aber was geschieht mit dem ganzen System von Ideen und Einstellungen, wenn wir in den humanen und sozialen Bereich überwechseln, wenn wir versuchen, Menschen gegenüber, die wir lieben oder hassen, oder in bezug auf unsere Loyalität und unsere Werte, ja uns selbst gegenüber, objektiv zu sein? Dann wollen wir vom *Laissez-faire* nichts mehr wissen, dann sind wir nicht mehr unpersönlich, unbeteiligt, unidentifiziert und ohne innere Anteilnahme. Und dementsprechend wird es weit schwieriger, »*laissez-faire*-objektiv« oder »gleichgültig objektiv« zu sein. Es kommen noch weitere Gefahren hinzu.

Es kann vorkommen, daß beispielsweise der Anthropologe im Bemühen, eine »wissenschaftliche«, das heißt unbeteiligte, *Laissez-faire*-, »Was-liegt-mir-daran?«-Objektivität zu erreichen, alles in Bausch und Bogen anerkennt, was er irrtümlich mit dieser Art von Objektivität in Zusammenhang bringt. Sein Vorgehen kann auf diese Weise mehr szientistisch als wissenschaftlich werden, er kann das Gefühl bekommen, er müsse seine menschlichen Gefühle für die Menschen, die er studiert, ersticken, es kann sein, daß er quantifiziert, ob es notwendig ist oder nicht, und daß er damit schließlich zu richtigen Einzelheiten und zu einem falschen Gesamtbild gelangt. (Die beste Lektüre auf dem Gebiet der Ethnologie ist noch immer eine überlegte Mischung aus sachlichen Monographien, Reiseberichten von der anspruchsvolleren Sorte und den impressionistischen Schriften der mehr poetisch und humanistisch eingestellten Anthropologen.)

Zugegebenermaßen kann eine solche unbeteiligte Objektivität bis zu einem gewissen Grade durch Training verbessert werden; weit wichtiger aber ist, daß die Möglichkeit zu einer anderen Art von Objektivität gegeben ist, die nicht dem Unbeteiligtsein, sondern der inneren Anteilnahme entspringt. Ich habe diese Art bereits in mehreren Veröffentlichungen als eine Konsequenz von Seins-Liebe, von Grenzerfahrungen, von vereinigender Wahrnehmung, von Selbstverwirklichung, von Synergie, von taoistischer Rezeptivität, von »kreativer Haltung«, von Seins-Erkenntnis und als allgemeinen Aspekt der Psychologie des Seins beschrieben, die NAMECHE (in: Journal of Humanistic Psychology, 1961) ebenfalls eindrucksvoll analysiert hat.

Kurz zusammengefaßt lautet meine These: Wenn wir etwas oder jemand auf der Seinsebene genug lieben, können wir uns an seiner Selbstverwirklichung freuen, was bedeutet, daß wir dann nicht mehr den Wunsch haben, uns einzumischen, da wir das Objekt um seiner selbst willen lieben. Wir sind dann in der Lage, es in einer nicht-interferierenden Weise wahrzunehmen, was bedeutet, daß wir es in Ruhe lassen. Dies bedeutet aber wiederum, daß wir es jetzt so sehen können, wie es wirklich ist, unbefleckt durch unsere selbstsüchtigen Wünsche, Hoffnungen, Forderungen, Ängste oder vorgefaßten Meinungen. Da wir es so lieben, wie es an und für sich ist, werden wir auch nicht geneigt sein, ein Urteil darüber zu fällen, es zu benutzen, zu verbessern oder auf irgendeine andere Art unsere eigenen Werte hineinzuprojizieren. Das bedeutet aber auch ein konkreteres Erfahren und Erleben, weniger abstrahieren, vereinfachen, organisieren oder intellektuell manipulieren. Etwas sich selbst überlassen impliziert auch, daß man eine holistischere, globalere Haltung einnimmt und weniger dazu neigt, aktiv zu zergliedern. Es läuft darauf hinaus, daß man das andere so gern haben kann, daß man es wagt, es genau so zu sehen, wie es ist; liebt man aber etwas so, wie es ist, hat man nicht mehr den Wunsch, es zu ändern. Daher kann man es (oder ihn) so sehen, wie es (oder er) seinem innersten Wesen nach ist, unberührt und unverdorben, das heißt objektiv. Je größer unsere Seins-Liebe zu einem anderen Menschen ist, um so weniger müssen wir ihm gegenüber blind sein.

Einen weiteren Aspekt dieser »liebenden Objektivität« kann man als Transzendenz bezeichnen. Wenn Objektivität unter anderem auch bedeutet, daß man fähig ist, die Dinge so zu sehen, wie sie wirklich sind, ob sie uns nun gefallen oder nicht, ob wir sie gutheißen oder nicht, ob sie gut sind oder schlecht, dann sind wir um so eher in der Lage, diesen Standpunkt einzunehmen, je mehr wir fähig sind, diese Unterscheidungen zu transzendieren. Es ist dies ein schwieriges Unterfangen, aber es ist zum Beispiel bei der Seins-Erkenntnis und in der Seins-Liebe usw. mehr oder weniger möglich. Es ist auch schwer, anderen zu vermitteln, aber da ich es bereits in anderen Veröffentlichungen versucht habe, will ich es hier nicht weiter verfolgen (vgl. auch NAMECHE, in: Journal of Humanistic Psychology, 1961).

Um nur ein Beispiel zur Veranschaulichung anzuführen, sei darauf hingewiesen, daß diese beiden Arten der Objektivität und ihre komplementäre Qualität deutlich an den unzweifelhaften Vorteilen und den ebenso unzweifelhaften Nachteilen des Außenseitertums zu erkennen sind. Der Jude oder der Neger besitzt eine weit größere Beobachtungsobjektivität im Bezug auf unsere Gesellschaft als der ihr Zugehörige. Wenn man einem Sportclub oder wenn man dem Establishment angehört, wird man vermutlich deren Werte für so selbstverständlich halten, daß man sie nicht einmal bemerkt. Hierher gehören auch alle Rationalisierungen, Ableugnungen, offiziellen Heucheleien und so weiter. Eben die kann aber der Außenseiter (WILSON, 1964) leicht und deutlich erkennen. Es gibt demnach gewisse Wahrheiten, die der Beobachter leichter sehen kann als der sie selbst Erlebende, welcher Teil der zu erkennenden Realität ist.

Andererseits spricht Verschiedenes, was ich bereits erwähnte, dafür, daß in gewisser Hinsicht die Neger die Neger besser kennen, als die Weißen dies tun usw. Ich muß das hier nicht noch einmal wiederholen.

Eine weitere faszinierende Reihe von Forschungsproblemen und -hypothesen ergibt sich auch aus dem Gedanken einer »Erkenntnis durch Seins-Liebe«. Die Fähigkeit zur Seins-Liebe zeugt von einer höheren Ebene der persönlichen Reife. Daher ist die Reife der Persönlichkeit eine Vorbedingung für diese Art des Verstehens, und ein Weg, diese Art der Erkenntnis zu verbessern, wäre eine Verbesserung der Reife des Erkennenden. Welche Folgerungen wären hieraus für die Ausbildung der Wissenschaftler zu ziehen?

Anmerkungen

1 Vgl. PLATO: »Man erkennt nur, was man liebt.« (Anm. des Übersetzers)
2 »Wenn man einen vollkommenen Trottel bei einer Untersuchung braucht, sollte man eigentlich den Mann nehmen, der nicht das geringste Interesse an den Ergebnissen hat; das ist garantiert der unfähigste, blödeste Dummkopf.« (WILLIAM JAMES)
3 JOHN-BIRCH-SOCIETY, eine konservative, antikommunistische Gruppe mit dem Ziel: weniger Herrschaft, mehr Verantwortung und eine bessere Welt; gegründet 1958. Benannt nach CAPTAIN JOHN BIRCH, einem Baptistenmissionar, der 1945 von kommunistischen Chinesen getötet wurde. (Anm. des Verlages)
4 Eine Anspielung auf die Geschichte des Schneiders Peeping Tom, der die nackte Lady Godiva bei ihrem Ritt durch Coventry heimlich beobachtet. (Anm. des Übersetzers)

12. Wertfreie Wissenschaft?

In meinem Buch »Religions, Values and Peak-Experiences« habe ich dargelegt, daß die orthodoxe Wissenschaft und die orthodoxe Religion in eine sich gegenseitig ausschließende Dichotomie institutionalisiert und eingefroren wurden. Diese Trennung in das aristotelische *A* und *Nicht-A* ist fast vollkommen durchgeführt, so als ob man eine Grenzlinie zwischen ihnen gezogen hätte in der Art, wie einst Spanien und Portugal die Neue Welt unter sich geteilt haben, indem sie eine geographische Linie zogen. Jede Frage, jede Antwort, jede Methode, jeder Zuständigkeitsbereich, jede Aufgabe muß entweder der einen oder der anderen Seite zugeteilt werden; Überschneidungen gibt es so gut wie keine.

Eine Folge davon ist, daß sie beide pathologisiert, durch die Aufspaltung krank gemacht, in eine verkrüppelte Halb-Wissenschaft und eine verkrüppelte Halb-Religion auseinandergerissen wurden. Diese Entweder-Oder-Spaltung zwingt dazu, sich entweder für die eine oder für die andere Seite zu entscheiden, so als ob man es mit einem Zweiparteiensystem zu tun hätte, in welchem man sich zwischen zwei Kandidaten zu entscheiden hat und wo den einen wählen bedeutet, daß man den anderen ablehnt.

Die Folge dieser erzwungenen Entscheidung für die eine oder die andere Seite ist, daß der Student, der Wissenschaftler werden will, damit automatisch einen großen Teil des Lebens, besonders seine reichsten Seiten, aufgibt. Er ist wie ein Mönch, der beim Eintritt ins Kloster ein Gelübde des Verzichts ablegen muß (weil die orthodoxe Wissenschaft so viele Teile der realen Welt aus ihrem Geltungsbereich ausgeklammert hat).

Vor allem hat die Wissenschaft alle Wertungen aus ihrem Bereich entfernt. Man hat die orthodoxe Wissenschaft als wertfrei definiert und von ihr behauptet, daß sie nichts mit Zielen, Vorhaben, Zwekken, einem Lohn (für geleistete Arbeit) oder mit den Rechtfertigungen des Lebens zu tun habe. Eine bekannte Formulierung lautet: »Die Wissenschaft kann uns nichts über das Warum, sondern nur etwas über das Wie sagen.« Eine andere Parole ist: »Die Wissenschaft ist keine Ideologie, keine Ethik, kein Wertsystem; sie kann uns nicht helfen, zwischen Gut und Böse zu wählen.« Damit wird aber unvermeidlich impliziert, daß die Wissenschaft lediglich ein Instrument, eine Technologie ist, die gute wie schlechte Menschen gleichermaßen benutzen können. Hierfür sind die Konzentrationslager der Nazis ein Beispiel. Weiterhin wird impliziert, daß es miteinander vereinbar ist, ein guter Wissenschaftler und ein guter Nazi zu sein. Eine Rolle schließt die andere nicht aus. Wenn die Existenzialisten fragen, weshalb wir keinen Selbstmord begehen sollen, kann der orthodoxe Wissenschaftler nur mit einem Achselzucken sagen: »Ja, warum eigentlich nicht?« (Um nicht falsch verstanden zu werden, möchte ich darauf hinweisen, daß ich hier nicht von einem apriorischen »Sollen« oder »Sollten« rede: Organismen treffen eine Wahl zwischen Leben und Tod; sie ziehen das Leben vor und halten daran fest; aber man kann vom Sauerstoff oder von den elektromagnetischen Wellen oder von der Schwerkraft nicht sagen, daß sie im gleichen Sinne das eine dem anderen vorziehen.)

Die Situation ist heute noch schlimmer als während der Renaissance, weil inzwischen alle Wertbereiche, alle Humanität und alle Künste dieser Welt der Nicht-Wissenschaft, das heißt dem Nichtwissenschaftlichen, zugeordnet werden. Die Wissenschaft hat ursprünglich mit dem Entschluß angefangen, sich auf die eigenen Augen anstatt auf die Alten oder auf die Autorität der Kirche oder auf die reine Logik zu verlassen. Das heißt, es handelte sich ursprünglich nur um eine Art, selbst hinzusehen, anstatt den vorgefaßten Ideen anderer zu trauen. Damals hat niemand davon gesprochen, daß die Wissenschaft wertfrei sei. Das kam erst später hinzu.

Heute versucht die orthodoxe Wissenschaft nicht nur frei von Werten, sondern auch frei von Emotionen zu sein. Wie unsere Jungen sagen würden: Sie versucht, »kühl« zu sein. Grundbegriffe wie

Distanz und Objektivität, Präzision, Strenge und Quantifizierung, Ökonomie und Gesetzmäßigkeit implizieren sämtlich, daß Emotion und emotionale Intensität die Erkenntnis verunreinigen. Die nicht in Frage gestellte Annahme lautet, daß »kühles« Wahrnehmen und neutrales Denken zur Aufdeckung jeder Art von Wahrheit am besten geeignet sind. Tatsächlich sind sich viele Wissenschaftler nicht einmal bewußt, daß es auch noch andere Arten der Erkenntnis gibt. Eine wichtige Nebenerscheinung dieser Dichotomisierung ist, daß man die Wissenschaft desakralisiert hat, daß man sämtliche Erfahrungen von Transzendenz aus dem Bereich des anerkannten Wissens und des korrekt Erkennbaren verbannt hat und behauptet, daß in der Wissenschaft für Ehrfurcht, Wunder, Geheimnis, Ekstase, Schönheit und Grenzerfahrungen kein Platz vorhanden ist.

Werte der Wissenschaft

»Der Psychologe kann zum Beispiel das Denken einer Versuchsperson als paranoid beschreiben, aber trotzdem ... hütet er sich, Werturteile über ein solches Verhalten auszusprechen. Andererseits stellt der Philosoph, dessen Aufgabe es ist, Werturteile auszusprechen, fest, ob paranoides Denken gut oder schlecht, wahr oder falsch, wünschenswert oder nicht wünschenswert ist usw. ... Dies unterscheidet die Philosophie von allen anderen Wissenschaften. Die Philosophen werten; sie stellen fest, ob eine Person, ihr Verhalten oder ihr Charakter gut oder schlecht, richtig oder falsch, schön oder häßlich ist. Tatsächlich ist dies genau die Art, wie Platon die Philosophie definiert hat, nämlich als das Studium des Wahren, Guten und Schönen. Die Wissenschaftler hüten sich vor Werturteilen, da sie das für unwissenschaftlich halten würden, und mit Recht ... Nur die Philosophen bewerten, während die Wissenschaftler die Tatsachen so genau wie nur irgend möglich beschreiben.«[1]

Ganz offensichtlich bedarf diese Behauptung zahlreicher Qualifikationen. Die Unterscheidung ist allzu einfach. Weit subtilere Differenzierungen sind nötig, auch wenn wir den allgemeinen Gedankengang der Behauptung anerkennen, das heißt, daß der Wissenschaftler im allgemeinen weniger Werturteile fällt als der Nichtwissenschaftler und daß es ihm vielleicht auch mehr auf Beschreibung ankommt als dem Nichtwissenschaftler – wenn ich auch bezweifle, daß man etwa einen Künstler hiervon überzeugen könnte.

Einmal ist der gesamte wissenschaftliche Prozeß durchsetzt von selektiven Verfahren, Auswahl und Präferenz. Wir könnten sogar, wenn wir wollten, von einem Spielen ebenso wie von gutem Geschmack, Urteilsfähigkeit und Kennerschaft sprechen. Kein Wissenschaftler ist lediglich eine Kamera oder ein Tonbandgerät. Er betreibt seine Arbeit nicht kritiklos. Er tut nicht irgend etwas Beliebiges. Er arbeitet an Problemen, die er als »wichtig« oder als »interessant« charakterisiert, er bietet »elegante« oder »schöne« Lösungen an. Er macht »hübsche« Experimente und zieht »saubere« Resultate undurchsichtigen oder schlampigen vor.

Bei all dem handelt es sich um Wertbezeichnungen, Bewertungen, Auswahl, Bevorzugungen, die implizieren, daß es nicht nur in der Strategie und Technik des Wissenschaftlers, sondern auch in seinen Motivationen und Zielen ein mehr oder weniger Wünschenswertes gibt. POLANYI (1958) hat auf höchst überzeugende Weise die These aufgestellt, daß ein Wissenschaftler stets ein Spieler, ein Kenner, ein Mann von gutem oder schlechtem Geschmack ist, der aufgrund seiner Überzeugung handelt und sich engagiert, ein Mann des Willens, ein Mensch mit Verantwortungsgefühl, ein aktiv Handelnder, ein Wähler und damit auch ein Verwerfer.

Alle diese Feststellungen gelten erst recht für den »guten« Wissenschaftler (verglichen mit dem landläufigen, durchschnittlichen bis schlechten Wissenschaftler). Das heißt, bei gleicher Intelligenz läßt sich der Wissenschaftler, den wir mehr bewundern und höher einschätzen und der von seinen Fachkollegen und von der Geschichte geehrt wird, weit mehr kennzeichnen als ein Mann von gutem Geschmack und gutem Urteil, als jemand, der intuitiv das richtige Gefühl für die Dinge hat, der diesen Gefühlen traut und sich ohne Angst auf sie verlassen kann, jemand, der irgendwie eine gute Nase für gute Probleme hat, der es versteht, sich saubere Pläne auszudenken, der ausklügelt, wie man sie testen kann, und dem es irgendwie gelingt, zu einfachen, wahren und überzeugenden Lösungen zu gelangen. Der schlechte Wissenschaftler kennt nicht den Unterschied zwischen einem wichtigen und einem unwichtigen Problem, einer guten und einer schlechten Technik, einer eleganten und einer ungeschickten Demonstration, kurz, er versteht nicht zu werten. Es geht ihm der gute Geschmack ab. Und er hat keine intuitiven Ahnungen, die sich dann als richtig herausstellen. Oder wenn er sie hat, dann erschrecken sie ihn, und er wendet sich davon ab.

Aber ich möchte nicht nur behaupten, daß das Auswählen notwendigerweise Auswahlprinzipien, das heißt Werte, impliziert; noch augenfälliger scheint mir die Tatsache, daß das ganze Unternehmen der Wissenschaft es mit der »Wahrheit« zu tun hat. Darum geht es doch in der Wissenschaft. Wahrheit wird als ihrem Wesen nach wünschenswert, wertvoll und schön angesehen. Und natürlich ist Wahrheit immer zu den höchsten Werten gerechnet worden. Das heißt aber, daß die Wissenschaft im Dienste eines Wertes steht und mit ihr auch alle Wissenschaftler (BRONOWSKI, 1951; 1956, und in: New Knowledge in Human Values, 1959).

Und wenn ich wollte, könnte ich noch andere Werte in die Diskussion miteinbeziehen, da es mir wahrscheinlich vorkommt, daß die volle, letzte »Wahrheit« schließlich einzig und ganz und gar nur durch alle die anderen letzten Werte zu definieren ist. Das heißt, die Wahrheit ist letzten Endes schön, gut, einfach, umfassend, vollkommen, vereinheitlichend, lebendig, einzigartig, notwendig, endgültig, gerecht, wohlgeordnet, mühelos, sich selbst genügend und faszinierend (MASLOW, in: Journal of Humanistic Psychology, 1962). Wenn sie diese Eigenschaften nicht ganz besitzt, so handelt es sich noch nicht um Wahrheit in ihrem höchsten Grad und in ihrer vollsten Qualität.

Aber die Behauptung, die Wissenschaft sei wertfrei oder nicht wertfrei, hat noch andere Bedeutungen. Die Psychologen sind sich über einen dieser strittigen Punkte inzwischen einig geworden. Es ist tatsächlich möglich, die Werte menschlicher Wesen auf fruchtbare Weise zu studieren. Es ist ganz offensichtlich so: zum Beispiel besitzen wir den »Allport-Vernon-Lindzey-Test« für Werte, der uns in die Lage versetzt, in groben Umrissen zu sagen, daß jemand beispielsweise die religiösen Werte den politischen oder den ästhetischen vorzieht. Es ist ebenfalls richtig, wenn auch weniger augenfällig, daß man zum Beispiel die vielen Untersuchungen über die Futtervorlieben von Affen als Beschreibung dessen ansehen kann, was für das Tier wertvoll ist. Das gleiche gilt auch für die Experimente mit der freien Wahl und der Selbstwahl, die man auf vielen Gebieten durchgeführt hat. Sämtliche Untersuchungen über Wahl oder Vorliebe oder Selektion kann man in einem speziellen und nützlichen Sinn als Untersuchungen über instrumentale oder finale Werte ansehen.

Die entscheidende Frage, die man sich stellen muß, lautet: Kann die Wissenschaft die Werte entdecken, nach denen der Mensch leben sollte? Ich glaube ja, und ich habe diese These an verschiedenen Stellen vorgebracht und sie mit allen mir zur Verfügung stehenden Daten erhärtet (MASLOW, 1959; 1962; in: Journal of Humanistic Psychology, 1962; in: American Journal of Psychoanalysis, 1963; 1964; in: Human Motivation: A Symposium, 1965; 1965). Diese Beweise genügten, um mich – aber nicht die größeren Skeptiker – zu überzeugen. Am besten könnte man es wohl als These bezeichnen, die ihrem Wesen nach programmatisch und einleuchtend genug war, um Aufmerksamkeit zu verdienen, jedoch nicht genügend erhärtet, um als Tatsache akzeptiert zu werden.

Die Tatsache, auf die ich zunächst eingehen möchte, sind die gesammelten Erfahrungen der dynamischen Psychotherapie, die bei FREUD angefangen hat und bis heute in den meisten Therapien fortgesetzt wird, die mit der Aufdeckung der Identität oder des Wahren Selbst beschäftigt sind. Ich möchte sie alle als »aufdeckende« oder taoistische Therapien bezeichnen, um zu betonen, daß sie sich zum

Ziel gesetzt haben, das tiefste Selbst aufzudecken (mehr als es aufzubauen), welches von schlechten Gewohnheiten, falschen Vorstellungen, Neurotisierungen usw. verdeckt war. Alle diese Therapien stimmen darin überein, daß dieses höchst reale Selbst zum Teil aus Bedürfnissen, Wünschen, Impulsen und instinktartigen Begierden besteht. Man kann sie als Bedürfnisse bezeichnen, weil sie befriedigt werden müssen, wenn nicht Psychopathologie die Folge sein soll. Tatsächlich aber war der historische Gang der Entdeckung umgekehrt. FREUD, ADLER, JUNG und die übrigen waren sich darin einig, daß sie bei ihrem Bemühen, die Ursprünge der Erwachsenenneurose zu verstehen, schließlich alle auf biologisch dringende Bedürfnisse stießen, welche in früher Jugend verletzt oder vernachlässigt worden waren. Die Neurose scheint ihrem Wesen nach eine Mangelkrankheit der gleichen Art zu sein, wie sie die Ernährungswissenschaftler entdeckt haben. Und genau wie letztere in einer Art von rekonstruierender Biologie schließlich sagen konnten: »Wir haben das Bedürfnis nach Vitamin B 12«, so können auch die Psychotherapeuten sagen, daß wir ein Bedürfnis nach Liebe und Sicherheit haben (MASLOW, in: Human Motivation: A Symposium, 1965).

Diese »instinktoiden« Bedürfnisse in der Natur können wir uns auch als eingebaute Werte vorstellen – als Werte nicht nur in dem Sinn, daß der Organismus sie wünscht und sucht, sondern auch in dem Sinne, daß sie sowohl gut als auch notwendig für den Organismus sind. Und eben diese Werte werden im Verlauf einer psychotherapeutischen Behandlung oder Selbstfindung entdeckt – *wieder*-entdeckt, sollten wir vielleicht sagen. Wir können demnach in diesen Techniken der Therapie und Selbstfindung auch kognitive Werkzeuge oder wissenschaftliche Methoden sehen (in dem Sinn, daß es die besten Methoden sind, die uns heute zur Verfügung stehen, um diese speziellen Daten aufzudecken).

In dieser Hinsicht wenigstens möchte ich behaupten, daß die Wissenschaft im weitesten Sinn aufdecken kann und tatsächlich auch aufdeckt, was menschliche Werte sind, was der Mensch braucht, um ein gutes und glückliches Leben zu führen, was er braucht, um Krankheit zu vermeiden, kurz, was gut für ihn ist und was schlecht für ihn ist. Offensichtlich existieren bereits Entdeckungen dieser Art in großer Zahl, zum Beispiel in allen Bereichen der Medizin und der Biologie. Aber hier müssen wir vorsichtig unterscheiden. Einerseits ist das, was ein gesunder Mensch wählt, bevorzugt und aus seinem innersten Wesen heraus werthält, auch fast immer gut für ihn. Andererseits haben die Mediziner vielleicht gelernt, daß Aspirin gut gegen Kopfschmerzen ist, aber wir besitzen keine angeborene Sehnsucht nach Aspirin, wie wir sie nach Liebe und Achtung verspüren.

Wissenschaft als Wertsystem

In einem Interview hat RALPH ELLISON über seine Arbeit gesagt: »Ich habe das Gefühl, daß ich mit meinem Entschluß, mich dem Romanschreiben zu widmen, eine jener Verantwortungen übernommen habe, die all jene geerbt haben, die dieses Handwerk in den Vereinigten Staaten ausüben: nämlich für alle jenes Fragment der riesigen, mannigfaltigen amerikanischen Erfahrung zu beschreiben, das ich am besten kenne und das mir die Möglichkeit bietet, nicht nur zur Weiterentwicklung der Literatur beizutragen, sondern auch die Kultur so mitzuformen, wie ich sie gern haben möchte. Der amerikanische Roman ist in diesem Sinne eine Eroberung von Neuland; indem er unsere Erfahrungen beschreibt, schafft er sie.«[2]

Diese Äußerung bringt gut die motivationale Situation zum Ausdruck, mit der sich gewissenhafte Wissenschaftler wie Schriftsteller konfrontiert sehen. Gewiß ist es für den Wissenschaftler eine Hauptaufgabe, ja ein *sine qua non,* einen Teil der Welt für alle zu beschreiben und zur Erweiterung der wissenschaftlichen Literatur beizutragen. Bis hierher fragt man nicht einmal »warum«. Der Wissenschaftler tut es, weil es ihm Freude macht, weil es ihn »interessiert«, weil es Spaß macht oder fasziniert oder weil er sich vielleicht auch auf diese Weise ein leichteres und angenehmeres Leben machen kann, als wenn er einen Lastwagen führe. Soweit macht ihm die Sache Spaß, weil sie ihm eben Spaß macht; und weil er damit sich und seine Familie ernährt, hat niemand etwas dagegen einzuwenden, selbst dann nicht, wenn man nicht versteht, was er eigentlich macht und warum er es macht.

Aber man beachte, daß wir, wenn wir hier haltmachen, ihn nicht von irgendeinem Arbeiter anderer Art unterscheiden können, der seine Arbeit gern tut, eben weil sie ihm Spaß macht. So kann zum Beispiel ein professioneller Bridgespieler oder ein Briefmarkensammler oder ein Fernsehansager oder ein Mannequin auch genau das tun, was er oder sie tun möchte, und seinen Lebensunterhalt damit verdienen.

Der Wissenschaftler versucht normalerweise seinen Beruf nicht nur vor der Gesellschaft, die ihn unterstützt und beschützt, sondern auch vor sich selbst, vor seinen Freunden und seiner Familie zu rechtfertigen. Meist gibt er sich nicht mit einer Erklärung zufrieden, die nur darauf hinausläuft, daß er ihm Freude macht. Er hat das Gefühl und sucht das auch, wenn auch noch so unartikuliert, zum Ausdruck zu bringen, daß seine Arbeit über sein persönliches Vergnügen hinaus wertvoll ist – daß sie an sich, für andere, für die Gesellschaft, für die Menschheit von Wert ist. Und ein recht großer Prozentsatz von Wissenschaftlern wird uns erklären, auch sie »formten die Kultur mit, so wie sie sie gern haben möchten« – das heißt, sie sind Utopisten. Sie haben Ziele im Auge, die sie für an sich gut halten und die sie anstreben. (Natürlich gilt das nur für einige, nicht für alle.) Das heißt, sie stehen im Dienst einer Sache; sie sind nicht nur egoistisch.

Auch in einem anderen Sinne sind Wissenschaft und Wissenschaftler nicht wertfrei. Sie sehen einen Unterschied darin, ob man Wissenschaftler ist oder ob man beim Werbefernsehen beschäftigt ist. Sie fühlen sich edel, wertvoll und überlegen. Sie glauben, sie führten ein besseres Leben als – sagen wir – ein Mannequin. Die Wissenschaft *dient* einem Zweck und ist außerdem an sich wertvoll. Sie ist an sich gut, weil sie mehr Wahrheit, Schönheit, Ordnung, Gesetzmäßigkeit, Güte, Vollkommenheit, Einheit usw. erzeugt, und es ist ganz gewiß eine Ehre, ein so ehrfurchtseinflößendes Gebäude aufbauen zu helfen. Sie ist gut für etwas (oder kann es doch sein), weil sie das Leben verlängert und Krankheit und Schmerz reduziert, weil sie den Reichtum und die Fülle des Lebens vergrößert und die zermürbende Arbeit verringert und (im Prinzip) auch die Menschen besser machen könnte.

Die Rechtfertigung, die jeweils vorgebracht wird, hängt von dem speziellen Publikum ab, welches man überzeugen möchte, und natürlich muß das »Niveau« der Rechtfertigung dem des Zuhörers entsprechen. Aber irgendeine Rechtfertigung findet man gewöhnlich und braucht sie auch. Die Wissenschaft als menschliches Unterfangen und als soziale Institution hat Ziele, Zwecke, eine Ethik und Moral und bestimmte Vorhaben – mit einem Wort, Werte –, wie BRONOWSKI (1951; 1956 und in: New Knowledge in Human Values, 1959) so einleuchtend und brillant dargelegt hat.

Anmerkungen

1 W. SAHAKIAN und M. SAHAKIAN: »Realms of Philosophy« (Schenkman Publishing Co.) 1965, S. 3–4.
2 »Writers at Work: Second Series« (Viking) 1963, S. 344.

13. Stufen, Ebenen und Grade des Wissens[1]

Im achten Kapitel habe ich davon gesprochen, daß bessere Selbsterkenntnis bessere »Wisser« (»knower«) macht. Das ist nie im üblichen Sinne »bewiesen« worden. Wie kann ich dann aber wagen, eine solche Behauptung aufzustellen?

Ich möchte die Feststellung zum Beispiel mit Tausenden von klinischen Erfahrungen, mit einzelnen Patienten bei einzelnen Therapeuten sowie mit den persönlichen Berichten der Therapeuten selbst belegen. Für die meisten Menschen mit einem gesunden Menschenverstand ist diese Erfahrung eine Art des Wissens, auch wenn sie eine relativ geringe Verläßlichkeit besitzt. Ohne Frage wäre unser Zutrauen zu dieser »Wahrheit« weit größer, wenn ein sorgfältig geplantes und sauber angelegtes Experiment statistisch signifikant die Überlegenheit von gesunderen Wissenschaftlern über weniger gesunde oder die Überlegenheit von Wissenschaftlern, welche eine Psychoanalyse hinter sich haben usw., erwiesen hätte. Derartige Daten sind weit verläßlicher als die »klinische Erfahrung«. Aber sind wir deshalb nicht realistisch und »wissenschaftlich«, wenn wir zwar keine solchen Experimente zur Verfügung haben, aber uns über den Verläßlichkeitsgrad der Daten ganz klar sind und wenn wir einander darüber klare Angaben machen?

Wissen ist eine Sache des Grades. Jeder noch so bescheidene Zuwachs an Wissen ist besser als gar nichts. Ein Fall ist besser als keiner, und zwei Fälle sind besser als einer. Weder das Wissen im allgemeinen noch die Verläßlichkeit im besonderen ist eine Sache von »alles oder nichts«. Es gibt keine scharfe Küstenlinie, welche das feste Land des Wissens gegen den Ozean des Nichtwissens abgrenzt.

Es gibt Leute, die sich darauf versteifen, daß »wissenschaftliches« Wissen klar, durchsichtig, widerspruchsfrei definiert, unmißverständlich, demonstrierbar, wiederholbar, mitteilbar, logisch, rational, verbalisierbar und bewußt sein muß. Wenn es das nicht ist, dann ist es nicht »wissenschaftlich«; es ist dann etwas anderes. Aber was sollen wir dann zu den ersten Stufen des Wissens sagen, zu den Vorläufern dieser Endformen, den Anfängen, die jeder von uns leicht genug in sich selbst erfahren kann?

Zuerst kommt das Unbehagen, die Unruhe, das leidige Gefühl, daß da etwas nicht stimmt. Man kann dieses Unbehagen verspüren, bevor man es sich erklären kann. Das heißt, wir spüren etwas, das in Worte gefaßt etwa lauten würde: »Ich fühle mich unbehaglich, aber ich weiß nicht warum. Irgend etwas stimmt hier nicht ganz, aber ich weiß nicht, was es ist.« Noch verwirrender ist, daß dieses Gefühl völlig unbewußt oder nur halbbewußt sein kann und daß man es vielleicht erst etwas später rückblickend bemerkt.

Wenn wir uns an diesem Punkt befinden, haben wir es lediglich mit Ahnungen, Vermutungen, Intuitionen, Träumen, Phantasien, unbestimmten »Vorgedanken« zu tun, welche noch nicht in Worte gefaßt sind. Zufällige Assoziationen können uns in der einen oder anderen Richtung vorantreiben. Wir können plötzlich aus dem Schlaf erwachen und eine Antwort bereit haben, die sich, wenn wir sie anschließend überprüfen, als richtig oder als falsch erweisen kann. Die Kommunikation mit uns selbst oder mit anderen ist oft unbestimmt, unzusammenhängend, voller innerer Widersprüche, unlogisch, ja irrational. Sie kann sich auch in sprachliche Bilder, Metaphern, Gleichnisse und so weiter kleiden. Wir können unsere Forschungsarbeit damit beginnen, daß wir eine Lücke fühlen und darüber so reden, wie man es mehr von einem Dichter als von einem Wissenschaftler erwartet. Und wir können uns dann mehr wie ein Arzt, ein Spieler oder ein Lehrer als wie ein traditioneller Wissenschaftler benehmen.

Man denke zum Beispiel nur an die Sprache der Psychoanalyse mit ihren Analogien aus der Physik, mit ihren Parallelen, Verdinglichungen, Personifizierungen und halbmythologischen Sprachgebilden. Es ist einfach, all das vom Standpunkt der abgeschlossenen, eleganten Wissenschaft aus zu kritisieren. Aber – so lautet mein

Hauptargument – diese Wörter sind die tastenden Versuche, intuitive, klinische Gefühle mitzuteilen, die man nicht auf andere Weise ausdrücken kann. Es ist das beste, was man auf der gegenwärtigen Entwicklungsstufe des Wissens zu bieten hat. Die besten Logiker, Mathematiker, Physiker, Chemiker und Biologen der Welt könnten es nicht besser machen, wenn sie vor der Aufgabe stünden, zum Beispiel die Phänomene der Übertragung oder der Verdrängung oder der Angst zu beschreiben. Diese Phänomene existieren und sind von Tausenden von Patienten in der einen oder anderen Form erlebt und berichtet worden, und Tausende von Psychotherapeuten sind in der einen oder anderen Version Zeuge gewesen. Und dennoch ist es unmöglich, sie korrekt zu beschreiben oder sich auch nur darüber zu einigen, welche Worte bei dieser Beschreibung zu benutzen sind.

Für den Laboratoriumswissenschaftler ist es leicht, all das zu kritisieren. Aber letzten Endes läuft eine solche Kritik auf nichts anderes hinaus als auf den Vorwurf, daß hier ein Endstadium des Wissens noch nicht erreicht sei. Deshalb klingt Wissen im Anfangsstadium oft ungenau und zweideutig. *Es ist dies ein Stadium, durch welches das Wissen hindurch muß!* Es gibt meines Wissens keine Alternative.[2]

Wenn diese Tatsache ganz verstanden ist, können wir uns jetzt etwas verärgert wieder den Kritikern zuwenden. Fast könnten wir versucht sein, einen solchen Kritiker psychoanalytisch zu interpretieren, anstatt ihm mit logischen Argumenten zu antworten. Denn an dieser Stelle merken wir, daß diese Kritiker oft Ordnung, Exaktheit und Präzision unbedingt *brauchen* und es nicht ertragen können, wenn sie nicht vorhanden sind, daß sie nur jene Probleme für ihre Arbeit aussuchen, die dieses Kriterium bereits erfüllen, und daß ihre Kritik tatsächlich darauf hinauslaufen kann, daß sie bestimmte Probleme von vornherein verwerfen. Vielleicht üben sie gar nicht Kritik an unserer Methodologie, sondern an uns selbst, weil wir diese Fragen stellen.

Wissenschaftler, welche Ordnung und Einfachheit unbedingt nötig haben, sind meist klug genug, von den humanistischen und persönlichen Problemen der menschlichen Natur die Finger zu lassen. Eine derartige Entscheidung kann ein Hinweis darauf sein, daß dem Betreffenden die Ordnung wichtiger ist als eine neue Erkenntnis über die menschliche Natur, diese Einstellung kann dazu dienen, unangenehmen Problemen aus dem Wege zu gehen.

Verläßlichkeitsebenen des Wissens

Es besteht eine gewisse Neigung dazu, das Wissen in wahres und falsches, signifikantes und nichtsignifikantes, verläßliches und nichtverläßliches zu dichotomisieren. Man braucht nur einen Augenblick nachzudenken, um zu erkennen, daß das unklug ist. Die Verläßlichkeit des Wissens ist eine Sache des Grades. Das gleiche gilt für Wahrheit und Falschheit. Und ganz sicher auch für Signifikanz und Relevanz.

Wenn wir nur die eine Tatsache kennen, daß zum Beispiel eine Münze auf die Kopfseite gefallen ist, dann ist die Wahrscheinlichkeit, daß sie bei einem zweiten Wurf wieder auf die Kopfseite fällt, größer als ein halb, und jeder gescheite Mensch würde entsprechend wetten. Das hängt damit zusammen, daß wir aufgrund dieser einen kleinen Erfahrung die geringe Möglichkeit erwägen müssen, daß die Münze einseitig etwas schwerer ist.

KNIGHT DUNLAP hat vor langer Zeit gezeigt, daß Leute, die aufgefordert wurden zu raten, welches von zwei geringfügig unterschiedlichen Gewichten das schwerere sei, öfter richtig zu raten pflegten, als dem Zufall entsprochen hätte, und das, obgleich sie bewußt zu ihrem Urteil keinerlei Vertrauen hatten. Bewußt waren sie der Ansicht, daß das nur geraten war. Andere Untersuchungen konnten Ähnliches bei Gruppenraten feststellen. Der Durchschnitt von zehn Leuten, die blindlings raten (das heißt ohne subjektives Vertrauen in ihre Entscheidung), tendiert dazu, dem richtigen Mittelwert näherzukommen als der Durchschnitt von fünf blindlings Ratenden.

Die Geschichte der Medizin – besonders die der Pharmakologie – zeigt immer wieder, daß es sich auszahlt, zum Beispiel den Glauben primitiver Stämme an die therapeutische Wirkung eines Krauts oder einer Rinde ernst zu nehmen, selbst wenn die dazu abgegebenen Erklärungen widersinnig oder nachweislich falsch sind. Ein undeutlicher Schimmer der Wahrheit kann auch von unklar verstandenen Lernerfahrungen ausgehen. Und so schenken wir in diesem Bereich – wie auch in anderen – der Meinung des Experten, dem Verdacht des erfahrenen Klinikers und der Meinung des Fachmanns einigen – wenn auch beschränkten – Glauben. Solange wir keine verläßlichen Tatsachen besitzen, mit denen wir weiterkommen, lassen wir uns vom Besten, was uns jeweils erreichbar ist, leiten.

Wir alle haben uns daran gewöhnt, wenn wir es mit Chirurgen, Psychiatern, Rechtsanwälten und so weiter zu tun haben. Das gilt besonders für den Fall, daß wir uns gezwungen sehen, eine Entscheidung zu fällen, ohne genau Bescheid zu wissen. Aber POLANYI (1958; 1959; 1964), NORTHROP (1947), KUHN (1962) und andere haben gezeigt, daß etwas Ähnliches auch für die Strategie und Taktik des Wissenschaftlers selbst gilt. Kreative Menschen haben oft berichtet, daß sie sich auf Ahnungen, Träume, Intuitionen, blinde Vermutungen und Spekulationen in den Anfangsstadien des kreativen Prozesses verlassen. Tatsächlich könnten wir den kreativen Wissenschaftler fast so definieren, wie man den kreativen Mathematiker bereits definiert hat – das heißt als jemand, der auf die Wahrheit kommt, ohne zu wissen warum und wie. Er hat ganz einfach »das Gefühl«, daß etwas stimmt, und überprüft dann *post hoc* in sorgfältiger Forschungsarbeit, ob dieses Gefühl richtig war. Die Wahl der zu testenden Hypothese, die Entscheidung, sich lieber mit diesem als mit jenem Problem zu befassen, erweist sich erst *danach* als richtig oder falsch. Wir können anhand der von ihm gesammelten Tatsachen beurteilen, daß er recht hatte, er selber jedoch besaß anfangs keine Tatsachen, auf die er sich hätte verlassen können. Die Tatsachen sind tatsächlich die Folge seines »unbegründeten« Selbstvertrauens und nicht dessen Ursache. Wir bezeichnen einen Wissenschaftler eben deshalb als »begabt«, weil er oft *trotz* unzureichender Evidenz recht hat. Das Bild, welches sich der Laie vom »Wissenschaftler« als einem Menschen macht, der den Mund hält, bis er seiner Sache ganz sicher ist, ist völlig falsch, wenigstens was den begabten »Durchbruchs«-Wissenschaftler anbetrifft. POLANYI spricht zu recht von Glauben, Kennerschaft, Mut, Selbstvertrauen und kühnem Spekulieren als zum innersten Wesen des bahnbrechenden Theoretikers und Forschers gehörig, als charakteristische Merkmale und nicht als zufällige, nebensächliche und entbehrliche Eigenschaften.

Und das gilt auch in bezug auf die Wahrscheinlichkeit. Der kühne und produktive Wissenschaftler muß fähig sein, sich auch mit einer geringen Wahrscheinlichkeit zufriedenzugeben. Er muß sie ernst nehmen und als Hinweis auf das betrachten, was er tun sollte und in welcher Richtung er sich bewegen sollte. Er muß ein Fingerspitzengefühl für das Wahrscheinliche haben und sich von ihm leiten lassen. Mindestens sollte er es für wissenschaftlich »real« und deshalb seiner Aufmerksamkeit als Wissenschaftler für wert erachten.

Es ist ebenso nützlich wie richtig, wenn man auch alles »Protowissen« mit in die Definition des Wissens hineinnimmt, solange die Wahrscheinlichkeit, daß es richtig ist, größer ist als die Zufallsrate. Dies würde eine Hierarchie der Stufen, Ebenen oder Grade des Wissens implizieren, die bezüglich des Verläßlichkeitsgrades hinunterreichen würden bis zu den Vermutungen, Ahnungen, Intuitionen und vorläufigen Schlußfolgerungen, die sich auf ungenügend geklärte Fälle oder grobe Methoden und so weiter stützen. Man würde dann das Wissen als mehr oder weniger verläßlich, aber immer noch als Wissen betrachten, so lange wie seine Wahrscheinlichkeit größer ist als die Zufallsrate. Das Wort »empirisch« würde dann in der Bedeutung gebraucht, wie es der Arzt gebraucht, das heißt, es würde eine noch nicht abgeschlossene apperzeptive Masse bedeuten, welche sich aus Tausenden von Erfahrungen zusammensetzt, die dieser Arzt dadurch gewonnen hat, daß er Arzneien sowohl an sich selbst als auch an seinen Patienten »ausprobierte« und daß er versuchsweise auch Hausmittel, wie sie der gesunde Menschenverstand empfiehlt, akzeptierte und das unmittelbar Einleuchtende überprüfte und so weiter. Hieraus setzt sich das stillschweigende Wissen zusammen, das der »erfahrene« Arzt im Laufe der Zeit ansammelt. Dabei ist kaum etwas von dem, was er weiß, adäquat bewiesen.

Der Wissenschaftler als Erforscher

Wer neue Wege geht, fühlt sich bis zu einem gewissen Grade mehr vom Komplexen als vom Einfachen und Leichten, mehr vom Geheimnisvollen und Unbekannten als vom Bekannten angezogen. Was er *nicht* weiß, fordert ihn heraus. Er hat das Gefühl, daß ein Rätsel, dessen Lösung man schon kennt, keinen Spaß mehr macht. Ein solches Rätsel ist kein Rätsel mehr. Das *Nicht*-Wissen fasziniert ihn und setzt ihn in Bewegung. Für ihn »schreit« das Nicht-Bekannte geradezu nach einer Lösung. Es hat »Forderungscharakter«. Es winkt zu, zieht an und verführt. Der Wissenschaftler, der neue Wege geht, hat ein Gefühl wie der erste Erforscher einer unbekannten Wildnis, eines unbekannten Flusses oder eines fremden Gebirgspasses. Er weiß im Grunde nicht, wohin er geht. Er hat keine Landkarten, keine Vorläufer, keine Führer, keine erfahrenen Helfer und besitzt nur wenige Hinweise oder Orientierungspunkte. Jeder Schritt, den er unternimmt, ist eine Hypothese, die ebenso gut falsch sein kann wie richtig.

Und trotzdem läßt sich das Wort »falsch« auf einen Pfadfinder kaum anwenden. Ein Weg, von dem man weiß, daß er nirgends hinführt, ist kein unerforschter Weg mehr. Es braucht ihn niemand mehr zu erkunden. Man hat etwas über ihn gelernt. Wenn ein Forscher vor die Wahl zwischen einem linken und einem rechten Seitenarm eines Flusses gestellt ist und es mit dem linken versucht, und er findet dann, daß dies ein toter Arm ist, so wird er nicht der Meinung sein, daß seine Wahl falsch war und daß er sich geirrt hat. Jedenfalls wird er kein Schuldbewußtsein oder Bedauern empfinden und wäre sicherlich höchst erstaunt, wenn jemand ihm einen Vorwurf daraus machen wollte, daß er sich entschieden habe, ohne Beweise zu haben, oder daß er losgezogen sei, ohne sich seiner Sache sicher zu sein. Er könnte darauf hinweisen, daß bei einem solchen Standpunkt und bei einer solchen Einstellung kein unerforschtes Gebiet *jemals* erforscht würde und daß derartige Grundsätze wohl bei einem späteren erneuten Durchforschen, nicht aber beim erstmaligen Erkunden angebracht seien.

Kurz, die Regeln, Prinzipien oder Gesetze eines Forschungsreisenden oder Pfadfinders sind andere als die, welche sich für die späteren Ansiedler eignen, und zwar ganz einfach deshalb, weil sie verschiedene Aufgaben haben. Was funktional für den einen paßt, paßt nicht für den anderen. Die Anfangsstadien des Wissens sollte man nicht nach Kriterien beurteilen, die man vom »endgültigen« Wissen abgeleitet hat.

Die empirische Einstellung

Die Definition der Wissenschaft im Sinne ihrer höchsten Ziele und letzten Möglichkeiten bringt die Schwierigkeit mit sich, daß sie die Wissenschaft und den wissenschaftlichen Geist für die meisten Menschen unerreichbar macht. Wenn man ihre Technologie betont und ihre esoterischsten Abstraktionen heraushebt, so läßt sie das weit schwieriger erscheinen, als sie in Wirklichkeit ist. Sie erweckt dann den Anschein, als handele es sich um ein Gebiet für Experten, um etwas, das lediglich von einer bestimmten Art hochspezialisierter Fachleute und von sonst niemand bewältigt werden kann. Diese Art der Wissenschaft teilt die Welt in Wissenschaftler und Nichtwissenschaftler auf und sagt dann tatsächlich zu den Nichtwissenschaftlern: »Davon habt ihr die Finger zu lassen. Bleibt weg! Überlaßt es uns Experten. Uns müßt ihr vertrauen.«

Es ist sicher richtig, daß die Wissenschaften des Unpersönlichen, die unsere ältesten Wissenschaften sind, ein hohes Niveau der Abstraktion erreicht haben und daß ihre Technologie tatsächlich eine Angelegenheit für ausgebildete Fachleute ist. (Ich möchte hier nicht von »am weitesten fortgeschrittenen« Wissenschaften reden, weil das impliziert, daß man sämtliche Wissenschaften rangmäßig in einer einzigen Skala anordnen kann, was nicht stimmt.) Aber richtig ist auch, daß die psychologischen und sozialen Wissenschaften, ja selbst die Wissenschaften, die mit lebenden Organismen zu tun haben, lange nicht so kompliziert, abstrakt oder technologisiert sind. Auch hier gibt es immer noch reichlich Platz für den Amateur – viele Winkel und Ecken, die zum ersten Mal zu erkunden sind. In ihren Anfängen ist die Wissenschaft einfach.

Aber mein Hauptargument ist noch radikaler. Wenn wir die Wissenschaft im Sinne ihrer Anfänge und einfachsten Ebenen definieren anstatt nach ihren höchsten und komplexesten Ebenen, dann heißt das, daß Wissenschaft einfach bedeutet, sich selber die Dinge ansehen, anstatt dem *a priori* oder irgendeiner Autorität zu vertrauen. Ich meine, daß man diese empirische Einstellung allen menschlichen Wesen beibringen sollte, einschließlich unseren kleinen Kindern. Macht selbst die Augen auf! Seht selbst zu, was geschieht! Ist diese Behauptung richtig? Wie richtig ist sie? Das – so meine ich – sind die grundlegenden wissenschaftlichen Fragen und Methoden der Wissenschaft. Und es folgt daraus, daß es wahrhaft empirischer und daher auch »wissenschaftlicher« ist, die Dinge selbst nachzuprüfen, indem man in eine stille Ecke geht und sie sich mit eigenen Augen ansieht, als im ARISTOTELES oder auch in einem wissenschaftlichen Lehrbuch nach der Antwort zu suchen. Es folgt daraus, daß ein Kind sich »wissenschaftlich« verhalten kann, wenn es sich einen Ameisenhaufen ansieht, und daß auch eine Hausfrau es kann, wenn sie die Vorteile verschiedener Waschmittel miteinander vergleicht, indem sie sie beim Waschen ausprobiert.

Die empirische Einstellung ist eine Sache des Grades und nicht eine Fähigkeit, die man hat oder nicht hat und die man in einem einzigen Moment plötzlich erwirbt, wenn man seinen Philosophischen Doktortitel bekommt, und die man nur unter dieser Bedingung ausüben kann. Man kann diese Einstellung daher auch kultivieren und nach und nach verbessern. Und wenn man sie definiert als mit der Wirklichkeit in Kontakt bleiben und die Augen offen halten, dann wird sie fast zu einem kennzeichnenden Merkmal des Menschlichen ganz allgemein. Den Menschen helfen empirischer zu werden stellt eine Möglichkeit dar, ihr Wissen und ihre Erkenntnis zu verbessern. Es hilft ihnen, »die Realität zu testen«, wie die Psychoanalytiker sich ausdrücken. Das heißt, es hilft ihnen, Tatsachen von Wünschen, Hoffnungen und Ängsten zu unterscheiden. Und es sollte auch bei dem behilflich sein, was ich als »Seelentest« bezeichnen möchte, eine der Wahrheit besser entsprechende Erkenntnis der eigenen subjektiven Welt. Man muß wissen, wann jemand sich etwas wünscht oder etwas erhofft oder sich vor etwas fürchtet, und man muß wissen, um wessen Wünsche es sich handelt.

Kurz, der Wissenschaftler ist nicht eine Spezies für sich. Er teilt mit anderen Merkmale wie Wißbegier, den Wunsch, ja sogar das Bedürfnis, zu verstehen, lieber sehend als blind zu sein und verläßlicheres Wissen statt weniger verläßlichem zu besitzen. Die speziellen Fähigkeiten des professionellen Wissenschaftlers sind Intensivierungen dieser allgemein menschlichen Eigenschaften. Jeder normale Mensch, ja sogar jedes Kind, ist ein einfacher, unentwickelter Amateurwissenschaftler, dem man im Prinzip durchaus beibringen kann, scharfsinniger, geschickter und fähiger zu werden. Eine humanistische Auffassung der Wissenschaft und des Wissenschaftlers würde gewiß eine solche Kultivierung und Demokratisierung der empirischen Haltung nahelegen.

Eine solche Empfehlung entspringt noch mehr einer transhumanen oder transzendentalen Auffassung der Wissenschaft und des Wissenschaftlers. Der Prozeß der Aneignung von Wissen (auf allen Ebenen) und die Kontemplation und Freude dabei erweisen sich als eine der reichsten Quellen von ästhetischem Entzücken, von quasireligiösen Ekstasen, von Erfahrungen, die durch ehrfürchtige Scheu und Geheimnis gekennzeichnet sind. Solche emotionalen Erlebnisse gehören zu den höchsten Freuden des Lebens. Die orthodoxe, desakralisierende Wissenschaft hat aus verschiedenen Gründen versucht, sich von diesen transzendenten Erfahrungen zu reinigen. Eine solche Reinigung ist aber keineswegs notwendig, um die Reinheit der Wissenschaft zu gewährleisten, sie bedeutet vielmehr eine Verarmung der Wissenschaft und ein Abrücken von den menschlichen Bedürfnissen. Es ist fast, als wollte man sagen, an der Wissenschaft müsse oder solle man keine Freude haben.

Derartige Erlebnisse der Freude sind nicht nur deshalb notwendig, weil sie die Menschen zur Wissenschaft hinführen und an ihr festhalten lassen, sondern weil solche ästhetische Freuden auch kognitive Anzeichen sein können, wie Leuchtkugeln, die als Signal dienen, daß etwas Wichtiges gefunden wurde (PRABHU, in: Indian Psychological Review, 1964). In der Grenzerfahrung kommt es am wahrscheinlichsten zur Seins-Erkenntnis (MASLOW, 1962; in: Journal of Humanistic Psychology, 1962 und in: American Journal of Psychoanalysis, 1963). In solchen Augenblicken sind wir vielleicht am besten fähig, den Dingen ins Herz zu blicken.

Anmerkungen

1 Vgl. Northrop (1947), Watson (1938; 1953) und Kuhn (1962).
2 »...Die Biologie wird aufs Trockene geraten, wenn sie nicht aufnahmewilliger wird, als sie es jetzt ist, für unerwartete Phänomene, die aufgrund des bereits Bekannten nicht voraussagbar sind. Die Wissenschaft macht nicht nur Fortschritte durch induktives, analytisches Wissen. Die imaginativen Spekulationen des Geistes kommen zuerst, Verifizierung und analytische Auswertung kommen erst später. Und die Phantasie hängt ab von einem Zustand der emotionalen und intellektuellen Freiheit, der den Geist aufnahmefähig macht für Eindrücke, die er aus der Welt in ihrer verwirrenden, überwältigenden, aber bereichernden Totalität empfängt. Wir müssen versuchen, wieder die Empfänglichkeit der Frühzeit der Wissenschaft zu gewinnen, wo es noch gesellschaftsfähig war sich zu wundern. Was Baudelaire von der Kunst gesagt hat, läßt sich gut auch auf die Wissenschaft anwenden: ›Genie ist zurückgewonnene Jugend.‹ Prosaischer ausgedrückt, glaube ich, daß der kreative wissenschaftliche Akt in den meisten Fällen vor den Operationen kommt, die dann zur Festlegung der Wahrheit führen; beides zusammen macht die Wissenschaft aus.
Viele große Experimentatoren auf allen Gebieten der Wissenschaft haben beschrieben, wie ihre Ideen großenteils von unanalytischen, visionären Vorstellungen bestimmt wurden. Ebenso zeigt die Geschichte, daß die meisten spezifisch wissenschaftlichen Theorien allmählich aus groben, intuitiven Entwürfen aufgetaucht und erst dann nach und nach formuliert worden sind. Dementsprechend sind die ersten Schritte bei der Erkenntnis von Modellen oder bei der Entwicklung neuer Konzepte der künstlerischen Wahrnehmung verwandter als dem, was man gemeinhin als ›wissenschaftliche Methode‹ ansieht.« R. Dubos: »The Dreams of Reason« (Columbia University Press) 1961, S. 122–123.

14. Die Desakralisierung und die Resakralisierung der Wissenschaft[1]

Die Nichtwissenschaftler, die Dichter, die Frommen, die Künstler und die Menschen im allgemeinen könnten einen Grund für die Angst und sogar für den Haß haben, den sie dem entgegenbringen, was sie als Wissenschaft ansehen. Sie haben oft das Gefühl, daß die Wissenschaft all das bedroht, was sie als wunderbar und heilig empfinden, alles Schöne, Erhabene, Wertvolle und Ehrfurchteinflößende. Manchmal sehen sie in ihr ein alles befleckendes, verderbendes und herabsetzendes Prinzip, welches das Leben trüb und mechanisch macht, ihm die Farbe und die Freude nimmt und ihm eine falsche Sicherheit gibt. Man sehe sich nur einmal die Geistesverfassung des durchschnittlichen Besuchers einer Highschool an, und man wird dieses Bild bestätigt finden (MEAD/METRAUX, in: Science, 1957). Junge Mädchen grausen sich oft bei dem Gedanken, daß sie einen Wissenschaftler heiraten sollen, so als ob das eine Art respektables Ungeheuer wäre. Aber selbst wenn wir die Mißverständnisse im Kopf des Laien beseitigen, der zum Beispiel den Wissenschaftler mit dem Technologen verwechselt und nicht zwischen dem »revolutionären Wissenschaftler« und dem »normalen Wissenschaftler« oder zwischen den Naturwissenschaften und den Sozialwissenschaften unterscheiden kann, so bleibt doch ein berechtigter Einwand. Das »Bedürfnis zu desakralisieren als Abwehrhaltung« ist, soweit mir bekannt, bis jetzt von den Wissenschaftlern selbst noch nicht diskutiert worden.

Kurz gesagt, ich habe den Eindruck, daß die Wissenschaft und alles Wissenschaftliche oft ein Werkzeug im Dienst einer verzerrten, eingeengten, humorlosen, enterotisierten, entemotionalisierten, desakralisierten und desanktifizierten Weltanschauung sein kann und als solche benutzt wird. Diese Desakralisierung kann als Abwehr dienen, um nicht von Emotionen, besonders denen der Bescheidenheit, Ehrfurcht, vom Schauer des Geheimnisvollen und Wunderbaren überflutet zu werden (Eliade, 1961 und Maslow, 1964).

An einem Beispiel aus den Erfahrungen, die ich vor dreißig Jahren in einer medizinischen Hochschule gemacht habe, glaube ich am besten erläutern zu können, was ich meine. Ich habe es mir damals nicht so bewußt gemacht, aber im Rückblick erscheint es mir klar, daß unsere Professoren uns mehr oder weniger absichtlich abzuhärten versuchten, daß sie uns zu lehren versuchten, dem Tod, dem Schmerz und der Krankheit »kühl« und emotionslos gegenüberzutreten. Die erste Operation, die ich gesehen habe, war ein repräsentatives Beispiel für das Bemühen zu desakralisieren, das heißt, das Gefühl der Ehrfurcht, des Privaten, der Angst und Scheu vor dem Heiligen und der Demut vor dem Ungeheuren zu beseitigen. Einer Frau sollte die Brust amputiert werden, und zwar mit einem elektrischen Skalpell, welches schnitt, indem es das Gewebe durchbrannte. Als ein feiner Geruch nach gegrilltem Steak die Luft erfüllte, machte der Chirurg gleichgültige, »kühle« und beiläufige Bemerkungen über die Methode des Schneidens und schenkte den Neulingen, die entsetzt aus dem Saale stürzten, keinerlei Beachtung. Schließlich warf er das amputierte Teil durch die Luft auf den Tisch, wo es mit einem Klatsch landete. Es war aus einem geheiligten Gegenstand zu einem weggeworfenen Klumpen Fett geworden. Natürlich gab es keine Tränen, Gebete, Rituale oder Zeremonien, wie sie zweifellos bei den meisten vorliterarischen Gesellschaften zu finden gewesen wären (Eliade, 1961). Alles wurde auf rein technische Weise, emotionslos, ruhig, ja sogar mit einem leichten Anflug von »Prahlerei« ausgeführt.

Die Atmosphäre war etwa die gleiche, als ich dem Toten, den ich sezieren sollte, vorgestellt – oder besser gesagt *nicht* vorgestellt wurde. Ich mußte selbst herausfinden, wie er hieß und daß er Holzfäller gewesen und bei einem Streit getötet worden war. Und ich mußte lernen, ihn so zu behandeln, wie alle anderen es auch taten, nicht als tote Person, sondern ganz ohne Förmlichkeit als »Kadaver«. Das gleiche gilt auch für die netten Hunde, von denen ich einige in meinen Physiologiekursen töten mußte, als wir mit unseren Demonstrationen und Experimenten fertig waren.

Die angehenden Mediziner versuchten, mit ihren tiefen Empfindungen fertigzuwerden und sie unter Kontrolle zu bekommen, indem sie ihre Angst, ihr Mitgefühl und ihre weichen Gefühle, ihre Ehrfurcht vor dem nackten Leben und Tod und ihre Tränen unterdrückten, wenn sie sich mit den verängstigten Patienten identifizierten. Da sie junge Männer waren, taten sie es nach Art von Heranwachsenden, das heißt, sie ließen sich auf einem Leichnam sitzend und ein Butterbrot essend fotografieren oder zogen gelegentlich im Restaurant eine menschliche Hand aus der Aktenmappe; sie rissen die üblichen Medizinerwitze über intime Körperstellen und dergleichen mehr.

Die kontraphobische Herabwürdigung, die Robustheit, Gleichgültigkeit und Gefühllosigkeit (die das jeweilige Gegenteil verbergen sollte) wurde offenbar für notwendig gehalten, weil zartere Gefühle die Objektivität und Furchtlosigkeit des Arztes hätten beeinträchtigen können. (Ich habe mich oft gefragt, ob diese Desakralisierung und Desanktifizierung wirklich notwendig war. Es ist immerhin möglich, daß eine mehr priesterliche und weniger ingenieurmäßige Haltung der medizinischen Ausbildung hätte zugute kommen können – oder daß sie wenigstens »zarterbesaitete« Kandidaten nicht vertrieben hätte[2]. Auch müssen wir uns jetzt mit der implizierten Annahme auseinandersetzen, daß die Emotion zwangsläufig ein Feind der Wahrheit und Objektivität ist. Sie ist es manchmal, und manchmal ist sie es nicht.)

Es gibt noch viele andere Situationen, in denen man die Desakralisierung noch deutlicher als Abwehrhaltung erkennen kann. Wir alle kennen Leute, die Intimität, Aufrichtigkeit, Wehrlosigkeit nicht ausstehen können, die sich beunruhigt fühlen durch eine enge Freundschaft, die nicht lieben können und es nicht ertragen können, daß man sie liebt. Die gewöhnliche Lösung besteht dann darin, daß sie der beunruhigenden Intimität oder Schönheit davonlaufen oder daß sie es verstehen, sich zu »distanzieren«, das heißt, sie sich auf Armeslänge vom Leibe zu halten. Oder es besteht schließlich die Möglichkeit, sie auszuhöhlen, sie ihrer beunruhigenden Eigenschaft zu berauben, sie zu denaturieren. So kann man beispielsweise Unschuld als Dummheit hinstellen, Ehrlichkeit als Einfältigkeit, Offenheit als Mangel an gesundem Menschenverstand und Großherzigkeit als Blödheit. Erstere Eigenschaften beunruhigen; letztere tun es nicht, man kann mit ihnen fertig werden. (Man erinnere sich, daß es in der Tat keine Möglichkeit gibt, mit großer Schönheit, strahlender Wahrheit oder Vollkommenheit oder mit irgendeinem anderen der höchsten Seins-Werte »fertigzuwerden«; wir können sie höchstens anschauen, unsere Freude und unser »Vergnügen« daran haben, sie anbeten usw.) In einer Untersuchung von Faktoren, die ich als Gegenwerte bezeichnen möchte – wie Angst oder Haß in bezug auf Wahrheit, Güte, Schönheit, Vollkommenheit, Ordnung, Lebendigkeit, Einzigartigkeit und andere Seins-Werte – finde ich im allgemeinen, daß diese höchsten Werte oft dazu führen, daß der Betreffende sich all dessen bewußter wird, was in ihm diesen Werten entgegengesetzt ist. Viele junge Männer fühlen sich wohler bei einem Mädchen, das nicht allzu hübsch ist. Ein schönes Mädchen gibt ihnen leicht das Gefühl, selber schlampig, schlaksig, blöd, unwürdig zu sein, so als ob sie sich in Gegenwart einer Königin oder einer Gottheit befänden. Die Desakralisierung kann eine Abwehr gegen diesen Angriff auf die Selbstachtung sein, die auf so schwachen Beinen steht, daß man sie verteidigen muß.

Dem Kliniker ebenso deutlich ersichtlich und wohlbekannt ist die Unfähigkeit mancher Männer, mit einer guten oder schönen Frau sexuellen Kontakt zu haben, ohne sie zuvor erniedrigt oder wenigstens nicht zu einer Göttin gemacht zu haben. Für einen Mann, der seine Rolle beim Geschlechtsakt mit einem schmutzigen Eindringen oder Beherrschenwollen gleichsetzt, wäre es schwierig, dies einer Göttin oder Madonna oder Priesterin – einer geheiligten, Ehrfurcht einflößenden Mutter – anzutun. So muß er sie von ihrem Podest hoch über dieser Welt herunterziehen in eine Welt schmutziger menschlicher Wesen, indem er sich zu ihrem Herrn macht, vielleicht auf eine zusätzlich sadistische Weise, oder indem er sich daran erinnert, daß sie defäkiert und uriniert und schwitzt oder vielleicht käuflich ist usw. Dann braucht er sie nicht länger zu respektieren; er ist befreit davon, Ehrfurcht, Zärtlichkeit, Verehrung empfinden zu müssen und sich selbst gewöhnlich und unwürdig oder linkisch und ungeschickt vorzukommen wie ein dummer kleiner Junge.

Weniger gut untersucht von seiten der dynamischen Psychologen, aber wahrscheinlich ein ebenso häufig anzutreffendes Phänomen ist die symbolische Kastration des Mannes durch seine Partnerin. Dies kommt zweifellos in unserer Gesellschaft häufig vor, aber man hat im allgemeinen eine klare soziologische oder auch FREUDsche Erklärung dafür. Genau so wahrscheinlich erscheint mir persönlich die Erklärung, daß die »Kastration« auch dazu dienen kann, den männlichen Partner zu desakralisieren und desanktifizieren – daß Xanthippe ebenso dagegen ankämpft, von ihrem großen Respekt vor Sokrates und ihrer heiligen Ehrfurcht vor ihm überflutet und überwältigt zu werden.

Auch was oft für eine »Erklärung« gilt, entspringt nicht so sehr dem Bemühen, zu verstehen oder Verständnis zu vermitteln oder es zu bereichern, sondern dem Bemühen, Ehrfurcht, Staunen und Verwunderung loszuwerden. So nimmt man etwa einem Kind, das hingerissen einen Regenbogen betrachtet, den Nimbus dieser wunderbaren Erscheinung, indem man etwas geringschätzig zu ihm sagt: »Ach, da wird nur das weiße Sonnenlicht in bunte Farben zerstreut. Das kommt daher, daß es sich in den Wassertröpfchen bricht, die wie Prismen wirken.« Das kann einer Entwertung des Erlebnisses gleichkommen; man zeigt damit dem Kind, daß man ihm überlegen ist, und macht sich über seine Naivität lustig. Und das kann zur Wirkung haben, daß das Erlebnis so sehr verdorben wird, daß die Wahrscheinlichkeit gering ist, daß es sich wiederholt oder daß das Kind es noch einmal offen zum Ausdruck bringt oder ernst nimmt. Die Folge davon ist vielleicht, daß man seinem Leben das Staunen und Sichwundernkönnen nimmt. Ich habe gefunden, daß das bei

Grenzerfahrungen vorkommt. Sie werden oft leicht »hinwegerklärt«, anstatt wirklich erklärt zu werden. Ein Freund von mir erlebte nach einem chirurgischen Eingriff in einem Zustand der Erleichterung und Kontemplation eine große Erleuchtung im klassischen Stil, die tief und erschütternd war. Als ich den tiefen Eindruck, den seine Offenbarung auf mich machte, überwunden hatte, dachte ich, welch wunderbare Forschungsmöglichkeiten dieses Erlebnis uns eröffnete. Ich fragte den Chirurgen, ob andere Patienten auch solche Visionen hätten. Und er sagte nebenbei: »O ja, das ist das Demerol (ein Medikament), wissen Sie!«

Natürlich erklären derartige »Erklärungen« nichts über den Erfahrungsinhalt, genau so wenig, wie sich mit einem Zünder die Auswirkungen einer Explosion erklären lassen. Und dann muß man diese Erklärungen, die nichts ausrichten, auch noch ihrerseits verstehen und erklären.

Soviel also über das Bemühen, alles herunterzuspielen, und über die »Nichts-als«-Einstellung, die zum Beispiel sagt: »Ein Mensch ist in Wirklichkeit nichts als Chemikalien im Wert von höchstens 24 Dollar«, oder »Ein Kuß ist das Aneinanderstoßen der oberen Enden von zwei Verdauungstrakten«, oder »Der Mensch ist, was er ißt«, oder »Liebe ist die Überbewertung der Unterschiede zwischen unserem Mädchen und den anderen Mädchen.« Ich habe absichtlich diese Beispiele aus dem Repertoire der männlichen Jugendlichen gewählt, weil ich der Meinung bin, daß bei ihnen die Desakralisierung als Abwehr ihren Höhepunkt erreicht. Es ist typisch für diese Jungen, die versuchen, hart oder »kühl« oder »erwachsen« zu sein, daß sie gegen ihre Ehrfurcht, Demut, Liebe, Zärtlichkeit und ihr Mitgefühl, gegen ihren Sinn für das Wunder und das Geheimnisvolle ankämpfen. Sie tun das, indem sie das »Hohe« auf das niedrige Niveau herabziehen, wo sie sich ihrem Gefühl nach selbst befinden. Diese »idealistischen« Jungen kämpfen ständig gegen ihre Impulse zu huldigen, indem sie versuchen, alles genau so zu desakralisieren und zu profanieren, wie es die »normalen« Erwachsenen tun.

Die üblichen atomistischen Techniken des Zerlegens usw. kann man auch zu diesem Zweck benutzen. Man kann es vermeiden, sich überwältigt, unwürdig oder unwissend vor einer schönen Blume, einem schönen Käfer oder einem Gedicht zu fühlen, indem man den betreffenden Gegenstand einfach auseinandernimmt, und schon fühlt man sich ihm wieder überlegen. Das gleiche gilt ganz allgemein für das Klassifizieren, Taxonomieren, Kategorisieren und Rubrizieren. Auch das sind Mittel, Dinge, die eine ehrfürchtige Scheu einflößen, irdisch, weltlich, manipulierbar und alltäglich zu machen. Jede Form der Abstrahierung, die eine umfassende Ganzheit vermeidet, kann dem gleichen Zweck dienen.

Es ist daher die Frage zu stellen: Gehört es zum Wesen von Wissenschaft oder Wissen, daß sie unbedingt desakralisieren müssen? Oder besteht die Möglichkeit, in den Bereich der Realität auch das Geheimnisvolle, das Ehrfurchteinflößende, die Heiterkeit des Seins (MASLOW, in: Journal of Humanistic Psychology, 1962), das emotional Erschütternde, das Schöne und das Heilige einzubeziehen? Und wenn man einräumt, daß all das existiert, wie kann man es kennenlernen?

Laien glauben oft zu unrecht, daß der Wissenschaftler notwendigerweise das Leben desakralisiert. Sie mißverstehen die Haltung, mit der die besten Wissenschaftler an ihre Arbeit herangehen. Der »einende« Aspekt dieser Haltung (daß man gleichzeitig das Profane und das Heilige wahrnimmt) wird allzu leicht übersehen, besonders weil die meisten Wissenschaftler eine Scheu empfinden, diese Haltung zum Ausdruck zu bringen.

Die Wahrheit ist, daß der wirklich gute Wissenschaftler tatsächlich seine Arbeit voller Liebe, Hingabe und Selbstverleugnung in Angriff nimmt, so als ob er ins Allerheiligste einträte. Man kann seine Selbstvergessenheit ganz gewiß als eine Transzendierung des Ichs bezeichnen. Seine absolut moralische Einstellung in bezug auf Ehrlichkeit und völlige Wahrhaftigkeit kann man ganz gewiß als »religiöse« Haltung bezeichnen, und seine gelegentlichen Grenzerfahrungen, bei denen er erschauert vor Ehrfurcht und Demut und im Gefühl seiner Kleinheit den großen Geheimnissen gegenüber, mit denen er es zu tun hat – all das kann man als heilig bezeichnen (ELIADE, 1961 und MASLOW, 1964). Es geschieht dies nicht oft, aber es geschieht, und manchmal unter Umständen, die der Laie nur schwer begreifen kann.

Es ist leicht, solche verborgenen Haltungen aus einigen Wissenschaftlern herauszubekommen, wenn wir nur annehmen, daß sie vorhanden sind, und sie ernst nehmen. Wenn die Wissenschaft dieses unnötige »Tabu der zarten Gefühle« aufgeben könnte, würde sie weniger mißverstanden und sähe sich in ihrem Bereich weniger gezwungen, zu desakralisieren und nur das Profane gelten zu lassen.

Wir können auch viel von sich selbst verwirklichenden, sehr gesunden Menschen lernen. Sie haben einen größeren Horizont. Sie können weiter sehen. Und sie können in einer umfassenderen und stärker integrierenden Weise sehen. Sie lehren uns, daß es keinen wirklichen Gegensatz gibt zwischen Vorsicht und Mut, zwischen Aktion und Kontemplation, zwischen Energie und Spekulation, zwischen Härte und Weichheit, Ernsthaftigkeit und (olympischer) Heiterkeit. Dies alles sind menschliche Eigenschaften, und sie alle sind in der Wissenschaft von Nutzen. Diese Menschen haben es nicht nötig, den Erfahrungen von Transzendenz die Realität abzusprechen oder derartige Erfahrungen als »unwissenschaftlich« oder anti-intellektuell aufzufassen. Das heißt, solche Menschen haben nicht das Bedürfnis, ihre tieferen Gefühle zu verleugnen. Ich habe ganz im Gegenteil den Eindruck, daß gerade derartige Erfahrungen sie glücklich machen.

Der heitere Wissenschaftler

Eine andere Art der Kritik von seiten der offiziellen Wissenschaft und ihrer Wissenschaftler ist darauf zurückzuführen, daß sie dazu neigen, ein allzu großes Vertrauen zu ihren Abstraktionen zu haben und ihrer zu sicher zu sein. Auf diese Weise laufen sie Gefahr, ihren Humor, ihre Skepsis, ihre Bescheidenheit und jenes gut anstehende

Bewußtsein ihrer doch erheblichen Unwissenheit einzubüßen, welches keine Hybris aufkommen läßt. Diese Kritik bezieht sich insbesondere auf die Psychologie und die Sozialwissenschaften. Zweifellos können die Physiker sich etwas einbilden auf ihre bemerkenswerten Leistungen und ihre Beherrschung der Dinge und der unbelebten Natur. Aber worauf können die Psychologen stolz sein? Wieviel wissen sie eigentlich wirklich, was den Menschen in ihren Nöten hilft? Die orthodoxe Wissenschaft hat in allen humanen und sozialen Bereichen versagt[3]. (Nur streifen will ich die Frage des sogenannten »Fortschritts«, der zu Atombomben geführt hat, die man psychologisch und sozial ungebildeten Menschen und Gesellschaften in die Hand gibt. Ist es vielleicht nicht gefährlich, wenn der rechte Arm der Wissenschaft zu solchen gigantischen Ausmaßen anwächst, während der linke Arm im Wachstum so weit dahinter zurückbleibt?)

Wenn ich recht habe, wäre es sicher weise und angemessen – ja im wahrsten Sinne des Wortes »wissenschaftlich« –, wenn die Wissenschaftler sich das Vergnügen der »Methodolatrie« versagten, das heißt, wenn sie sich davor hüteten, arrogant, anmaßend und blasiert zu werden. Was sie retten könnte, wären Bescheidenheit, die Fähigkeit, über sich selbst zu lachen, mit der Ambiguität zu leben, sich ständig klarzumachen, daß für alle Tatsachenreihen verschiedenartige Theorien möglich sind, sich immer wieder die wesensmäßig gegebenen Grenzen der Sprache und Abstraktion und der Wissenschaft selbst vor Augen zu halten, die primäre Bedeutung der Erfahrung, der Tatsachen, der Beschreibung vor allen Theorien anzuerkennen und sich davor zu hüten, allzulange in der dünnen Höhenluft der Theorien zu leben, bevor man wieder zu den irdischen Tatsachen herabsteigt. Schließlich möchte ich noch hinzufügen, daß das aus der Erfahrung gewonnene Wissen von den unbewußten und vorbewußten Determinanten unserer eigenen wissenschaftlichen Arbeit am besten dazu geeignet ist, uns bescheiden zu machen.

Aufschlußreich ist ein Vergleich mit autoritären Charakteren, die oft nicht in der Lage sind, zu warten und ihr Urteil zurückzuhalten.

Man hat weitgehend den klinischen Eindruck – die experimentellen Daten ergaben bisher kein eindeutiges Bild –, daß sie es einfach nicht aushalten können, warten zu müssen. Es macht sie nervös und unruhig. So neigen sie dazu, voreilige Schlüsse zu ziehen, *irgendwelche* Schlüsse, nur um nicht in diesem Zustand verharren zu müssen, der für sie das reine emotionale Fegefeuer ist. Und nicht nur das – wenn sie dann zu einem Schluß gekommen sind, neigen sie dazu, selbst angesichts gegenteiliger Informationen allzu lange daran festzuhalten.

Der scharfsinnigere und olympischere Beobachter, der Humor besitzt und der Ironie fähig ist, erkennt, daß Theorien in der Wissenschaft oft viel schneller überholt waren, als man hätte erwarten sollen, und er hat daher oft das Gefühl, daß es ebenso töricht ist, den Newtonschen Gesetzen unbedingt treu zu bleiben wie dem Hause Hohenzollern.

Für diese vorsichtigere Haltung gibt es solide empirische Gründe. Wer die Welt konkreter Tatsachen fest im Auge behält, kann ihre Vielfalt, ihre Widersprüche, ihre Ambiguität unmöglich bestreiten. Er bemerkt, wie relativ unser Wissen über diese Welt der Tatsachen ist, eine Relativität, bedingt durch das Jahrhundert, die Kultur, die Klasse und Kaste und den persönlichen Charakter des Beobachters. Es geschieht so leicht, daß man sich sicher fühlt und trotzdem irrt[4].

Trotz dieser widrigen Umstände weiterzumachen, besonders dann, wenn man sich ihrer bewußt ist, ist an und für sich schon ein Zeichen von Mut, ja von einer hohen Gesinnung. Es sollte die Wissenschaftler glücklich und mit ihrem Leben zufrieden machen, daß sie sich den ewigen Fragen verschrieben haben, die ganz gewiß der höchsten menschlichen Anstrengungen wert sind.

Eine Möglichkeit, empirisch zu sein, sich um den Fortschritt des Wissens zu bemühen, dieses Wissen hochzuschätzen und trotzdem die Spärlichkeit und Unzuverlässigkeit menschlichen Wissens realistisch zu sehen, besteht darin, daß man unvoreingenommen ist, gottähnlich, skeptisch amüsiert und voll liebevoller Ironie, tolerant und fähig zu staunen. Über ein unlösbares Problem (auf die richtige

Weise) zu lachen ist eine gute Art, es anzugehen und sich gleichzeitig die Kraft zu erhalten, daran weiterzuarbeiten. Humor kann eine vorzügliche Lösung für das existentielle Problem sein, nämlich demütig und doch stolz, selbstbewußt und stark zu sein (stark genug, um an großen Aufgaben zu arbeiten). Auf diese Weise können wir uns gleichzeitig dessen bewußt sein, was wir über Steine und Antibiotika wissen, und was wir über Krieg und Frieden, über Vorurteile und Gier *nicht* wissen.

All dies sind Betrachtungsweisen, mit denen man der Verwirrung darüber, was existiert, begegnet, und es sind die bescheidenen Freuden, die uns erlauben, weiter beharrlich zu versuchen, die Verwirrung ein wenig mehr zu enträtseln, ohne den Mut zu verlieren. Man kann die Wissenschaft lieben, selbst wenn sie nicht vollkommen ist, wie man eine Frau lieben kann, auch wenn sie nicht vollkommen ist. Und, glücklicherweise, werden sie doch manchmal nur für einen Augenblick und als unerwartete und unverdiente Belohnung vollkommen und rauben uns den Atem.

Eine solche Haltung hilft uns auch, mit gewissen anderen Problemen fertig zu werden. Ein wichtiges ist zum Beispiel die versteckte Identifikation der Wissenschaft mit vollkommenem Wissen. Ich habe erlebt, daß beispielsweise Physiker über Psychologen gespöttelt haben, weil sie nicht viel wüßten und weil das, was sie wüßten, nicht hoch abstrakt und mathematisch exakt sei. »Nennt ihr *das* Wissenschaft?« fragen sie und wollen damit sagen, daß Wissenschaft Wissen und nicht Fragen sei. Ähnlich spottet der Soldat in der Etappe über den Frontkämpfer, weil dieser schmutzig ist, und der reiche Erbe spottet so über den, der im Schweiße seines Angesichts sein Brot verdient. Der Psychologe weiß, daß es nicht nur eine, sondern zwei Hierarchien der Wertschätzung in der Wissenschaft gibt. Die eine ist die Hierarchie des wohlorganisierten Wissens; die andere ist die Hierarchie der Bedeutung der Fragen, die man sich für seine Arbeit auswählt. Die, welche sich mit den kritischen, ungelösten, menschlichen Fragen befassen, das sind die, welche das Schicksal der Menschheit auf ihre Schultern genommen haben.

Naives Staunen, Wissenschaft und intellektuelles Staunen

Die meisten Definitionen von Wissenschaft, besonders die von Nichtwissenschaftlern stammenden, sind letzten Endes unrichtig. Allzu oft wird Wissenschaft als eine Art funktional unabhängiges Unternehmen hingestellt, dessen Sinn ein Außenseiter kaum erkennen kann. Wenn man sie beispielsweise als einen »wachsenden Korpus von Informationen« oder als »System von operational definierten Begriffen« bezeichnet, dürfte sich der Laie fragen, weshalb diese Leute ihr Leben so uninteressanten Dingen widmen. Derartige Beschreibungen der Endprodukte der wissenschaftlichen Arbeit oder der Wissenschaft als einer sozialen Einrichtung oder auch jedes Gerede über die Wissenschaft anstatt über die Wissenschaftler tendieren dazu, das Vergnügen, die Leidenschaft, die Erregung, den Triumph, die Enttäuschung, das Emotionale und Triebhafte außer acht zu lassen, vom »ästhetischen«, »religiösen« oder »philosophischen« Aufruhr im Leben des Wissenschaftlers ganz zu schweigen. Eine angemessene Parallele wäre zum Beispiel, wenn man etwa über die Regeln des Schachspiels und seine Geschichte nachläse und einzelne Spiele studierte; all das würde die Frage »Warum spielen die Menschen Schach?« in keiner Weise beantworten. Wenn man nichts über ihre Emotionen, ihre Motivationen und ihre Bedürfnisbefriedigung weiß, werden diese Menschen einem immer unbegreiflich bleiben, wie es eben Spieler für den Nicht-Spieler sind.

Ich bin der Meinung, daß es dem Nichtwissenschaftler möglich ist, ein gewisses Gefühl für das Leben eines Wissenschaftlers zu bekommen, wenn er seine Ziele begreift und verstehen lernt, was ihm Befriedigung gewährt – denn psychologisch gesehen ist das wirklich Befriedigende bis zu einem gewissen Grad für alle Menschen gleich.

In meinen Untersuchungen über Grenzerfahrungen habe ich festgestellt, daß diese Erfahrungen sich weit ähnlicher sind als das, was sie auslöst. Ich habe mich zum Beispiel Frauen viel näher gefühlt, nachdem ich entdeckte, daß sie ihre Augenblicke höchsten Glücks genau auf die gleiche Weise beschreiben, wie Männer es tun, auch wenn sie von Situationen »ausgelöst« werden, welche Männer unbeeindruckt lassen. Was das Innenleben einzelner Wissenschaftler betrifft, so sind deren Grenzerfahrungen denen, welche die Dichtkunst den Dichtern beschert, sehr ähnlich. Ich für mein Teil glaube, mehr »poetische« Erfahrung aus meinen eigenen Forschungsarbeiten und den Forschungsarbeiten anderer gewonnen zu haben als aus der Poesie selbst. Ich habe mehr »religiöse« Erfahrungen beim Lesen wissenschaftlicher Zeitschriften als beim Lesen »heiliger« Bücher gehabt. Das erregende Erlebnis, etwas Schönes geschaffen zu haben, wurde mir durch meine Experimente, meine Forschungen und meine theoretische Arbeit mehr beschert als durch Malen, Komponieren oder Tanzen. Wissenschaft kann eine Art Ehe sein mit dem, was man liebt, was einen fasziniert und mit dessen Geheimnis man sich ein Leben lang beschäftigen möchte.

Aber – um die Parallele fortzuführen – man kann sich ein Leben lang damit beschäftigen, seinen Gegenstand immer besser kennenzulernen, und schließlich, nach fünfzig Jahren des Lernens, dahin kommen, daß man sich von seinem Geheimnis noch mehr überwältigt fühlt als zu Anfang und die Lösung darin findet, daß man sich daran freut. Natürlich handelt es sich jetzt um ein »höheres«, bereichertes Geheimnis und Wunder, das sich von der reinen Verblüffung des Unwissenden unterscheidet. Beide Prozesse scheinen gleichzeitig und parallel zu verlaufen, das heißt, um so mehr man weiß, um so mehr spürt man gleichzeitig auch das Geheimnisvolle. Wenigstens ist das so bei unseren Vorbildern und unseren Weisen, bei unseren besten Wissenschaftlern, die vollständige menschliche Wesen geblieben sind, anstatt halbseitig gelähmte Spezialisten zu werden. Und das sind die Wissenschaftler, welche vom Dichter verstanden werden können und ihrerseits fähig sind, im Dichter eine Art Mitarbeiter zu sehen. Wissenschaft kann die »Poesie des Intellekts« sein, wie DURRELL es ausgedrückt hat. Diese Erforschung des geheimen Innenlebens guter Wissenschaftler kann eine Grundlage für eine Art ökumenischer Bewegung sein, die Wissenschaftler, Künstler, »religiöse« Menschen, Humanisten und alle anderen ernsthaften Leute einander näher bringen wird.

Viele denken immer noch, wissenschaftliches Forschen oder detailliertes Wissen sei das Gegenteil des Gefühls für das Geheimnis der Dinge und stehe im Widerspruch dazu[5]. Aber das muß nicht so sein. Das Geheimnis zu studieren, bedeutet nicht unbedingt es profanieren. Es studieren ist sogar der beste Weg zu größerer Achtung, umfassenderem Verständnis, stärkerer Sakralisierung und Sanktifizierung auf einer weit höheren, reicheren Ebene. Man bedenke, daß es immer unsere weisesten Männer waren, die am einfachsten, am wenigsten arrogant und am »heitersten« waren.

Mehr über Bäume und ihr Wachsen zu wissen kann sie schöner machen. Der Baum, den ich mir ansehe und den ich bewundere, ist jetzt ein *noch größeres* Wunder, weil ich ein wenig von Botanik verstehe. Wüßte ich noch mehr Einzelheiten über seine Funktionsweise, so könnte mir dieses Wissen den Baum nur noch wunderbarer und schöner machen. So hatte ich zum Beispiel eines der tiefsten ästhetischen Erlebnisse meines Lebens in einem Histologiekurs. Ich hatte darin die Physiologie, die Chemie und die Physik der Niere zu studieren. Je mehr ich darüber erfuhr, um so mehr staunte ich über ihre herrliche, unglaubliche Kompliziertheit und zugleich Einfachheit und ihre funktional vollkommene Form. Ihre Form stimmt weit stärker mit ihrer Funktion überein, als GREENOUGH sich je hätte träumen lassen[6]. Die Evolution der Niere, wie sie die vergleichenden Embryologen erkannt haben, war für mich ein weiteres so unwahrscheinliches Wunder, wie ich es nie zuvor geahnt hätte. In diesem Augenblick blickte ich nach all dem Studieren, Lernen und Wissen auf ein vollkommenes Präparat unterm Mikroskop und erlebte seine Schönheit so intensiv, daß ich mich noch heute nach fünfunddreißig Jahren beglückt daran erinnere.

Das ist es, was der Nichtwissenschaftler nicht weiß und worüber der Wissenschaftler nicht öffentlich redet, weil er zu scheu dazu ist – wenigstens so lange bis er alt genug ist, seine Scheu abzulegen. Wissenschaft auf höchster Ebene ist letztlich die Organisation und systematische Verfolgung des Wunderbaren, des Ehrfurchteinflößenden und Geheimnisvollen und zugleich die Freude daran. Der höchste Lohn, der einem Wissenschaftler zuteil werden kann, sind derartige Grenzerfahrungen und Seins-Erkenntnisse. Aber man kann derartige Erfahrungen ebenso gut als religiöse, dichterische oder philosophische Erfahrungen bezeichnen. Wissenschaft kann Religion für den Nichtreligiösen, Dichtung für den Nicht-Dichter und Kunst für den sein, der nicht malen kann. Sie kann Humor für den ernsten Menschen und der Liebesakt für den gehemmten und scheuen Menschen sein. Das Staunen steht nicht nur am Anfang der Wissenschaft, es steht auch an ihrem Ende.

Anmerkungen

1 Hierunter verstehe ich die Beseitigung oder Zerstörung sowohl von Emotionen wie von Zeremonien. Trotz der etymologischen Schwierigkeiten, auf die mich S. Joseph Peake aufmerksam gemacht hat, möchte ich mich hier dem Sprachgebrauch von Eliade (1961) anschließen. In bezug auf Gefühle dürfte »Desanktifizierung« vielleicht angebrachter sein; »Desakralisierung« bezieht sich mehr auf Zeremonien und Riten. Ich bediene mich aber letzterer Bezeichnung sowohl für Gefühle als auch für Zeremonien.
2 Möglicherweise ist dieses »harte« Training für einen Chirurgen notwendig. Darüber läßt sich streiten. Aber für den Psychotherapeuten? Oder für einen, der sich für die zwischenmenschlichen Beziehungen auf der Basis von Anteilnahme und Liebe interessiert? Es ist zweifellos ein *anti*psychologisches Training!
3 Tatsächlich besitzen wir viele brauchbare Kenntnisse über Personen und Gesellschaften, aber ich möchte behaupten, daß sie aus heterodoxen Quellen stammen, das heißt eher aus der humanistischen Wissenschaft als aus der mechanistischen.
4 »Alle Wissenschaft ist nur ein Notbehelf, ein Mittel zu einem Zweck, der nie erreicht wird ... Jede Beschreibung wird verschoben, bis wir das Ganze kennen, aber dann wird die Wissenschaft selbst beiseitegeschoben. Aber der unüberlegte Ausdruck unseres Entzückens, den irgendein Naturgegenstand uns entlockt, ist etwas in sich Vollkommenes und Endgültiges, da alles in der Natur so zu beurteilen ist, wie es auf den Menschen wirkt; und wer weiß, wie nahe sich die absolute Wahrheit und solche unbewußten Äußerungen kommen mögen? ... *Wir werden nur wenig sehen, wenn wir alles, was wir sehen, unbedingt verstehen wollen.* Wie wenige Dinge kann der Mensch mit dem Bandmaß seines Verstehens messen.« (Thoreau)
5 Als ich den gelehrten Astronomen hörte,
Als die Beweise, die Zahlen vor mir in Reihen geordnet wurden,
Als ich die Tabellen und Diagramme gezeigt bekam, um sie zu addieren, zu dividieren und zu messen,
Als ich dabeisaß, wie der Astronom im Hörsaal unter großem Beifall seine Vorlesung hielt,
Wie bald wurde ich da unerklärlicherweise müde und überdrüssig,
Bis ich aufstand und mich hinausschlich und davonwanderte,
In der geheimnisvollen feuchten Abendluft, und von Zeit zu Zeit,
Ganz still zu den Sternen emporblickte.
Walt Whitman
6 »Forms and Function: Remarks on Art«, Univ. of California Press, 1947.

Literaturverzeichnis

ALLPORT, G. W.: The General and the Unique in Psychological Science. In: Journal of Personality XXX (1962) 405–422.

ALLPORT, G. W. (Ed.): Letters from Jenny. Harcourt, Brace & World, New York 1965.

ANONYMOUS: Journal of Humanistic Psychology I (1961) 101–102.

ASCH, S.: Studies of Independence and Conformity, Part I. In: Psychological Monographs LXX (1956). (Whole No. 416.)

BAKAN, D.: The Mystery-Mastery Complex in Contemporary Psychology. In: American Psychologist XX (1965) 186–191.

BERTALANFFY, L. V.: Modern Theories of Development. Oxford Univ. Press, New York 1933.

BERTALANFFY, L. V.: Problems of Life. Wiley, New York 1952.

BRIDGMAN, P. W.: The Way Things Are. Harvard Univ. Press, Cambridge, Mass. 1959.

BRONOWSKI, J.: The Common Sense of Science. Heinemann, London 1951.

BRONOWSKI, J.: Science and Human Values. Harper & Row, New York 1956.

BRONOWSKI, J.: The Values of Science. In: New Knowledge in Human Values. Ed. A. H. Maslow. Harper & Row, New York 1959.

BUBER, M.: Ich und Du. 8. Aufl. Lambert Schneider, Heidelberg 1974.

CRAIG, R.: Characteristics of creativeness and self-actualization. Nicht als Buch erschienen.

CRUTCHFIELD, R.: Conformity and Character. In: American Psychologist X (1955) 191–198.

DALTON, M.: Preconceptions and Methods in Men who Manage. In: Sociologists At Work. Ed. P. Hammond. Basic Books, New York 1964.

DUBOS, R.: The Dreams of Reason. Columbia Univ. Press, New York 1961.

EDDINGTON, A.: The Philosophy of Physical Science. Univ. of Michigan Press, Ann Arbor 1939.

ELIADE, M.: The Sacred and The Profane. Harper & Row, New York 1961.

FARRINGTON, B.: Greek Science. Penguin Books, London 1949.

FRIEDENBERG, E. Z.: Why Students Leave Science. In: Commentary XXXII (1961) 144–155.

GENDLIN, E.: Experiencing and the Creation of Meaning. Free Press, New York 1962.

GOLDSTEIN, K.: The Organism. American Book Co., New York 1939.

HENLE, M. (Ed.): Documents of Gestalt Psychology. Univ. of California Press, Berkeley 1961.

Hook, S. (Ed.): Psychoanalysis, Scientific Method & Philosophy. New York Univ. Press, New York 1959.

Huxley, A.: Literature and Science. Harper & Row, New York 1963. Dt. Übers.: Literatur und Wissenschaft. Piper, München 1964.

Krutch, J. W.: Human Nature and the Human Condition. Random House, New York 1959.

Kubie, L. S.: The Forgotten Man of Education. In: Harvard Alumni Bulletin LVI: 8 (1953–1954) 349–353.

Kubie, L.: Some Unsolved Problems of the Scientific Career. In: American Scientist XLI (1953) 596–613; XLII (1954) 104–112.

Kuenzli, A. (Ed.): The Phenomenological Problem. Harper & Row, New York 1959.

Kuhn, T. S.: The Structure of Scientific Revolutions. Univ. of Chicago Press, Chicago 1962. Dt. Übers.: Die Struktur wissenschaftlicher Revolutionen. Suhrkamp, Frankfurt 1973.

Lewin, K.: A Dynamic Theory of Personality. McGraw-Hill, New York 1935.

McCurdy, H. G.: Personality & Science. Van Nostrand, New York 1965.

Maslow, A. H.: The Influence of Familiarization on Preferences. In: Journal of Experimental Psychology XXI (1937) 162–180.

Maslow, A. H., with Bela Mittelmann: Principles of Abnormal Psychology: The Dynamics of Psychic Illness. Harper & Bros., New York 1941.

Maslow, A. H.: The Authoritarian Character Structure. In: Journal of Social Psychology XVIII (1943) 401–411.

Maslow, A. H.: A Suggested Improvement in Semantic Usage. In: Psychological Review LII (1945) 239–240.

Maslow, A. H.: Experimentalizing the Clinical Method. In: Journal of Clinical Psychology I (1945) 241–243.

Maslow, A. H.: Motivation and Personality. Harper & Bros., New York 1954.

Maslow, A. H.: Two Kinds of Cognition and Their Integration. In: General Semantics Bulletin, Nos. 20 & 21 (1957) 17–22.

Maslow, A. H. (Ed.): New Knowledge in Human Values. Harper & Bros., New York 1959.

Maslow, A. H., with H. Rand & S. Newman: Some Parallels between the Dominance and Sexual Behavior of Monkeys and the Fantasies of Patients in Psychotherapy. In: Journal of Nervous & Mental Disease CXXXI (1960) 202–212.

Maslow, A. H.: Comments on Skinner's Attitude to Science. In: Daedalus XC (1961) 572–573.

Maslow, A. H.: Toward a Psychology of Being. Van Nostrand, New York 1962.

Maslow, A. H.: Notes on Being-Psychology, Journal of Humanistic Psychology II (1962) 47–71.

Maslow, A. H.: The Creative Attitude. In: The Structurist III (1963) 4–10. Repr. separately by Psychosynthesis Foundation (1963).

Maslow, A. H.: Fusions of Facts and Values. In: American Journal of Psychoanalysis XXIII (1963) 117–131.

Maslow, A. H.: Notes on Innocent Cognition. In: Gegenwartsprobleme der

Entwicklungspsychologie: Festschrift für Charlotte Bühler. Ed. L. Schenk-Danzinger & H. Thomae. Verlag für Psychologie, Göttingen 1963.

MASLOW, A. H.: Religions, Values and Peak-experiences. Ohio State Univ. Press, Columbus, Ohio 1964.

MASLOW, A. H., with L. GROSS: Synergy in Society and in the Individual. In: Journal of Individual Psychology XX (1964) 153–164.

MASLOW, A. H.: Criteria for Judging Needs to be Instinctoid. In: Human Motivation: A Symposium. Ed. M. R. Jones. Univ. of Nebraska Press, Lincoln, Nebraska 1965.

MASLOW, A. H.: Eupsychian Management: A Journal. Irwin-Dorsey, Homewood, Illinois 1965.

MASLOW, A. H.: Isomorphic Interrelationships Between Knower and Known. In: Sign, Image, Symbol. Ed. G. Kepes. Braziller, New York 1966.

MATSON, F.: The Broken Image. Braziller, New York 1964.

MEAD, M./R. METRAUX: Image of the Scientist among High School Students. In: Science CXXVI (1957) 384–390.

MORANT, R./A. H. MASLOW: Art Judgment and the Judgment of Others. In: Journal of Clinical Psychology XXI (1965) 389–391.

NAMECHE, G.: Two Pictures of Man. In: Journal of Humanistic Psychology I (1961) 70–88.

NAMECHE, G./R. B. MORANT: Esthetic Judgment and Person Perception. Als Buch nicht erschienen.

NORTHROP, F. C. S.: The Meeting of East and West. Macmillan, New York 1946.

NORTHROP, F. C. S.: The Logic of the Sciences and the Humanities. Macmillan, New York 1947.

POLANYI, M.: Personal Knowledge. Univ. of Chicago Press, Chicago 1958.

POLANYI, M.: The Study of Man. Univ. of Chicago Press, Chicago 1959.

POLANYI, M.: Science, Faith and Society. Univ. of Chicago Press, Chicago 1964.

PRABHU, P. H.: The State of Psychology as a Science Today. In: Indian Psychological Review I (1964) 1–11.

ROE, A.: The Making of a Scientist. Dodd, Mead, New York 1952.

ROGERS, C.: Toward a Science of the Person. In: Journal of Humanistic Psychology II (1963) 72–92.

ROGERS, C.: Some Thoughts Regarding the Current Philosophy of the Behavioral Sciences. Als Buch nicht erschienen.

SARGENT, H.: Intrapsychic Change: Methodological Problems in Psychotherapy Research. In: Psychiatry XXIV (1961) 93–108.

SIU, R. G. H.: The Tao of Science. Wiley, New York, 1957.

SOROKIN, P.: Fads & Foibles in Modern Sociology and Related Sciences. Regnery, Chicago 1956.

STANDEN, A.: Science Is a Sacred Cow. Dutton, New York 1950.

TOLMAN, E. C.: Purposive Behavior in Animals and Men. Century, New York 1932.

TORRANCE, E. P.: Guiding Creative Talent. Prentice-Hall, Englewood Cliffs, N. J. 1962.

VAN KAAM, A.: Phenomenal Analysis: Exemplified by a Study of the Experience of »really feeling understood«. In: Journal of Individual Psychology XV (1959) 66–72.

WANN, T. W. (Ed.): Behaviorism and Phenomenology. University of Chicago Press, Chicago 1964. (Contributors: S. KOCH, R. B. MACLEOD, N. MALCOLM, C. R. ROGERS, M. SCRIVEN, B. F. SKINNER).

WATSON, D. L.: Scientists Are Human. Watts and Co., London 1938.

WATSON, D. L.: The Study of Human Nature. Antioch Press, Antioch, Ohio 1953.

WEISSKOPF, E.: Some Comments Concerning the Role of Education in the »creation of creation«. In: Journal of Educational Psychology XLII (1951) 185–189.

WHITEHEAD, A. N.: Science and the Modern World. Macmillan, New York 1948.

WIENPAHL, P.: The Matter of Zen. New York Univ. Press, New York 1964.

WILSON, C.: Beyond the Outsider. Arthur Barker, Ltd., London 1964.

WINTHROP, H.: Scientism in Psychology. In: Journal of Individual Psychology XV (1959) 112–120.

WOLFF, K.: Surrender as a Response to Our Crisis. In: Journal of Humanistic Psychology II (1962) 16–30.

Namen- und Sachregister

A

Abstraktion
- Bedeutung der A. 114–124
- Desakralisierungstendenz der A. 179–180
- Erfahrung und A. 93–99, 102–103
- Grenzen der A. 181–182
- mechanistische A. 169–170, 184

Abwehrmechanismen 45–48
- Desakralisierung und A. 174–181
- Introspektion und A. 71
- kognitive A. 48–53
- beim Lernen 47–53
- psychische A. 37–39
- wissenschaftliche A. 57–63

Adler, Alfred 14, 27, 158
Adoleszenz 59–61, 179
Ästhetik 14, 54
- Empathie in der Erfahrung und Ä. 145 bis 146
- Erfahrung und Ä. 103–104
- Rubrizierung und Ä. 109–112
- Wahrnehmungstest 87–90
- der Wissenschaft 154–157, 171–172, 184, 186–188

Alcoholics Anonymous 69–70, 83–85
Allport-Vernon-Lindzey-Test 157
Altruismus 10, 35
Ambiguität 50, 54
Angst
- Erkenntnis der A. 164
- vor Kontrolle 59–60, 66, 138
- vor der Liebe 136, 176
- Neurosen und A. 158–159
- Rezeptivität und A. 127–128
- Subjektivität der A. 101
- vor Ungewißheit 183
- Untersuchung der A. 81
- vor dem Wissen 37–38, 42–56
- vor dem Zufügen von Schmerz 59–60, 175–176
- Wissen und A. 55–56 (Anm.)

Anthropologie
- Objektivität und A. 148–150

Anti-Intellektualismus 16, 88
Apollodorus 25
Aristoteles 28
- Einfluß von A. 40, 96, 147, 152, 170

Asch, S., zitiert 50
Ashton-Warner, Sylvia, zitiert 77
Astronomie
- Empathie und A. 39, 145
- mechanistische Tradition und A. 28, 39, 134, 146

Atomismus 14, 126
- Desakralisierungstendenz im A. 179–180
- Dichotomisierung 58–59
- in der Erziehung 87–88
- Psychologie und A. 21–23, 31–32
  Siehe auch Reduktive Methode

Aufmerksamkeit 42–44
- »Freiflutende A.« 30
- Taoistische A. 126–127
- Wissen und A. 29–30
  Siehe auch Rezeptivität

Ausbeutung 38
Ausbildung angehender Forscher 9–10
  Siehe auch Erziehung
Autorität 50, 59–60, 125 (Anm. 1), 182–183

B

Baudelaire, Charles, zitiert 173 (Anm.)
Bedeutung 114–124
Beethoven, Ludwig van 120

Begriffe
– Intuitiv gewonnene B. 113 (Anm. 2)
Behaviorismus 70–71
– mechanistische Tradition des B. 9–12, 19–25, 33–36
– Objektivität des B. 80–81, 113 (Anm. 1)
Beherrschung
– Angst vor B. 59–60, 66
– Sexualität als B. 177–178
Beobachtung
– psychologische B. 79–83
– Realität und B. 143
– rezeptive B. 127–128
– Selbsterkenntnis und B. 72–73
– Wissen und B. 69–90
Beobachtungswissen 73–77, 100
– über Drogensucht 85–86
– Ich-Du-Wissen im Gegensatz zum B. 134–151
Berichte, subjektive 12, 70
Bertalanffy, Ludwig von 15; zitiert 22
Besonderheit
– Arten des Wissens 76–77
– der Erfahrung 114–124
– Verallgemeinerung und B. 28–30
Bewältigungsmechanismen (Coping mechanisms) 44–45
Bewußtsein 14, 40, 137–138
   Siehe auch Wissen
»Biblioteca« des Apollodorus 25
Biologie 15, 22, 134
– idiographische Fragen in der B. 29
– Rezeptivität und B. 173
Bohr, Niels, zitiert 91
Botanik 88
»Brainstorming« 91
Bridgman, Perca, zitiert 91
»Broken Image« (Matson) 21
Bronowski, Jacob 19, 161
Buber, Martin 74, 137

C
Charakterstörungen 52
Chemie 28, 39, 104, 140–141, 187
Chirurgie 175–176, 179, 189 (Anm. 2)

Craig, Richard, über Kreativität 62
Crutchfield, R., zitiert 50

D
Darwin, Charles 37
Desakralisierung 154, 174–188
Determinismus 14
   Siehe auch Mechanistische Tradition
Dewey, John 12
Dialektik 52, 56 (Anm.), 63 (Anm.)
Dichotomisierung
– von Abstraktion und Erfahrung 116 bis 118
– ästhetische D. 125
– Integration versus D. 58–59
– von Religion und Wissenschaft 152–154
– des Wissens 93–95
– zwanghafte D. 52
Distanz *siehe* Entfremdung
Doktrin *siehe* Orthodoxie
Dominanz *siehe* Beherrschung
Dostojewski, Fedor 116
»Dreams of Reason, The« (Dubos) 173
Drogensüchtige 83–86
Dubos, R., zitiert 173
Dunlap, Knight, zitiert 165
Durrell, L., zitiert 186

E
Eastman, Max, über den Sozialismus 97–98
Eddington, Arthur Stanley 132
Egoismus 50
Einfachheit 124, 132–133
– Bedeutung und E. 114, 118
– wissenschaftliche E. 100–112
Einmischung *siehe* Nichteinmischung
Einsicht 12, 121, 138
Eliade, M., zitiert 189
Eliot, T. S., zitiert 125
Ellison, Ralph, zitiert 159
Embryologie 15, 28, 187
Emotion 54, 62–63
– Angst vor der E. 47–51, 60–63
– Anti-Intellektualismus und E. 88

- Desakralisierung als Abwehrhaltung gegen E. 175–181
- Erfahrung der E. 91 (Anm.)
- Objektivität und E. 148–150, 176
- Realität der E. 101–104, 144
- Wissen und E. 153–154
- bei Wissenschaftlern 74–76, 171–172, 174–176, 189 (Anm.)
  Siehe auch Furcht, Haß, Liebe, Mitgefühl u. a. spezifische Emotionen

Empathie 73–77, 127–129, 135–136, 144–147

Empirismus 95–99
- Werte und E. 183–184
- wissenschaftlicher E. 169–172

»Encounter« (Zeitschrift) 125 (Anm.)

Endokrinologie 15

Entfremdung 138–140
- Werte und E. 176–178
- Wissen und E. 73–77

Entwicklung *siehe* Wachstum

Erfahrung 12
- ästhetische E. 110–112
- »Beweis« der E. 90
- Desakralisierung der E. 174–181
- der Drogensucht 83–86
- Eigenschaften und Merkmale der E. 77–79
- Erziehung und E. 85–90
- Kontemplation und E. 132
- der Liebe 149–150
- mystische Vereinigung 135–136, 144 bis 146
- So-Sein der E. 109, 110, 114–124
- Subjektivität und E. 100–112
- System und E. 107–112
- Theorie und E. 105–109
- Wesen der E. 185–186
- Wissen und E. 69–90, 102–103, 162, 167–169, 182

Erfüllung 35

Erkenntnis *siehe* Wissen

Erklärung
- Bedeutung und E. 118–121
- desakralisierende E. 179
- und Verständnis des So-Seins 122–124

Ersatzhandlungen (acting out) 40, 60–61

Erziehung
- ästhetische E. 87–89
- Erfahrung und E. 85–89
- unreife Ansichten über E. 60–61
- wissenschaftliche E. 72–73, 151, 174 bis 176

Ethik 14

Ethnologie 149
- Beobachtung in der E. 143
- Empathie und E. 145
- idiographische Fragen in der E. 29–30
- mechanistische Auffassung der E. 23–25
- Rezeptivität und E. 129–131

Ethnozentrizität, wissenschaftliche 10, 20

Ethologie 129, 131, 140

Euklid 108

Existentialismus 16, 76, 153
- Abstraktion und E. 94–96

Experientalismus 16

Experiment 33, 71, 126, 134
- in der Wertbeurteilung 156–157

Experimentelle Psychologie 31–32, 72
- Werte der E. P. 125 (Anm. 3)

F

Familie 59–61

Faschismus
- Anti-Intellektualismus des F. 16

Feminität
- männliche Einstellungen zur F. 49, 60–62

»Form and Function: Remarks on Art« (Greenough) 187

Forschung 9–12, 23, 26–30
- empirische Einstellungen und F. 169–172
- nach holistischer Auffassung 87–90
- Kreativität und F. 166–167
- über nachoperative Visionen 179
- Problemdefinition in der F. 33–36
- Wertauffassung in der F. 156–157

Frauen
- Glück der F. 185–186

- Kastrationskomplex der F. 178
- Rezeptivität der F. 129

Freie Assoziation 32, 91 (Anm.)
Freiheit *siehe* Spontaneität
Freud, Sigmund 51
- über Abwehrmechanismen 44, 52
- Empirismus von F. 105, 107
- »freiflutende Aufmerksamkeit« 30, 130
- über Kastration 178
- Methoden von F. 14, 27, 136, 158
- über den Primärprozeß 79

Freude *siehe* Glück
Freundschaft 18, 176
Fromm, Erich 14
Furcht *siehe* Angst
Fusionswissen 77–79, 134–136
- experimentelles Wissen und F. 144–146
- Ich-Du 135, 137

G

Gainsborough, Thomas 110
Galilei, Galileo 28
Gamblers Anonymous 69
Gedächtnis 93, 141, 142
Geduld *siehe* Aufmerksamkeit
»Gegenwerte« 177
Geologie 28, 140
Geschichte
- idiographische Fragen in der G. 28–30
- interpersonale Beziehungen in der G. 140
- Newtons Ansicht über die G. 24–25 (Anm.)

Geschmack des Wissenschaftlers 155–156
Gestaltpsychologie 32
Gesundheit, psychische 34–35, 42, 53–55
- Bedeutung und psychische G. 117
- Selbsterkenntnis und psychische G. 64–68, 72–73
- Werte und psychische G. 180–181

Gewißheit 83, 95, 101, 111
- Humor und G. 181–186
- Vergnügen an der G. 124
- Wahrscheinlichkeit und G. 165–168
Siehe auch Wissen

Glück
- ästhetisches G. 110–112
- Subjektivität des G. 101
- Untersuchung des G. 81
- Wesen des G. 185–186
- des Wissenschaftlers 123–124, 160, 171–172, 181

Gödel 20
Goldstein, Kurt 46; zitiert 66–67, 96
Greenough 187
Güte 35

H

Haß
- Rezeptivität und H. 148

Heiligkeit
- holistische Einstellung und H. 89

Heisenberg, Werner, zitiert 143
Hilfsbereitschaft 35
Holismus 13–15
- Bedeutung und H. 114
- Gedächtnis und H. 93
- Methodologie und H. 27, 31–32
- Wahrnehmung und H. 87–89, 110–113
- wissenschaftlicher Wert des H. 180–181

Homosexualität
- Angst vor H. 61

Horney, Karen 14, 56, 68
Humanistische Einstellung
- Emotion und h. E. 144
- empirische Haltung und h. E. 171
- Psychologie und h. E. 189 (Anm. 3)
- Wissenschaft und h. E. 20–25
- Ziele der h. E. 64–65

Humor 174, 181–184, 188
Hunger
- kulturelle Einstellungen zum H. 65

Huxley, Aldous 19
Hysterie 48, 63 (Anm.) 88

I

Ich-Du-Wissen 74–77, 134–151
Ich-Es-Wissen, Definition 74–75
- im Gegensatz dazu Ich-Du-Wissen 138–142

Identifikation
- Wissen und I. 74–76

Identität 80
- Bedürfnisse und I. 157–159
- Emotionen und I. 101–102
- Liebe und I. 135–136
  Siehe auch Selbstverwirklichung

Idiographisches Wissen 28–30
  Siehe auch Besonderheit

Illusionen
- Introspektion und I. 71

Impulse
- Anti-Intellektualismus und I. 88
- Ausdruck von I. 65
- Desakralisierung und I. 180
- Identität und I. 157–158

Impulsivität 16
- Angst und I. 47–48
  Siehe auch Spontaneität

Indianer 92 (Anm. 8) 145

Individualität 14
  Siehe auch Besonderheit; Persönlichkeit

Individuation 80
  Siehe auch Identität; Selbstverwirklichung

Industrie 21

Integration
- Dichotomisierung versus I. 58–59
- des Erfahrungswissens und des begrifflichen Wissens 70–71, 73, 93–99, 116 bis 124, 129–130, 133
- der Intuition und der Erfahrung 89–90
- des objektiven und des subjektiven Wegs zum Wissen 79–82, 100–112
- der Objektivität und der zwischenmenschlichen Beziehungen 140–141
- der wissenschaftlichen und der menschlichen Werte 186–188

Integrität 10

Intellektualisierung 51–52

Introspektion 71, 137

Intuition 113 (Anm. 2)
- der Bedeutung 119–121
- Erziehung und I. 87–89
- Liebe und I. 135–136
- Wahrscheinlichkeit der I. 166–168
- wissenschaftliche I. 123–124, 163–165

»Isaac Newton, Historian« (Manuel) 25

J
James, William, zitiert 151
John Birch (John Birch Society) 31, 145
John Dewey Society for the Study of Education and Culture 9
Juden 25, 92, 150
Jung, Carl G. 14, 158

K
Kaltschnäuzigkeit 49–50
Kastration 178
Katholiken 92
Kausalität 14, 22
Kierkegaard, Søren 94
Kinderpsychologie 87–88
Klassifizierung
- Bedeutung und K. 114, 117–118
- Besonderheit und K. 28–31
- Desakralisierungstendenz bei der K. 180
- Empirismus und K. 105–106
- der Erfahrung 79, 94
- pathologische K. 29
- Theorie und K. 108–109
  Siehe auch Rubrizierung

Klinische Psychologie 44, 72
- Besonderheit und k. P. 29–30
- Rezeptivität und k. P. 129–130
- Ursprünge der k. P. 134
- Wert der k. P. 16, 125 (Anm.)

Kommunikation
- Bedeutung und K. 115–121
- Erfahrung und K. 83–85, 90
- Liebe und K. 135
- Wissen und K. 69–71, 162–163

Kommunisten 145
Konditionierung 26, 33
Konformität 51
Kontemplation
- Desakralisierung der K. 175–181
- Freude und K. 174
- Ordnung und K. 184

- taoistische Technik der K. 127–128, 131–133
- wissenschaftliche K. 181
Kontrolle 109, 139
- Persönlichkeit und K. 64–68
- Rezeptivität versus K. 126–133
 Siehe auch Beherrschung; Selbstbeherrschung
Kopernikus, Nikolaus 39
Kreativität 35, 62, 64
- Angst vor K. 59–60
- holistische Wahrnehmung und K. 89
- Orthodoxie und K. 53–59
- wissenschaftliche K. 113 (Anm.), 166 bis 172
Kubie, Lawrence 14
Kuhn, T. S. 19, 166
- über »normale Wissenschaft« 21, 59
Kunst 61, 186, 188
- Aufnahmefähigkeit und K. 128
- Bedeutung und K. 114–115, 117, 119 bis 121, 128–129
- Stil-Wahrnehmungstest 87–89
 Siehe auch Ästhetik

L

Laboratoriumspsychologie 32
Lernen 33, 95–96, 98–99, 142
- Abwehrmechanismen beim L. 48–53
- holistische Wahrnehmung und L. 87–90
 Siehe auch Erziehung; Wissen
»Letztes Jahr in Marienbad« (Robbe-Grillet) 125
Liebe 35, 186, 188
- Angst vor der L. 60–61
- Bedeutung für den Wissenschaftler 141–142
- Kontemplation und L. 131–132, 184
- kulturelle Einstellungen zur L. 65
- Neurose und L. 158
- Objektivität und L. 148–150
- orthodoxe Methodologie und L. 71
- in der Psychoanalyse 38
- Reife und L. 61–62
- Rezeptivität und L. 149

- Selbsterkenntnis und L. 65–67
- Verstehen und L. 83–86
- Wissen und L. 75–77, 134–139
- zum Wissen 36, 43–56
Linguistik 140
 Siehe auch Sprache
Lobatschewski, Nikolai 108
Logik 23, 54
- als Abwehrmechanismus 46–49, 51
- Erfahrung und L. 79, 96, 122–123

M

»Manas« (Zeitschrift) 19
Mangel
- als Motivation 44–48
- Neurose und M. 158–159
Manuel, Frank, zitiert 19, 25
Maskulinität 49–50, 60–63
Maslow, Abraham H., zitiert 22–23, 152
Maslowscher Kunsttest 87
Mathematik 23, 88, 104
- mechanistische Tradition und M. 28, 184
- nichteuklidische M. 105, 108
- Wissenschaft und M. 102–103, 134
Matson, Floyd 21
Mauldin, Bill 34–35
Mechanistische Tradition 20–25
- Abstraktion und m. T. 169–170
- Bedeutung und m. T. 115, 122
- Desakralisierung der Wissenschaft und m. T. 171–172, 174–188
- Erziehung und m. T. 87–90
- Grenzen des Wissens in der m. T. 73–75
- Methodologie der m. T. 11–12, 28–30, 146–147
- Psychologie und m. T. 23–25, 134, 139 bis 140, 185–186
- verallgemeinernde Richtung der m. T. 28–29
- Werte und m. T. 36, 38
Medizin 166–168
»Meeting of East and West, The« (Northrop) 19
Mensch 21–22, 27
- aktive und passive Bilder des M. 80

- Bedeutung und M. 114–116
- »höheres Leben« des M. 33–34, 36, 154
- kognitive Bedürfnisse im M. 42
- Newtons Auffassung vom M. 24–25 (Anm. 2)
- Realität und M. 143
  Siehe auch Persönlichkeit

Methodologie
- »Analyse des Widerstandes« 36
- Behaviorismus und M. 33–37
- Besonderheit und M. 28–32
- mechanistische M. 9–12
- Motivation der M. 52–53
- Objektivität und M. 79–83
- Phänomenologie und M. 71
- Pluralismus in der M. 81–83
- taoistische M. 126–133
- zwischenmenschliche Beziehungen und M. 32, 33, 134–151
  Siehe auch Konditionierung u. a. spezifische Methoden

Mitgefühl 35, 60–62, 175–176
Moralisches Pflichtgefühl 84
Motivation 33–34, 39–40
- Mangel 44, 46–48
- pathologische M. der kognitiven Bedürfnisse 49–53
- Wachstum 44–45
- der Wissenschaftler 52–54, 123–124, 159–161, 182–183, 185–188

»Motivation and Personality« (Maslow) 13
Murphy, William, zitiert 41
Muße 14
Mut, wissenschaftlicher 42–55, 156, 180 bis 181, 183–184
Mystik 135–136

N

Nameche, G., zitiert 149
Naturwissenschaften *siehe* Biologie u. a. Einzelwissenschaften
Nazismus 16, 153
Neger 92, 150
Neugier 35, 42–55
Neurose 47–48, 52, 157

»Neurotic Personality of Our Time« (Horney) 56
Newton, Isaac 19, 68, 146
- politische Geschichte und N. 25

Nichteinmischung 33, 78, 126, 127–131, 138
- kontemplative N. 131–133
- Liebe und N. 149–150
- Wissen und N. 30, 50

Nichteuklidische Geometrie 105, 108
Nietzsche, Friedrich 94, 116
Nomothetisches Wissen 28–30
  Siehe auch Verallgemeinerung
Normen, Definition 35
Northrop, F. C. S. 19
- über Intuition 166
- über die Realität 104
- über die Sprache 70

O

Objekte
- Empathie mit Objekten 145–146
- Gedächtnisspanne für O. 93
- Wissen über O. 73–77, 148, 182

Objektivität 73–76, 97, 101, 113 (Anm. 1)
- Abarten der O. 146–151
- Emotionen und O. 153–154, 176
- Psychiatrie und O. 134, 139
- Subjektivität und O. 79–84

Ökologie
- Rezeptivität und Ö. 131

Ökonomie 14, 108
Ordnung 95–104, 132–133
- Bedeutung und O. 114, 117–119
- Freude an der O. 54
- holistische Wahrnehmung und O. 93–94
- Kontemplation und O. 184
- Rezeptivität und O. 130
- Sicherheit und O. 45–48, 53
- Theorie und O. 108–109
- Vereinfachung und O. 102–104

Orthodoxie 9–12, 20–25, 26, 73–75
- als Abwehr 57
- Bedeutung und O. 117–118

- Desakralisierung der Wissenschaft und O. 171–172
- Empirismus und O. 96–99
- Erziehung und O. 92 (Anm. 7)
- Kreativität und O. 53–55, 57–59
- Objektivität und O. 80–83
- Problemdefinition und O. 33–38
- Sicherheit und O. 46
- Sucht-Psychotherapie und O. 85–86
- Werte und O. 152–154

P

Paranoia 48, 50, 121
Passivität *siehe* Rezeptivität
Peake, S. Joseph, zitiert 189
»Personal Knowledge« (Polanyi), zitiert 17
Persönlichkeit
- Angst und P. 37–39, 45–48
- Bescheidenheit der P. 95, 98
- Ehrlichkeit der P. 72–73
- Ethnozentrizität 20
- Forschungsmethoden und P. 9–12, 14, 26–41, 76–77, 134–151
- gesunde P. 35–36
- Integration der P. 53–55, 58–63
- Isolation 152
- Motivation 19, 52–54, 123–124, 159–161, 181–184, 185–188
- reife P. 61–63
- Selbsterkenntnis und P. 64–65
- Sicherheitsbedürfnisse 9, 13, 37–38, 44–45
- als subjektiv aktiv oder passiv 79–82
- unreife P. 59–61
- Voraussagbarkeit und Kontrolle der P. 64–68
- wissenschaftliche P. 15–16, 155–161, 175–184
Phänomenologie 77
- Abstraktion und P. 94–96
- Erfahrung und P. 104
- Sprache und P. 163–164
Phantasie 173 (Anm.)
Pharmakologie 166
Philosophie 20, 43, 154, 185

- Bedeutung und P. 115–116
- defensive P. 56 (Anm. 1)
- Psychologie und P. 9–11, 12, 22–24, 26–27, 29, 80
- Selbstbeherrschungsideal der P. 64–65
- Selbstverwirklichung und P. 94
Physik 134, 187
- Beobachtung in der P. 143
- Erfahrung in der P. 104
- mechanistische Tradition in der P. 22, 28, 184
- Objektivität in der P. 148
- Realitätsauffassung in der P. 132–133
Physiologie 187
Picasso, Pablo, zitiert 125
Platon 154
Polanyi, Michael 17, 19
- über menschliche Motivation 39
- über die wissenschaftliche Persönlichkeit 155, 166, 167
- über wissenschaftliches Wissen 63
Politik 14, 21
- zwischenmenschliche Beziehungen in der P. 140
Portugal 152
Positivismus
- Objektivität des P. 81
Postulationsbegriffe 113
Probleme
- Angst und P. 45–48
- Definition der P. 33–37, 162–165
- Doktrin und P. 81–83
- der Erkenntnis 44–45
- Experiment und P. 134
- Freude an P. 168–169
- Phänomenologie und P. 71
Projektion 47, 91 (Anm. 1) 147
Protowissen 167
Psychoanalyse 14–15
- Empirismus und P. 105, 107
- Erste Regel der P. 91 (Anm. 3)
- Freundschaft und P. 18
- holistische Methode in der P. 31
- Sprache der P. 163–164
- Widerstand in der P. 37–39

201

Psychodynamik 14, 15, 18, 27
Psychologie 40, 138–142, 152–160
– Beobachtung in der P. 143
– Forschungsprobleme in der P. 169–170
– idiographische Fragen in der P. 29–30
– mechanistische Tradition und P. 23–25, 134, 140, 184
– Philosophie und P. 9–11, 18, 22–23, 24, 26–27, 29
– professioneller Status der P. 182, 184
– Rehumanisierung der P. 23–24, 26
– des Seins 122, 149
– Werte und P. 154
– der Wissenschaft *siehe* Persönlichkeit, wissenschaftliche
  Siehe auch Sozialpsychologie u. a. Einzelbereiche der P.
»Psychologies of 1925« (Watson) 26
Psychopathologie
– Normen und P. 36
Psychosen 52
Psychosomatische Medizin 15
Psychotherapie 10, 14, 16
– Erfahrung und P. 83–86
– holistische Methode in der P. 31–32
– Ich-Du-Wissen in der P. 136–138
– Identität und P. 157–159
– kognitive Bedürfnisse und P. 44
– Projektion in der P. 91 (Anm. 1)
– Werte und P. 58
– zwischenmenschliche Beziehungen in der P. 38–39, 136–138

R
Rand, Harry 18
Rank 14
Rasse
– Ethnozentrizität und R. 20
– Objektivität und R. 150
– Sympathie und R. 92
Realität 11, 23
– Abwehrmechanismen und R. 71
– Angst vor der R. 45–48, 176–178
– Bedeutung und R. 114–115
– Bedürfnis nach Verständnis der R. 42–55
– Beobachtung und R. 143
– Emotion und R. 144
– empirische Methode gegenüber der R. 95–96, 170–171
– der Erfahrung 106–108, 110, 116, 118 bis 121
– Ersatzhandlungen und R. 40, 110–112
– Grenzen der Wahrnehmung der R. 93 bis 94, 96–97, 100–101, 105–107, 108, 129–131
– holistische Wahrnehmung und R. 89–90
– Ich-Du-Wissen und R. 136–138
– Klassifizierung und R. *siehe* Rubrizieren
– Kontemplation über die R. 131–133
– mechanistische Auffassung der R. 22
– subjektive R. 101–102, 104–105
– Wissen von der R. 183–184
»Realms of Philosophy« (M. Sahakian und W. Sahakian) 161
Reduktionismus 14, 15, 22, 103
– Abstraktion und R. 96
– Bedeutung und R. 118
– Desakralisierung und R. 180–181
– Freude am R. 124
– Psychologie und R. 31–32
– Theorie und R. 109
  Siehe auch Abstraktion
Reich, Wilhelm 14
Reife
– Faktoren der R. 10, 11
– Liebe und R. 151
– Sympathie und R. 75
– wissenschaftliche R. 59–63
  Siehe auch Wachstum
Religion 14, 21, 56 (Anm. 1)
– Anti-Intellektualismus und R. 88
– Ideal der Selbstbeherrschung in der R. 65
– orthodoxe R. 57, 98–99, 152
– Sympathie 92 (Anm. 9)
– unreife Ansichten über R. 61
– Wissenschaft und R. 16, 116, 152, 172, 186, 188
»Religions, Values and Peak-Experience« (Maslow) 152

»Remembering Eliot« (Spender) 125
Renaissance 153
Renoir, Pierre Auguste 110
Resakralisierung *siehe* Desakralisierung
Rezeptivität 33
- ästhetische R. 87-89
- Bedeutung und R. 114-115
- Biologie und R. 173
- empirische R. 94-96
- Erfahrung und R. 78-79
- Ich-Du-Wissen 137
- Kontrolle versus R. 126-130
- Liebe und R. 149-150
- Objektivität und R. 147-148
- Verständnis und R. 100-101, 122-123
Rilke, Rainer Maria, zitiert 34
Ritual, neurotisches 47-48
Robbe-Grillet, Alain 125
Roe, Anne 19
Rogers, Carl 136
Rubrizieren 52, 87, 110-112
- Desakralisierungstendenz im R. 180
- in persönlichen Beziehungen 139

S
Sahakian, M. 161
Sahakian, W. 161
Schizophrenie 63, 94, 101, 144
Schmerz, hilfreicher 84
Schönheit 14, 176, 177
  Siehe auch Ästhetik
Sein
- Psychologie des S. 121-122, 149-151
  Siehe auch Erfahrung; Realität
Seinserkenntnis 149-151, 170-172
Seinsliebe 149-151
Seinswerte 67-68, 177
Selbstachtung 65, 80, 177
Selbstbeherrschung
- aktive S. 79-80
- Besessenheit von S. 62-63
- Selbstachtung und S. 65
- Selbsterkenntnis und S. 64-66
Selbsterkenntnis 64, 66
- psychische Gesundheit und S. 64-69

- der Wissenschaftler 72-73, 177
Selbstvertrauen 80
Selbstverwirklichung 80, 180-181
- Abstrahieren und S. 94, 96
- Liebe und S. 149
  Siehe auch Wachstum; Reife
Semantik 77
  Siehe auch Kommunikation
Sexualität 38, 91 (Anm. 4) 186
- Desakralisierung der S. 177-178
- Kultur und S. 65, 88
- des reifen Menschen 61-62
Sicherheit 9-10, 20, 57-63
- kognitive Bedürfnisse und S. 42-45
- Neurose und S. 158-159
- Ordnung und S. 46-48, 53
Sicherheitsmechanismen *siehe* Abwehrmechanismen
Sokrates 178
- über das Böse 84
Solipsismus 16
Sorokin, P., zitiert 75
So-Sein 109
- als Bedeutung 114-125
Sowjetunion 98
Soziale Anthropologie 140
Sozialismus 98
Sozialpsychologie 14, 38
Soziologie 140
Spanien 152
Spender, Stephen, zitiert 125
Spinoza, Baruch 67
Spontaneität 65, 80, 88-90
Sprache 91 (Anm. 1)
- Erfahrung und S. 69-70, 91 (Anm. 4)
- Grenzen der S. 182
- Kommunikation und S. 119-121
- der Psychoanalyse 163-164
- Selbstverwirklichung und S. 94
»Structure of Scientific Revolutions, The« (Kuhn) 19
»Study of Human Nature, The« (Watson) 144
Subjektivität 79-83, 100-113, 170-171
Sucht

- Psychotherapie und S. 83–86
Symbol 40, 94, 104
Sympathie 74–77, 127–129, 135–136, 144–146
Synanon 69, 83–86
Systematisierung 105–106, 107–113
- der Bedeutung 117–120

T

Taoismus 10, 16, 88, 137
- Methoden des T. 33, 126–128, 157
Techniken *siehe* Methodologie
Technologie 92 (Anm. 9) 153
- mechanistische Tradition und T. 22
- Wissenschaft und T. 169–172
Teratologie 26
Theorie 93–95, 98–99
- Grenzen der T. 182, 183
- Verpflichtungen der T. 103–105
Thoreau, Henry David, zitiert 189
Tiere 9, 26, 33–34, 64
Tod
- Kontemplation und T. 131
Tolman, Edward 145
Torrance, E. P., über Kreativität 62
Träume, Interpretation 32
Trainer, zitiert 86
Transzendenz 14, 36, 68, 89
- Desakralisierung der Wissenschaft und T. 154
- Objektivität und T. 150
- wissenschaftliche T. 180–181

U

Übertragung 136, 164
Umfassende Wissenschaft 100–112, 114
  Siehe auch Holismus
Unbewußte, das 40, 70, 130–131, 137, 182

V

Verallgemeinerung
- Besonderheit und V. 28–30
- empirische 95
- Motivation durch Angst 49
- Theorie und V. 108

Verantwortung 80, 154
Verdrängung 48, 71, 164
Verhalten 9–12
- Voraussagbarkeit und V. 66–68
- wissenschaftliches V. 42–45
- zwangsneurotisches V. 47–48
  Siehe auch Kontemplation u. a. spezifische Verhaltensformen
Verhaltensforschung *siehe* Ethologie
Vernunft *siehe* Logik
Verständnis
- Angst und V. 56 (Anm. 2)
Verstehen 67, 74–76, 104, 123–124
- Bedürfnis nach V. 43–44, 48–50, 171
- Erfahrung und V. 83–85, 118–124
- Liebe und V. 135–137, 139, 142
- Rezeptivität und V. 100–101
- Vereinfachung und V. 118–119
Vertrauen bzw. Mißtrauen
- Erfahrung und V. 53, 85
- in der Psychoanalyse 38
Voraussagbarkeit 64, 66–68, 109
Vorbewußtsein 40, 130
- Erfahrung und V. 182
- Ich-Du-Wissen und V. 135–136
Vorsicht *siehe* Angst
Vorurteil 38

W

Wachstum 14, 57–63, 98–99
- Angst vor W. 52, 59–63
- Liebe und W. 136
- als Motivation 44, 45
- Wissen und W. 53–55
Wahrheit 59, 156, 157, 177, 180
  Siehe auch Realität
Wahrnehmung
- Arten des Wissens und der W. 96–97, 110–112, 129–131, 138–139
- holistische W. 87–90, 93–94
- Kontemplation und W. 131–133
- Liebe und W. 142, 149
- Objektivität und W. 146–148
- der Realität 129–131
- von Werten 152–154

Wahrscheinlichkeit
- Gewißheit und W. 165

Watson, David Lindsay 19; zitiert 144

Watson, John 10, 26

Werte
- ästhetische W. 87–89, 110–112
- »antiwissenschaftliche« W. 15–16
- Bedürfnis nach W. 43
- Desakralisierung der W. 52, 175–181
- Erfahrung und W. 78, 94, 122–124
- Erkenntnis von Normen 35–36
- Forschung und W. 12, 14, 20
- Gegenwerte 177
- humane W. 26, 35–36, 37–38, 68, 157 bis 159, 174, 175, 185–188
- mechanistische W. 115–116, 121, ·126, 146, 174, 175–176
- nomothetische W. 89
- Objektivität und W. 147–148
- Psychologie und W. 30, 58
- reife W. 61–63
- religiöse W. 116
- Seinswerte 67, 177
- systematische W. 107–112
- theoretische W. 105–107
- Wahrnehmung von W. 84
- westliche W. 65
- wissenschaftliche W. 59, 100–104, 123 bis 124, 152–163, 165–166, 171–172
- zwischenmenschliche Beziehungen und W. 32, 141–142, 148–151

Westen, Der 10, 20–25, 65

Whitehead, Alfred North, zitiert 103

Whitman, Walt, zitiert 189

Widerstand
- in der Psychologie 37–39

Wille 80
- Bedeutung und W. 115–116
- Beobachterwissen und W. 137
- Erfahrung und W. 77–78
- des Wissenschaftlers 155–156

Wilson, Colin, zitiert 146

Wirklichkeit *siehe* Realität

Wissen
- Angst vor dem W. 37–39
- Arten des W. 26–41, 69–92, 136–139
- Emotion und W. 144–146
- empirisches W. 183–184
- Erfahrung und W. 93–99
- Freude und W. 172
- Grad des W. 162–173
- Ich-Du-Wissen 134–151
- über Motivationen 39
- subjektives W. 100–102, 104
- taoistische Methode 126–133
  Siehe auch Philosophie; Wissenschaft; Selbsterkenntnis; Persönlichkeit, wissenschaftliche

Wissenschaft
- Anti-Intellektualismus und W. 88
- Desakralisierung und Resakralisierung der W. 171, 174–188
- Empirismus und W. 96–98
- Institutionalisierung der W. 152–154, 185
- Menschliche Werte und W. 20–24, 26, 39–40, 186
- Psychologie der W. 134–135, 140–143, 152–161
- Umfassende und einfache W. 100–113
- Unpersönliches Modell der W. 13–14, 15–16, 21, 28–32, 73–75, 79–83
- Verpflichtungen der W. 11–12, 34–35, 57–59, 100–104, 105–107, 111, 116–118, 133, 158–161, 168–170, 183–189
  Siehe auch Persönlichkeit, wissenschaftliche; Werte, wissenschaftliche; *siehe auch* Anthropologie, Astronomie, Biologie u. a. Einzelwissenschaften; *ferner siehe auch* Forschung u. a. spezifische Aspekte der W.

Wissenschaftler *siehe* Persönlichkeit, wissenschaftliche; *siehe* Werte, wissenschaftliche

Wolff, Kurt, zitiert 127

»Writers at Work: Second Series« (Viking Press) 161

Wunder
- unterschiedliche Arten des W. 185–187

X

Xanthippe 178

Z

Zen-Buddhismus 14, 77, 135
Ziele *siehe* Motivation
Zwischenmenschliche Beziehungen
- Analytiker-Patient 29–30, 31–33, 35, 36, 37–39
- Erfahrung und zw. B. 83–86
- Projektionen bei zw. B. 91 (Anm. 1)
- Realität und zw. B. 102–103
- Wissen über zw. B. 134–151
   Siehe auch Freundschaft, Haß, Liebe u. a. spezifische Beziehungen

Zuhören
- Technik des Z. 127–129

Goldmann SACHBÜCHER

Hans J. Eysenck
Grenzen der Erkenntnis
Vom Sinn und Unsinn
der Psychologie
Teil I
185 Seiten (11139)

Hans J. Eysenck, einer der bekanntesten Vertreter der modernen Psychologie, beschäftigt sich hier mit so umstrittenen und hochbrisanten Themen wie:
Die Macht und Gefahr der Hypnose.
Die Funktion und Anwendung von Lügendetektoren und Wahrheitsdrogen.
Die Wunder der Telepathie und des Hellsehens.
Die Möglichkeiten und Theorien der Traumdeutung.
Eysenck vermittelt einen Einblick in das wissenschaftliche Bemühen um diese Problemkreise. Seine detaillierten, aber allgemein verständlichen Ausführungen machen es dem Laien möglich zu erkennen, inwieweit die psychologische Wissenschaft bei diesen Erscheinungen zu gesicherten Ergebnissen führt und wo sie spekulativ wird.

WILHELM GOLDMANN VERLAG MÜNCHEN

Goldmann SACHBÜCHER

Josef Rattner
Tiefenpsychologie und Politik
Eine Einführung
190 Seiten (11134)

Ein überzeugender Versuch, politisches Denken und Handeln tiefenpsychologisch zu verstehen und die Tiefenpsychologie für das Studium der Politik fruchtbar zu machen.
Einleitend befaßt sich der Autor mit den Zusammenhängen zwischen Psychoanalyse und politischer Psychologie, anschließend setzt er sich mit dem Problem psychischer Normalität und Neurose in der gegenwärtigen Kultur auseinander und bemüht sich um einen nichtkonformistischen Normalitätsbegriff. In der Beschreibung der Struktur der autoritären Persönlichkeit wird die individualpsychologische Ausgangsbasis von Herrschaft und politischer Repression analysiert. Die These, daß Wahn und Neurose nicht nur Krankheiten von Individuen, sondern auch von Gesellschaften sein können, wird an Beispielen aus der Geschichte unseres Jahrhunderts eindrucksvoll dokumentiert.

WILHELM GOLDMANN VERLAG MÜNCHEN